日本的雇用を問い直す

これからの労働法をどう考えるか

Rethinking Japanese-style employment

國武英生
沼田雅之
山川和義
山下　昇
［編著］

淺野高宏
植村　新
緒方桂子
岡本舞子
北岡大介
後藤　究
小山敬晴
新屋敷恵美子
所　浩代
早津裕貴
藤木貴史
細川　良
柳澤　武
［著］

日本評論社

[目次] 日本的雇用を問い直す

はしがき　國武英生　1

第Ⅰ部　雇用慣行を問い直す

※扉解説：山川和義

第1章　どうして就業規則に従わなければならないのか
──**就業規則法理**について問い直す……………………………山川和義　7

1　はじめに──素朴な疑問　7
2　本稿における検討の前提　8
3　なぜ就業規則で転勤等の命令権が使用者に与えられるのか──就業規則法理の射程　11
4　読んでいない、あるいは、同意をしていない就業規則になぜ拘束されるのか──就業規則の拘束力の根拠　16
5　嫌だと言ったのにどうして不利益に変更されるのか──就業規則の不利益変更法理への影響　20
6　おわりに　21

第2章　年功型賃金と定年の合理性
──**日本的年功制度の法的意義**を問い直す………………柳澤　武　22

1　年功制度に対する疑問と不満　22
2　日本的年功制度の起源と定着　23
3　制度的な合理性とメリット　27
4　成果主義の台頭と形骸化　29

- 5 定年制度の変容 31
- 6 疑問への回答 34
- 7 人生100年時代のライフコース 36

第3章 労働法が保護の対象としているのは「会社員」だけなのか？
──**労働法の適用範囲のあり方**を問い直す……………細川　良 37

- 1 労働法の適用範囲についてどう考えるべきか──プラットフォームワーカーをめぐっての疑問 37
- 2 就労形態の多様化 39
- 3 日本における雇用・就労形態の変化と「労働者」概念の再検討 42
- 4 おわりに──労働法の適用対象の「相対化」の可能性 48

第4章 解雇規制は厳しすぎるか
──**解雇規制の在り方**を問い直す……………………國武英生 50

- 1 解雇規制はどうあるべきか 50
- 2 解雇規制と日本的雇用 51
- 3 わが国の解雇規制の現状と課題 55
- 4 解雇規制改革の方向性 60
- 5 おわりに 64

第Ⅱ部　労働条件を問い直す

※扉解説：山下　昇

第1章 合意による労働契約内容決定の行方
──「**成立**」と「**内容**」**の結びつき**を問い直す‥新屋敷恵美子 67

- 1 はじめに 67

2 日本的雇用の下での「成立」と「内容」の結合 68
 3 雇用実態の変化と労働条件明示に係る規制の展開 71
 4 判例における模索 78
 5 おわりに――結びつきの見直しと多様な雇用に応じる契約解釈の法理の必要性 82

第2章　これからの働き方と労働時間規制
――**裁量労働制**を問い直す……………………………………植村　新 84

 1 裁量的な働き方と労働時間の法規制 85
 2 裁量労働制は何のための制度か 87
 3 裁量労働制の適正な運用を問い直す 90
 4 裁量労働制の展望 95

第3章　賞与と労基法
――**賞与の意味**を問い直す……………………………………山下　昇 97

 1 はじめに 97
 2 労基法37条の割増賃金と賞与 99
 3 労基法12条の平均賃金と賞与 101
 4 違法な解雇の期間中の賃金請求権と賞与 104
 5 労基法24条1項の全額払い原則と賞与 106
 6 おわりに 109

第4章　退職金は永年勤続のご褒美か
――**退職金の賃金性と不支給・減額措置の有効性**を問い直す
………………………………………………………………淺野高宏 112

 1 退職金の支給・不支給は使用者の自由裁量で決まるのか 112
 2 退職金制度の沿革と発展 114
 3 現在何が問題となっているのか 118

4　どう考えるか　121
　5　まとめ　126

第Ⅲ部　業務命令を問い直す

※扉解説：國武英生

第1章　転勤命令を受けた夫とその妻のこと
　──ジェンダー平等と日本型福祉社会を問い直す……緒方桂子　131

1　はじめに　131
2　転勤命令をめぐる法理論の現在と再生産される不平等　132
3　問い直しの視点　137

第2章　在宅勤務できるのに出社しなくてはならないのか
　──勤務場所の決定・変更の法理を問い直す…………岡本舞子　144

はじめに　144
1　在宅勤務の分類　145
2　在宅勤務のメリット・デメリット　147
3　使用者の在宅勤務命令　148
4　労働者の在宅勤務請求　152
5　合意による在宅勤務の実施　154
むすびにかえて　157

第3章　職場におけるワクチン接種強制は可能か
　──職場における労働者の健康保護のあり方を問い直す
　………………………………………………………後藤　究　158

1　はじめに　158

2　問題の遠因としての日本的雇用慣行？　161
3　間接的ワクチン接種強制は許されるのか？　162
4　まとめに代えて　170

第Ⅳ部　雇用平等を問い直す

※扉解説：沼田雅之

第1章　均衡・均等処遇規定で、正規・非正規間の労働条件格差は縮小するのか？
―― **日本的処遇のあり方**について問い直す……………沼田雅之　175

1　はじめに　175
2　日本的雇用慣行と非正規労働者　176
3　非正規労働者に関する法政策の進展　178
4　判例・裁判例の判断傾向　181
5　正社員間、非正規社員間の労働条件相違について　188
6　「問い」に関する回答　189

第2章　私傷病時の短時間・有期雇用労働者の生活保障は、如何なる主体が担うべきか？
―― **私傷病休暇・休職時の雇用保障・所得保障のあり方を**
　問い直す……………………………………………北岡大介　192

1　はじめに――私傷病欠勤・休職制度をめぐる素朴な疑問　192
2　私傷病休暇・休職制度および傷病手当金の沿革と展開　194
3　私傷病休職時の新たな課題について　197
4　どう考えるか　202
5　さいごに　207

第3章　ガラスの天井を割るのは誰か？
──女性の管理職登用の視点からコース制を問い直す…………所　浩代　208

1　女性の管理職登用とコース制　208
2　コース制と均等法の歴史的沿革　210
3　コース制の現状　211
4　コース制と均等法　212
5　コース制と女性活躍推進法　219
6　まとめ──ガラスの天井を割るために　224

第4章　公務員は民間労働者より優遇されている？
──非正規問題から公務員に関する法制度を問い直す…………早津裕貴　226

1　はじめに　226
2　「非正規」公務員という存在　227
3　問題の背景──なぜ公務員には労働関係法令の全部または一部が適用されないのか？　230
4　「非正規」公務員問題の検討　233
5　おわりに　240

第Ⅴ部　労働組合を問い直す

※扉解説：國武英生

第1章　「組合に入る意味はあるか」という労働者の問いが投げかける意味とは
──労働組合の組織の在り方を問い直す…………小山敬晴　245

1　労働組合の在り方を考える視点　245
2　労働社会の変化と労働組合運動　247

3　法的課題　251
　4　労働者の利益の同質性の探求　253
　5　まとめ　259

第2章　ストライキ（団体行動）は現代の社会で何の意味があるのか
　──**団体行動権**を問い直す……………………………………藤木貴史　260

　1　はじめに　260
　2　日本的雇用慣行と団体行動　261
　3　団体行動法理の見直しに向けて　266
　4　むすびに　274

執筆者紹介　276

はしがき

　本書は、一般市民や働く人々が抱くであろう「素朴な疑問」を出発点にして、その疑問に労働法研究者が応答することにより、わが国の労働法制の再定位を試み、今後の展望を模索しようとするものである。

　本書は3つの疑問が合流しているところに位置している。
　第1の疑問は、「日本的雇用システム」、あるいは「日本型雇用システム」と呼ばれる雇用慣行についてである。
　戦後、わが国では、企業内で長期的に育成・教育を行う労働者を企業の中核に位置づけ、「正社員」もしくは「正規従業員」としての「身分」を付与する雇用慣行が定着した。正社員の登用は、新規学卒者の定期採用を基本とし、企業内で従業員の育成を行い、柔軟な人事異動を実施することで長期の雇用関係が維持された。こうした雇用慣行は、企業別労働組合と経営者間の協力的な労使関係によって支えられ、日本の高度経済成長期と重なって社会適合的な雇用システムとして理解された。しかし、正社員の長期雇用を重視する雇用慣行は、経済状況等の変化に直面し、正社員の過重労働と非正社員の低処遇、不安定雇用の増加といった問題を深刻化させた。また、こうしたわが国の働き方は、労働生産性低下、実質賃金の停滞、働きがいの低下といった負の側面をもたらした。こうした日本的雇用システムは、社会保障の仕組みを含め色濃く反映されているが、どの部分を見直し、どの部分を維持していくべきなのかが問われている。
　もう1つの疑問は、日本的雇用システムを下支えしてきたこれまでの判例法理についてである。
　裁判所によって形成された判例法理は、こうした日本的な雇用慣行を前提にしている。例えば、新規学卒者を定期採用し、定年まで長期的に育成・活用する雇用システムを支えたのは、戦後の復興期において形成された解雇権

濫用法理である。また、就業規則による労働条件の変更については、判例法理により、変更の内容や手続きに合理性が認められれば、労働契約を規律する効力が認められることとなった。さらには、配転命令権の法理や採用の自由・採用内定の法理など、長期的な雇用を重視する実態にあわせて数多くの判例法理が形成されてきた。こうした判例法理をどのように理解し、適正化していくべきかが問われている。

　最後に、雇用環境をめぐる外的変化に対して、労働法がどのように対応していくかという点である。

　わが国の労働法制の原型は、工場で集団的に働く労働者を想定して形成され、男女役割分担のもと、職場では男性が中心となって雇用社会が形成されてきた。しかし、現在では、産業構造の変化で働き方が多様化するとともに、少子高齢化、人口減少社会が進む中で、働き手も男性に限らず、女性や高齢者、外国人など多様化している。また、デジタル技術の進展は、人々の働き方にも変化を生じさせている。これまでの働き方は、1つの場所に集まって、同じように働くことを想定していた。しかし、コロナ禍の行動規制により、多くの人がテレワークなどを経験し、これまでの働き方を見直すきっかけとなった。今後は、人工知能に代替されない分野が人間の担うべき仕事となり、時間と場所にとらわれない働き方や、雇用と自営の中間的な働き方など、新たな働き方も進展するものと思われる。労働法はこうした雇用環境の変化にどのように対応していくかが問われている。

　こうした時代の変化に直面するなかで、わが国の労働法制の前提としてきた日本的雇用をどのように捉えるのかが改めて問われるというのが、本書の基本的な問題意識である。

　本書は、法律時報誌上（2022年12月号から2024年6月号まで）において掲載された『日本的雇用を問い直す』と題する連載をもとにして再編したものである。この連載は、法律時報で毎月連載している「労働判例研究」を母体にしており、本研究会の立ち上げにあたっては、沼田雅之先生（法政大学）、山川和義先生（広島大学）、山下昇先生（九州大学）と共に協議を重ね、全国の労働法研究者に参加をお願いした。執筆者の先生方には、本書の企画にご協力を

いただいたことに心から御礼を申し上げたい。

　北海道、関東、関西、九州の4ブロックからなる研究者で議論を重ねたという点も本書の特徴のひとつである。こうした研究会が実施できるのも、コロナ禍によってオンライン会議（研究会）が日常になり、全国各地から研究会に参加できる環境が整ったという側面がある。研究会は、参加メンバーの立ち位置を超えて、自由闊達に議論することに重きをおいた。それぞれの原稿は、研究会での議論をふまえるものの、最終的には、各執筆者の責任において見直しの方向性を提示するものとなっている。

　本書では、戦後の労働法制や判例法理において形成され、多くの企業で共通してみられる特徴を「日本的雇用システム」ないしは「日本的雇用」と呼ぶ。それは、わが国に特徴的とされる雇用慣行ばかりではなく、これまで形成されてきた判例法理、あるいは、労働立法に立ち現れる戦後の労働法制の特徴をも意味する。広くこれまでの労働法制や雇用慣行を見直すことを意図して、『日本的雇用を問い直す』というタイトルとした。

　本書が、現在の、また将来起こりうる労働法上の課題を解決するヒントを与える役割を果たすことができたとしたら、編者として、また執筆者の一人として大きな喜びとなる。

　本書のコンセプトは、日本評論社の小野邦明氏との会話から生まれたものである。一般市民や働く人々が抱くであろう「素朴な疑問」を出発点にして、いわば常識とされる日本の働き方や判例法理を問い直すことに社会的な意義があるのではないか、という何気ない会話がこの企画の出発点であった。献身的なサポートをしていただいた日本評論社編集部の小野邦明氏と坂本悠美子氏にあらためて感謝を申し上げたい。

編者を代表して
國武英生

第Ⅰ部

雇用慣行を問い直す

　日本的雇用慣行は労働法に大きな影響を与える一方で、労働法は日本的雇用慣行を法的に支える基盤を提供し、互いに支え合ってきた。そのため、片方が変われば、もう片方も変わらざるを得ないし、どのように変わるべきかをきちんと考える必要がある。

　本章では、終身雇用制や年功型賃金と密接に結びついて発展してきた就業規則法理、定年制、解雇規制が、これらの慣行の変化にどんな影響を受け、どのように変わるべきか、また、労働法が雇用労働者を適用対象としてきたことが、フリーランスの増加等にみられる就業形態の多様化（非雇用化）にどんな影響を受け、どのように変わるべきかについて検討する。

（山川和義）

第1章 どうして就業規則に従わなければならないのか
——就業規則法理について問い直す

山川和義

1 はじめに——素朴な疑問

　就業規則が会社のどこに置いてあるか知っているだろうか。置き場所を知っていても、就業規則を読んだことがあるだろうか。読んだことがあるとしても、全部を読んだだろうか。就業規則とは別にある諸規程も読んだだろうか。さらにいうと、すべて読んだとしても、理解し、その内容に納得しているだろうか。

　現行法上、就業規則が定める労働条件が合理的であり、かつ、後述のように周知されていれば、労働者がその内容を知らなくても、就業規則の定める労働条件が、労働者の労働条件となる（労働契約法（以下「労契法」という。）7条）[1]。使用者が一方的に（労働者の同意を得ずに）作成する就業規則になぜこのような効力が生じるのかを説明することは、労契法が合意原則を定めていること（同法1条、3条1項、8条）を踏まえると、なかなかに大変であるように思われる[2]。とはいえ、労契法がこのように定めており、それに従わなければならないという現実がある以上、世間一般の目からすると、そこを考えても仕方がないという面もなきにしもあらずで、そうすると本稿のテーマが

1　なお、本稿では労契法7条の効果の対立の検討は割愛する（これについては、西谷敏ほか編『新基本法コンメンタール労働基準法・労働契約法〔第2版〕』〔日本評論社、2020年〕381頁〔野田進〕等参照）。そのため、ここでは労契法7条の効果について、この点を省いて、事実上の効果として、「就業規則の定める労働条件が労働者の労働条件となる」とあいまいな表現をした。

「どうして就業規則に従わなければならないのか」を考えても仕方ないようにも思われてしまう（もちろん理論的にはそのようなことはない）。しかしながら、このテーマについては、次のようにもう少し細かく場面を分けると、検討すべき点があると思われる。

【素朴な質問】

> 1　ある日、広島から北海道に転勤を命じられた。子供が小さく家族と離れたくないので転勤を断ったが、就業規則に書いてあるから従いなさいといわれ、しぶしぶ転勤に応じた。就業規則に転勤させることがあるという規定があれば、なぜ嫌だといっても従わなければならないのだろうか。そもそも、就業規則を読んだことがないから、転勤があれば応じるということに同意をしたことがない。
> 2　来月から基本給を5パーセント引き下げると会社の掲示板に張り出されたので、会社に同僚数人と基本給引下げには反対だと申し立てた。その後、就業規則が変更されて基本給引下げが行われた。基本給引下げに反対したのにどうして変更された就業規則に従わなければならないのだろうか。

本稿では、以上の素朴な質問について、日本的雇用慣行の変容（一部、社会状況の変化）を踏まえてどのような解答をなしうるかを考えてみたい。

2　本稿における検討の前提

(1) 日本的雇用慣行と就業規則の関係

本書の関心事をふまえると、本稿では日本的雇用慣行の変容が就業規則に関する法理に及ぼす影響を明らかにすることが目的となる。その前提として、

2　野川忍『労働法原理の再構成』（成文堂、2012年）164-165頁参照。労契法7条の解釈について「個別労働契約の役割を重視するという労働契約法の制定のニーズにまったく合致しない状況であ」り、「もっぱら就業規則による一方的な労働条件決定システムの成立・完成と評価しうる」とするものとして、道幸哲也「契約法理の危機――労働契約法七条についての研究ノート」労働法律旬報2025号（2023年）13-14頁。

日本的雇用慣行と就業規則の関係を簡単にみておきたい[3]。日本的雇用慣行には終身雇用、年功賃金、企業別組合という特徴があるが、就業規則は前二者とより密接な関係がある。終身雇用は、新規学卒者を正社員として雇用し、特別の事情がない限り定年までの雇用を保障する。これは、長期雇用における人材活用と不測の事態における解雇回避のために、労働者の職務内容を明確にせず柔軟な配置を行うこととつながる。また、年齢・勤続年数に応じて賃金を上昇させる年功賃金は、終身雇用と結びつく一方で職務と賃金の対応関係を不明確にする。これも使用者が労働者を柔軟に配置し活用する事実上の裁量権限を広く許容するところにつながる[4]。日本的雇用慣行の下での労働関係は、使用者が決定権限を広く掌握する「支配共同体」的なものといえる[5]。そして、これらを前提とした柔軟な配置や活用に関する使用者の権限は、多くの場合、個別の合意によるものではなく就業規則を根拠とするものと思われ、日本的雇用慣行と就業規則は密接な関連を有している。したがって、おおまかにみても、日本的雇用慣行の変容は就業規則のあり方にも大きな影響を与えるものと考えられる。ではどのような点に影響を与えるか。この点は、日本的雇用慣行がどのような点で変容しつつあるかということも合わせて、本稿3以下で、より具体的にみてみたい。

(2) 就業規則の適用を受ける労働者はどのくらいいるか

就業規則は実際にどのくらい日本の労働者の労働条件を決めているのだろうか。本稿の前提としては就業規則が大部分の労働者の労働条件を決めているという認識であるが、この機会にそれを客観的なデータを踏まえて確認しておきたい。とはいえ、就業規則の普及状況について全国的に調査したものは見当たらないので、間接的な資料として、『令和4年労働基準監督年報（第75回）』（以下「年報」という。）をつかって確認を試みておきたい。

労働基準法（以下「労基法」という。）89条は、常時10人以上の労働者を使用する使用者に就業規則の作成・届出義務を課している。ここにいう労働者の

3　土田道夫「日本的雇用慣行と労働契約」労働法学会誌73号（1989年）31頁参照。
4　土田・前掲注3）33頁参照。
5　西谷敏『規制が支える自己決定』（法律文化社、2004年）12頁参照。

人数は一般に事業場単位で計算される。よって、就業規則の作成・届出義務を負うことになる事業場においては、原則として就業規則が存在し、それにより労働条件が決まっているものといえる。年報によると、労基法適用事業場は全体で3,823,470で、そのうち10人未満の事業場は2,675,398である。これは全体の約70％の事業場で作成・届出義務が課されていないこととなり、就業規則のカバー率は低いように思われる。他方、労働者数でみてみると、労基法適用事業場全体の労働者数が55,143,895人で、そのうち10人未満の事業場の労働者数は9,287,959人となっている。これは全体の17％にとどまる。これらを逆からみると、就業規則の作成・届出義務のあるとされる事業場の割合は低いものの、同義務のある事業場で働く労働者数は全体の8割を超えることとなる。そうすると、やはり、就業規則が大部分の労働者の労働条件を決めているという認識はおおむね正しいと思われる[6]。日本的雇用慣行の変容が就業規則に与える影響は、多くの労働者に波及するものといえる。

(3) 就業規則による労働条件の決定・変更と労働者の行動イメージ

ところで、就業規則による労働条件の決定・変更に際して、労働者がどのような対応をとるだろうか。あくまで想定ではあるが、ある程度一般的であろうイメージを確認しておきたい[7]。本稿1の冒頭で述べたところに関連してみると、労働者が現実に就業規則を全部読む、別規程まで読みこむ、就業規則の内容に納得しているということはイメージしづらい（置き場所くらいは知っていると思いたいが、それもよく認識されていないかもしれない）。結局、労働者がこのような行動をとっていても（読むとか理解する等の積極的な行動を何ら起こさないとしても）、労契法7条により労働者は就業規則によって労働条件を決められてしまう。しかし、その際に、就業規則を読まないのが悪いとか、就業規則の規定に納得していないなら異議を述べればよいのにそれを述べなか

---

[6] なお、就業規則の作成・届出義務はあれども守られていないのではないかという疑問が生ずる。この点、労基法89条違反は9,148件、送検事例は3件となっており、同条違反のケースは少ないものと思われることから、上述の見込みはそう的外れではないものと思われる。

[7] このような想定をするのは、現実には労働者が常に合理的な行動をとることが難しいであろうということを忘れて労働者像を描くと、労働法の解釈と現実との乖離がはなはだしいものとなり、法の意義が減殺され得ると考えるからである。

ったことに問題がある等として、労働者を責めるような結果となる解釈は妥当ではなかろう。というのは、たとえば、採用面接時などの採用決定がされる前の段階で、労働者が使用者に対して就業規則を全部開示することを求めたり、その内容に異議を述べたりすることは、不採用のおそれから、現実には行うことはすこぶる難しいものと思われるからである。では、採用後に就業規則の規定内容に異議が生じたとしてもそれを個別に会社に申し立てるということがあるだろうか。これも終身雇用の下で使用者が人事について広範な裁量権をもつ状況のなかでは、異議を申し立てたことによる有形無形の不利益が生じるおそれから、現実に行うことは難しいだろう。本稿では、就業規則による労働条件の決定・変更に対して、正面から説明を求めたり、異議を申し立てたりすることのできる労働者はどちらかというと少数で、これらの行動を起こすことが難しい労働者をイメージ[8]して、以下検討していきたい。

3 なぜ就業規則で転勤等の命令権が使用者に与えられるのか
　　——就業規則法理の射程

　素朴な質問の１には二つの問いが含まれている。一つは、就業規則に基づいて転勤に応じなければならないかという点であり、一つは就業規則を知らない、あるいはそれに同意をしたことがないのにどうして従わなければならないかという点である。前者は、一応、就業規則法理[9]の射程の問題と位置付けられる。ここでは、そもそも配転命令権等を就業規則で根拠づけられるのかという点を、日本的雇用慣行の変容を踏まえて改めて考えてみたい。

---

[8] 労契法制定後、就業規則法理と合意原則の関係の整理が必要となってくるなかで、場面によっては、就業規則による労働条件の決定・変更に対して積極的に意見を述べる労働者を中心に据えた解釈がなされているように思われる。これには違和感があることから、労働者の行動イメージについての本稿の認識をここで示すこととした。

[9] 本稿で就業規則法理とは、労働契約の内容を拘束する効果を持つもののうち、労契法７条および10条とそれを支える判例を対象としている。

(1) 判例法理と日本的雇用慣行との関係

　判例法理は日本的雇用慣行と適合的なものと評価されている[10]。そして就業規則は、日本的雇用慣行に関わる実態、使用者の広範な裁量権を労働契約内容に取り込む装置として機能してきた[11]。終身雇用における長期雇用の下では、人材活用にあたり柔軟な人員配置の実施が必要となるが、判例はこれを広く認めてきた。

　この点、東亜ペイント事件最高裁判決[12]は、使用者の配転命令権の根拠付けについて「上告会社の労働協約及び就業規則には、上告会社は業務上の都合により従業員に転勤を命ずることができる旨の定めがあり、現に上告会社では、全国に十数か所の営業所等を置き、その間において従業員、特に営業担当者の転勤を頻繁に行っており、被上告人は大学卒業資格の営業担当者として上告会社に入社したもので、両者の間で労働契約が成立した際にも勤務地を大阪に限定する旨の合意はなされなかったという前記事情の下においては、上告会社は個別的同意なしに被上告人の勤務場所を決定し、これに転勤を命じて労務の提供を求める権限を有するものというべきである。」と判示した。労働協約および就業規則の規定、転勤が現になされてきたこと、勤務地限定合意がないという事情から、使用者が労働者の個別的同意なしに配転を命ずる権限を有することを認めた。そもそもこれらの事情からなぜ使用者に一方的な配転命令権を認められるのかという点に疑問は生じうるものの、判例は、就業規則の規定が配転命令権の根拠となる旨を示したものといえる。そして、東亜ペイント事件最高裁判決が上述の判示に引き続いて「そして、使用者は業務上の必要に応じ、その裁量により労働者の勤務場所を決定することができるものというべきである」、「右の業務上の必要性についても、当該転勤先への異動が余人をもっては容易に替え難いといった高度の必要性に限定することは相当でなく、労働力の適正配置、業務の能率増進、労働者の能力開発、勤務意欲の高揚、業務運営の円滑化など企業の合理的運営に寄与

10　土田・前掲注3）31頁、西谷・前掲書注5）11頁以下、島田陽一『雇用システムの変化と労働法政策の展開』（旬報社、2023年）50頁以下等参照。
11　土田・前掲注3）41-42頁参照。
12　最2小判昭和61・7・14判時1198号149頁。

する点が認められる限りは、業務上の必要性の存在を肯定すべきである。」と述べたところは、配転を命じる際に使用者の広範な裁量を当然に認めたことを表しているといえる。判例は、配転の必要性を前提として使用者のその権限を広く認めようとするものであり、就業規則を通じて日本的雇用慣行を受入れ、かつ、その円滑化を後押しするものであったと考えられる[13]。

　また、判例は、柔軟な労働力配置・活用である残業命令についても、その命令権限を広く認めてきた。この点、日立製作所武蔵工場事件最高裁判決[14]は、「労働基準法（昭和六二年法律第九九号による改正前のもの）三二条の労働時間を延長して労働させることにつき、使用者が、当該事業場の労働者の過半数で組織する労働組合等と書面による協定（いわゆる三六協定）を締結し、これを所轄労働基準監督署長に届け出た場合において、使用者が当該事業場に適用される就業規則に当該三六協定の範囲内で一定の業務上の事由があれば労働契約に定める労働時間を延長して労働者を労働させることができる旨定めているときは、当該就業規則の規定の内容が合理的なものである限り、それが具体的労働契約の内容をなすから、右就業規則の規定の適用を受ける労働者は、その定めるところに従い、労働契約に定める労働時間を超えて労働をする義務を負うものと解するを相当とする。」と、使用者の残業命令権を就業規則によって根拠づけられる旨判示した。引き続いてなされた具体的判断に照らすと、適法な36協定に依拠する就業規則規定はほぼ合理的なものと認められる結果となる[15]。さらに、同最高裁判決の36協定における残業を命ずる事項が多岐にわたりかつ抽象的であるにもかかわらず、就業規則規定の合理性が認められている。これらを踏まえると、判例は、使用者に就業規則を通じて容易に残業命令権を認め、かつ、使用者による命令権行使に広い裁量があることにお墨付きを与えたものといえる。日本的雇用慣行の存在が就業規則に基づく使用者のこれらの命令権の大前提となっているのである。

13　西谷・前掲書注5）12頁参照。
14　最1小判平成3・11・28民集45巻8号1270頁。
15　拙稿「時間外労働義務」村中孝史ほか編『労働判例百選〔第10版〕』（有斐閣、2022年）79頁。

(2) 日本的雇用慣行の変容と就業規則の射程への影響

　以上のように、就業規則は日本的雇用慣行を追認し、より円滑にそれを運用できるようにする機能を果たしてきた面があるといえる。それでは、日本的雇用慣行の変容は、就業規則が使用者に配転や残業に関する命令権を広く認めている判例の状況にどのような影響を与えうるだろうか。

　日本的雇用慣行は様々な社会状況の変化を受けて変容しつつある[16]。まず、非正規雇用労働者の増加による正社員比率の低下がみられる。これは日本的雇用慣行の対象となる労働者比率の低下を意味し、長期雇用慣行の狭隘化をもたらす[17]。もっとも、非正規雇用労働者に対する配転や残業は想定されにくいので、この点は正社員を対象としてきた判例への影響は少ないものと思われる。

　他方、同一企業内に専門職制度や地域限定社員制度の制度区分を設け、区分ごとに人事処遇が行われる、複線型人事制度の進展[18]は、大いに影響があると思われる。複線型人事制度はジョブ型人事制度とも結びついていく。そうすると、複線型人事制度においては、日本的雇用慣行で一般に前提としていた職務の範囲が不明確な労働者とは異なり、日本的雇用慣行が前提としてこなかった職務の範囲があらかじめ定まっているジョブ型コースで雇用された労働者が存在する。これらの労働者は、日本的雇用慣行と密接に関連する配転に関する判例は、その適用の前提を欠くものと思われる。よって、ジョブ型雇用や地域限定社員については、判例の射程外であるとして、原則として、就業規則によって配転命令権を根拠づけることができないと考えるべきであろう。これを労契法7条の解釈との関係で整理すると、まず、ジョブ型雇用や地域限定社員の配転については、同条の背景にある判例法理の前提を欠くものとして、同条にいう「労働条件」に含まれないとの解釈がありうる。これは，一見すると，配転の有無が労働条件に当たらないというもので，お

16　日本的雇用慣行の変容と労働法への影響については、すでに土田・前掲注3）51頁以下、西谷・前掲書注5）17頁、近年のものとして島田・前掲書注10）52頁以下等で指摘されてきたところである。

17　西谷・前掲書注5）19頁以下参照。

18　この動きが、日本的雇用慣行がもつ使用者の裁量権限容認機能に相当の影響を与えるものと思われると指摘するものとして、土田・前掲注3）51-52頁。

かしな解釈にみえるかもしれない。しかし，ここでは，あくまで同条の「労働条件」という文言を，就業規則法理を支えてきた日本的雇用慣行の変容を踏まえることで，同法理の適用対象を画する概念として見直す余地があると考えたい。そもそも、上述のような配転命令権については就業規則で定めることができない（定めたとしても労契法7条の効果を享受できない）労働条件に該当しうるという立場である。もっとも、このように解さなくても、従来の裁判上の処理のように、ジョブ型雇用や地域限定社員については、職務内容や勤務地の限定合意が認められるという形で同様の結果をもたらしうるし、それが一般的でわかりよい解釈と思われる。しかし、日本的雇用慣行の変容の影響を通じて、就業規則で当たり前のように定め、労働契約内容となってきた労働条件の中には、そもそも就業規則では定めることができない（あるいは、定めることが判例で未だ根拠づけられていない）ものがありうると確認することには意義があるように思われる。なお、このような労契法7条の「労働条件」に含まれないという解釈とは別に、同条の「合理性」判断における考慮要素として取り込む方がより受け入れられやすいとは思われる。

　また、成果主義的働き方やジョブ型人事制度[19]の下では、年功賃金制度のような配転や残業にどの程度応じたかなどの働きぶりも含めてなされる賃金設定ではなく、あらかじめ定められた職務の難易度や達成度に応じた賃金設定が行われる点で、労働者に自律的な働き方が求められる。この場合、使用者が一方的に残業を命じたとしても、それが必ずしも職務の適切な遂行や成果につながらないことも踏まえると、判例は、成果主義的働き方やジョブ型人事制度における残業命令権については想定しておらず、その射程に含んでいなかったものと考えられる。この場合も上述のように、労契法7条の「労働条件」に含まれるべきものではないと解するべきである。これらの働き方をする労働者に使用者が残業を命じるためには、別の労働契約上の根拠が求められる。

19　現状では、成果主義的な働き方は衰退傾向にある（本書29-31頁〔柳澤武〕参照。）が、決められた役割を果たして成果を上げているかを評価される緩やかな成果主義は、ジョブ型人事制度と結びついて活用される場合もあろうかと思われる。

4 読んでいない、あるいは、同意をしていない就業規則になぜ拘束されるのか——就業規則の拘束力の根拠

　素朴な疑問の1のもう一つの問いは、就業規則を読んでいない、あるいはそれに同意をしたことがないのにどうして従わなければならないかという点である。この問題は就業規則の法的性質論に密接に関連し、この問いに直接答えるには法的性質論の検討が避けて通れない。しかし、本稿では、日本的雇用慣行の変容が就業規則の拘束力にどのような影響を与えるかという問題に限定していることから、以下では判例による就業規則の拘束力の根拠付けが日本的雇用慣行とどのような関係を持ち、日本的雇用慣行の変容の影響をどのように受けるのかという問題に焦点を当てる。

(1) 日本的雇用慣行の変容と就業規則の拘束力への影響

　就業規則の拘束力について、判例である秋北バス事件最高裁判決[20]は、「『労働条件は、労働者と使用者が、対等の立場において決定すべきものである』（労働基準法二条一項）が、多数の労働者を使用する近代企業においては、労働条件は、経営上の要請に基づき、統一的かつ画一的に決定され、労働者は、経営主体が定める契約内容の定型に従つて、附従的に契約を締結せざるを得ない立場に立たされるのが実情であり、この労働条件を定型的に定めた就業規則は、一種の社会的規範としての性質を有するだけでなく、それが合理的な労働条件を定めているものであるかぎり、経営主体と労働者との間の労働条件は、その就業規則によるという事実たる慣習が成立しているものとして、その法的規範性が認められるに至つている（民法九二条参照）ものということができる。」そして、「就業規則は、当該事業場内での社会的規範たるにとどまらず、法的規範としての性質を認められるに至つているものと解すべきであるから、当該事業場の労働者は、就業規則の存在および内容を現実に知つていると否とにかかわらず、また、これに対して個別的に同意を与え

20　最大判昭和43・12・25民集22巻13号3459頁。

たかどうかを問わず、当然に、その適用を受けるものというべきである。」と判示した。

この判例をどのように読むかは就業規則の法的性質論の問題としてさかんに議論されたが、定型契約としての法的規範性（その内容に合理性があり、内容が開示されているかぎり、黙っている者を拘束してしまう）と理解すべきという定型契約説[21]が有力である。ここでは法的性質論に踏み込まず、日本的雇用慣行の変容が判例に与える影響を明らかにすることに問題を限定すると、判例のエッセンスは、多くの労働者を使用する近代企業においては、労働条件は経営上の要請に基づき、統一的かつ画一的に決定され、労働者は使用者が定めた契約内容の定型に従って附従的に契約を締結せざるを得ないのが実情であることを踏まえ、労働者は契約内容の定型を定める就業規則の適用を受けるという点にあるといえる。このように判例は労働条件の統一的かつ画一的決定をキーワードに就業規則の労働契約への拘束力を肯定してきた。このキーワードは終身雇用、年功序列処遇に顕著な集団主義的な人事管理、横並び処遇の要請そのものを意味するといってよい。判例は、労働条件の決定という処遇に関する側面から日本的雇用慣行を追認し、かつそれを支えるものとして機能してきたものといえる[22]。判例では労働条件の統一的かつ画一的決定の要請こそが、労働者が就業規則を読んでいない、あるいは同意をしていないにもかかわらず、就業規則が労働条件を決定できるというルールの大前提となっているのである[23]。よって、この要請が妥当である限り、労働者は就業規則に従わなければならないのである。なお、このキーワードである労働条件の統一的かつ画一的決定は、あくまで日本的雇用慣行と適合的なものとして要請されるもので、単に、そのような決定方法が煩雑さを回避できて便利であるからということだけで要請されたものではないように思われる。

日本的雇用慣行と密接にかかわる判例は、同慣行の変化により影響を受け

21　菅野和夫＝山川隆一『労働法〔第13版〕』（弘文堂、2024年）232-233頁。
22　土田・前掲注３）41-42頁参照。同論考は、就業規則は日本的雇用慣行を労働契約に結び付け、労働契約論を同慣行に適合させる上で決定的な役割を果たしている旨指摘する。
23　これに対し、判例の論旨や就業規則法制の成り立ちから、そもそも労働条件の統一的かつ画一的要請は必ずしも絶対的ではないことを強調するものとして、浜田冨士郎『就業規則法の研究』（有斐閣、1994年）52頁。

るのが必然と思われる。労働条件の統一的かつ画一的決定の要請を上述のように理解すると、日本的雇用慣行とは異質である個別的雇用管理が進展する中では、労働条件の統一的かつ画一的決定の要請は後退する[24]。長期雇用を前提としない転職市場を前提とした働き方も、この要請になじみにくいだろう。日本的雇用慣行からはずれた非正規雇用労働者も基本的には同様といえる。労働条件の統一的かつ画一的決定の要請が後退しているという事情は、労契法7条における合理性判断のなかで考慮されるべきであろう[25]。

(2) 労契法7条の合理性

労契法7条は就業規則で定める労働条件が「合理的な労働条件」であることを就業規則の拘束力を認める要件の一つとして挙げている[26]。ここにいう合理性は条文上明らかではなく、個別事案で判断されざるを得ないものの、それは相当広いものであるとの理解が一般的である[27]。学説は、労契法7条の合理性は就業規則の労働条件の統一的かつ画一的決定の要請に照らして、制度としての合理性を中心に判断するものが多いように思われ[28]、また判例もそのように判断しているものと考えられる[29]。他方、同条の合理性について、個々の労働者の事情を組み込んだ判断をする方向での解釈もなされている[30]。統一的かつ画一的決定の要請の後退は、労契法7条の合理性について、制度的なそれではなく、個々の労働者の事情を考慮して判断すべきという方向に向かうものと評価すべきであろう。日本的雇用慣行の変容は、このよう

---

24 個別的雇用管理のもとでの就業規則の存在意義について疑問を提示し検討するものとして、唐津博『労働契約と就業規則の法理論』（日本評論社、2010年）286-287頁参照。
25 本庄淳志「労契法7条による契約規範形成と制約のあり方」日本労働法学会誌133号（2020年）70-73頁参照。
26 この点を含む就業規則法理の諸論点に関する最近の議論状況について、土岐将仁「就業規則法理の意義と解釈論上の論点」法律時報95巻2号（2023年）21頁参照。
27 たとえば、村中孝史「労働契約法制定の意義と課題」ジュリスト1351号（2008年）45頁、菅野＝山川・前掲書注21）236頁。
28 野川忍『労働法』（日本評論社、2018年）212頁、西谷敏ほか編『新基本法コンメンタール労働基準法・労働契約法〔第2版〕』（日本評論社、2020年）379頁〔野田進〕等。
29 土岐・前掲注26）26頁。
30 「特集労働契約法逐条解説」労働法律旬報1669号（2008年）36頁〔矢野昌弘〕、本庄・前掲注25）74頁以下。

な方向で就業規則の拘束力に影響を及ぼす。

(3) 労契法7条の周知

　労契法7条は就業規則の拘束力を認めるもう一つの要件として周知要件を挙げている。判例[31]が周知を要件とした理由・根拠は示されていない[32]が、使用者が一方的に作成したにもかかわらず就業規則が労働条件を決定することの正当化のためのものである。周知要件と日本的雇用慣行との関係は希薄で、同慣行の変容の影響も受けづらかろう。

　他方で、社会状況の変化、特にDX化（デジタライゼーションの段階）が周知要件のあり方に影響を与えうる。同条の周知は、労働者が知ろうと思えば知り得る状態にしておくことで足りると解されており[33]、この要件は、実際に労働者が就業規則の内容を知らなくてもよいし、同意をしていなくても満たされる。これは、労働契約法の合意原則からは大きく離れており、修正がなされるべきで[34]、周知の概念はできるだけ合意に近づけるべきである。周知概念は使用者による積極的な情報提供を含むものと解すべきであり[35]、それは、デジタル化した就業規則情報を使用し[36]、周知プロセスをデジタル化する（インターネットを活用した周知を行う）ことで容易となり得る。あくまでデジタル化に対応できる労働者については、周知概念には、上述の方法で個々の労働者に就業規則内容を積極的に情報提供をし、納得を得る活動が含まれると解釈するべきであろう[37]。デジタライゼーションは周知要件を合意に近

31　フジ興産事件・最2小判平成15・10・10判時1840号144頁。
32　山下昇「就業規則の効力と周知」村中孝史ほか編『労働判例百選〔第10版〕』（有斐閣、2021年）45頁。
33　荒木尚志＝菅野和夫＝山川隆一『詳説労働契約法〔第2版〕』（弘文堂、2014年）113頁。
34　道幸・前掲注2）12頁は、この点を踏まえ、実質的周知概念の見直しが緊急の不可欠の課題とする。
35　大内伸哉『人事労働法――いかにして法の理念を企業に浸透させるか』（弘文堂、2021年）29頁、土田道夫『労働契約法〔第2版〕』（有斐閣、2016年）167-168頁、「特集労働契約法逐条解説」・前掲注30）35頁〔矢野〕も参照。
36　就業規則の作成・変更における過半数代表の意見聴取手続のデジタル化について、大内・前掲書注35）270頁。
37　また、納得を得るためのツールとしてAIチャットの利用も考えられるが、あくまで補助的なものにとどまるものと考えるべきだろう。

5 嫌だと言ったのにどうして不利益に変更されるのか
――就業規則の不利益変更法理への影響

　素朴な質問2は、日本的雇用慣行の変容が就業規則の不利益変更法理（労契法10条）にどのような影響を与えるかという問題である。判例[38]は就業規則の不利益変更の拘束力について、「新たな就業規則の作成又は変更によつて、既得の権利を奪い、労働者に不利益な労働条件を一方的に課することは、原則として、許されないと解すべきであるが、労働条件の集合的処理、特にその統一的かつ画一的な決定を建前とする就業規則の性質からいつて、当該規則条項が合理的なものであるかぎり、個々の労働者において、これに同意しないことを理由として、その適用を拒否することは許されないと解すべきである」と判示した。本稿4でみたのと同様に、判例は労働条件の統一的かつ画一的な決定の要請から、就業規則の不利益変更の拘束力を認めている。他方、就業規則の不利益変更の拘束力を肯定する判例に対しては、長期の雇用保障をもたらす解雇制限とのバランスの維持の観点から、労働条件変更の必要性の調整原理として、その妥当性を肯定する見解が有力である[39]。

　この見解は日本的雇用慣行と密接に関連するが、前提とする解雇法制の変容[40]による影響を受けうる。たとえば、一定の職務能力をあらかじめ求められて雇用される中途採用者や転職市場型企業における労働者に対する能力不足を理由とする解雇は、職務を明確に定めず新規一括採用の下で雇用された労働者の解雇よりも緩やかに認められる傾向にある[41]。また、金銭解決制度の導入のような解雇法制の改革可能性もあり[42]、長期の雇用保障という不利益変更法理の妥当性を肯定する前提が揺らいでいるといえる。この点は、解

38　秋北バス事件・前掲注20)。
39　菅野和夫『労働法〔第2版〕』（弘文堂、1988年）92頁、荒木尚志『雇用システムと労働条件変更法理』（有斐閣、2001年）196頁以下参照。
40　解雇規制の変容については、本書50-51頁〔國武英生〕。
41　菅野・前掲書注21) 790頁以下。
42　國武・前掲注40) 117頁以下参照。

釈論としては、労契法10条の合理性判断の中で考慮されるべきと思われる[43]。

6　おわりに

本稿では、限定的ではあるが、日本的雇用慣行と就業規則法理（判例）の結び付きの強さを再確認した。現行法上、労契法7条や10条が就業規則の拘束力や不利益変更の拘束力を明文で認めている。これらの規定の法解釈においては、その前提となる判例に対する日本的雇用慣行の変容の影響が考慮されなければならない。本稿では日本的雇用慣行の変容が与える就業規則法理への影響に絞ってみてきたが、このほかにもワークライフバランスの尊重や人口減少・少子高齢社会など様々な重要な社会の変化がある。これらを踏まえた就業規則法理のあり方について、引き続き検討していく必要がある。

43　具体的には、変更の必要性の要素において、就業規則で労働条件を変更されるべき労働者か、という点も考慮事情に含むことが考えられる。

第2章 年功型賃金と定年の合理性
——日本的年功制度の法的意義を問い直す

柳澤　武

1　年功制度に対する疑問と不満

　2007年、経済学者の野村正實は「経済的困難に直面するたびに、マスメディアは、経営環境は劇的に変わった、もはや終身雇用はありえない、年功制は過去のものになった、と書き立てた。しかし、年功制や終身雇用の終焉が何度も叫ばれること自体、年功制や終身雇用が終焉していないことを物語っている。」[1]と皮肉を込めて論じた。この直後のリーマンショックや未曾有の危機となったコロナ禍を経た現在、年功制や定年制度を伴う終身雇用は、なお終焉していないのだろうか。本連載の趣旨に鑑み、次の二つ「素朴な疑問」を念頭に検討を始めたい。

　Z世代（2001年生まれ）新入社員Aさん：うちの会社の50代には「妖精さん」[2]がいます。フレックスタイム制度を使って早朝に出勤すると、タイムカードを押してから優雅に朝食タイム、その後も週刊誌を読んだり、廊下で雑談に興じたりして、お昼休みは1時間きっちり確保、それからデスクで昼寝をしていると思ったら、午後3時頃には退社してしまいます[3]。そ

1　野村正實『日本的雇用慣行――全体像構築の試み』（ミネルヴァ書房、2007年）429頁。
2　「妖精さん」という言葉は、主に朝日新聞で使われており、志村亮＝浜田陽太「動けぬ『会社の妖精さん』」朝日新聞2019年11月12日3頁が初出だと思われる。タイトルの趣旨は、転職しても賃金が下がるため、他社へは動けないとの意。

れなのに、給料は私達の3倍もらっているんです。同じ会社内なのに、あまりに不公平です[4]。

定年後の嘱託職員Bさん：私は入社してから、ずっと自動車学校の指導員として、運転知識や技能の指導を行ってきました。60歳定年後も、継続雇用制度という形で、65歳に至るまで同じ仕事をしています。ところが、基本給が40%台まで下がり、賞与等も大幅に下がったため、総支給額が退職時の56%にまで減りました。会社は、労働組合との話し合いにも応じてくれません。世間でいうところのジョブ型で、全く同じ仕事（職務）を担当し続けているのに、定年後に賃金が半分近くに減ることには納得できません[5]。

　これらの疑問は、いずれも年功型賃金や定年制度と結びついており、日本的雇用のマイナス面を示すものといえる。そこで、まずは両制度が、いかなる背景の下に誕生したのかを探ることにしたい。

2　日本的年功制度の起源と定着

(1)　電算型賃金体系

　現代的な年功型賃金体系と定年制度の起源は、第二次世界大戦後に遡る[6]。戦時下で民間電気会社が統合され、その流れをくむ配電10社により産業別単

3　当該労働者の「働かない」程度によっては、賃金カット、職務専念義務違反による懲戒、最終的には解雇となる可能性があることは言を俟たない。
4　朝日新聞によるWebアンケートでも、「『働かない中高年』現象を、どう思いますか。」という問に対して、「働きに見合わない給与をもらう社員がいると、社内で不公平だ」の選択がもっとも多かった。「『妖精さん』どう思いますか？」（191回答）〈https://www.asahi.com/opinion/forum/104/〉（アクセス日2024.7.5）。
5　名古屋自動車学校（再雇用）事件・最一小判令和5・7・20労判1292号5頁を元に、同事件の関係者からの声を織り込んで「素朴な疑問」とした。
6　本文でも触れたように、戦前にも定年制度や年功型賃金は存在した。富安長輝『定年制と賃金制度』（労働法学出版株式会社、1966年）8頁。その上で、柳澤武「高年齢者雇用の法政策——歴史と展望」日本労働研究雑誌674号（2016年）67頁が詳しく述べるように、現代までの連続性が認められる両制度は、あくまで戦後に形成されたと解釈している。

図：電算型賃金体系[7]

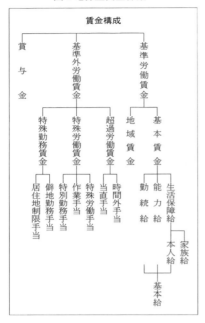

一組合である全国電気産業労働組合協議会が結成され、かの有名な電産型賃金体系が提案された。

当時は、生活保障給として、〈本人給≒年齢給〉となっており、割合としても基準労働賃金の4割強を占めていた[8]。また、2割強を占める能力給についても、査定による差は出にくく、さらには組合によるチェックもなされたことから、完全に横並びの運用となった。なお、当初から家族給も存在し、2割弱という、少なからぬ割合を占めていたことも注目される（**左図**）。

同時期に、定年制度に関わる問題も生じた。終戦を迎えると、各企業とも戦地からの復員による過剰雇用を抱えることになり、強制退職制度による引退を求める圧力が強まった。そこで、人件費の高騰を防ぐための解決策として、あるいは、労働組合側の要求事項でもあったことから、戦前に一度は普及していた定年制度が導入され、それまで形成されてきた退職金制度もセットとなり、年功型人事管理制度の原型となった[9]。こうした相関関係により、日本型な「年功型賃金制度」と「定年制度」（Teinen）[10]が同時に誕生することになった。

---

7 川西宏祐『電算型賃金の世界：その形史と歴史的意義』（早稲田大学出版部、2001年）109頁の図2-1より。

8 生活給という発想自体には、戦前からの連続性もみられる。金子良事『日本の賃金を歴史から考える』（旬報社、2013年）68頁。

9 小池和男『戦後労働史からみた賃金』（東洋経済新報社、2015年）81頁。

10 英訳の一つである「mandatory retirement」ではなく、あえて「Teinen」とローマ字で表記されることもあり、日本的雇用慣行と不可分な独自の意義を持つ（英訳できない）定年制度として理解されてきた。

その後、労働組合を有する大企業を中心に、年功型人事管理制度とともに、55歳定年制度が急速に広まる。1950年代後半には、賃金は年々右肩上がりに上昇を続け、生活水準も飛躍的に向上していった。いずれの世代の労働者も引く手あまたであり、出生率も2～3%を維持していたことから、継続的な生産年齢人口を確保することができた。

(2) 職能資格制度と職能給の導入

1960年代になると、定期昇給制度が確立するとともに、定年制度を伴う終身雇用慣行が完全に定着するようになった[11]。その上で、多くの労働組合は本格的に定年制の延長を要求し始めるようになる。1965年時点で、55歳以降の平均余命は男性18.9年、女性22.5年となっており、子育てのライフ・サイクルも高学歴化などで変化しつつあった。かかる状況の変化や各労働組合による団体交渉が積み上げられた結果として、大企業を中心に定年延長が実現するようになった。

また、徐々にではあるが、大企業のホワイトカラーに、職能資格制度が導入されるようになった。これは、企業が必要とする能力を、職務から抽出した職能として難易度別に分類し（職能分類等級）、それに何らかの呼称（職能資格呼称）で肩書きを付けたものである（**表**）。これらの資格と役職位とは、弾力的に結びつけられるため、昇格は昇進のための必要条件となる（主事は課長になれない）が、十分条件とはならない（副参事であれば必ず課長になれるわけではない）。

1969年、日経連の能力主義管理研究会は、こうした職能給を前提として、「年功制的人事労務管理」から「能力主義管理」への移行を提唱した[13]。その背景として、労働力不足、賃金水準の大幅上昇、国際化と経営効率向上の必要性の3点が挙げられている。

留意すべきは、職能資格制度の導入によって、ときに労働者を厳しい競争

11　この時期には、日経連「賃金管理近代化への基本的方向──年功賃金から職務給へ」（1962年）に代表されるように、経営側から職務給の導入も提案されたが、一部の鉄鋼大手において、部分的に職務給が導入されたに過ぎなかった。当時の労働組合側からの視点として、千葉利雄『戦後賃金運動──軌跡と展望』（日本労働研究機構、1998年）187頁。

表：1970年頃の職能資格等級例[12]

職能分類等級	職能資格呼称	対応役職位	初任格付等級	昇格年数	モデル年齢
管理職 M-9	参与	部長		N/A	48歳
8	参事	副次長		6年	42歳
7	副参事	課長		5年	37歳
指導職 S-6	主事	係長		5年	32歳
5	副主事	主任		4年	28歳
4	主任補			3年	25歳
一般職 J-3	社員1級		大学卒	3年	22歳
2	2級		短大卒	2年	20歳
1	3級		高卒	2年	18歳

に巻き込む能力「査定」システムが導かれた点である。この査定は、本来的な意味での能力主義とは相当乖離する場合も少なくなく、ときには「生活態度としての能力」までもが含まれていた[14]。その結果、労働者には包括的な企業への貢献や残業を厭わないチームワーク的な働き方が求められ、遠隔地への転勤、家庭責任（ケア）の断念、異常な長時間労働など、多くの弊害にも繋がった。かかる熾烈な出世競争やチームワークから外れた労働者は、「窓際族」[15]となることもあった（この時代にも「妖精さん」らしき人はいた）。

そして、職能資格等級自体が、昇格年数やモデル年齢を想定しているように、―ある種の「能力」主義による熾烈な出世競争は存在したものの―全体としてみれば年功的な運用が行われた。つまり、多くの企業で形式的な賃金制度の変更は行われたが、長期的な実態としては変化がなかったといえる。再び野村の言葉を借りるならば「日経連の『能力主義管理』の提唱以後も、

12　楠田丘『人事考課の手引』（日本経済新聞社、1981年）61頁の図4「職能資格等級のフレーム（例）」を基に、筆者が若干の加筆・修正を行った。
13　日本経営者団体連盟・能力主義管理研究会『能力主義管理：その理論と実践』（1969年）75頁は、これまでの年功功を高く評価しつつ、人事管理における年功制的要素の払拭を唱える。当時の関係者へのヒアリングとして、八代充史ほか編『能力主義管理研究会オーラルヒストリー――日本的人事管理の基盤形成』（慶應義塾大学出版、2010年）があり、匿名で掲載されていた座談会の実名も明らかとなった。
14　熊沢誠『能力主義と企業社会』（岩波書店、1997年）39頁。同書は、1970年代後半以降を、能力主義管理の第二期と位置付け、かかる意味での「査定」が進展したと指摘する。
15　新村出編『広辞苑〔第6版〕』（岩波書店、2008年）は、「会社などで、部屋の窓際に席を与えられ、業務の中心からもはずされて毎日を退屈に過ごす中高年サラリーマンを揶揄した言葉。」と定義する。

会社においては『年功制的人事労務管理』が続いていた」[16]ということになろう。

　次に、職能資格制度が導入されてもなお、このような年功賃金や定年制度が積極的に維持された要因を探る。

3　制度的な合理性とメリット

(1)　判例法理による合理性基準

　賃金制度自体の合理性については、最低賃金法と差別禁止法に抵触する場合を除き、制定法による規制は存在しない[17]。裁判例では、就業規則において実施手順が定められているにも関わらず、使用者に裁量権の逸脱があり、労働者の利益が侵害されたときには、不法行為が成立する[18]。また、職能資格制度における降格に際しては、「使用者が、従業員の職能資格や等級を見直し、能力以上に格付けされていると認められる者の資格・等級を一方的に引き下げる措置を実施するにあたっては、就業規則等における職能資格制度の定めにおいて、資格等級の見直しによる降格・降給の可能性が予定され、使用者にその権限が根拠づけられていることが必要」との判断もなされている[19]。

　他方で、定年制度自体の合理性については、最高裁が明確な判断を示している。秋北バス事件（最大判昭和43・12・25民集22巻13号3459頁）は、従前は定年制度が適用されなかった管理職の地位にある労働者が、新設された55歳定年制度の効力を争った事案である。同判決は、定年制度について、一般に、老年労働者は労働の適格性が逓減するのに、賃金は逆に逓増するため、「人事

16　野村・前掲注1）197頁。熊沢・前掲注14）44頁も、賃金と年齢との相関関係という意味での年功賃金は維持されたと結論づける。
17　基本的には労使自治に委ねられているといえよう。ただし、後述するように、労使に対して、賃金制度の見直しを迫るような立法や判例の動向もみられる。
18　マナック事件・広島高判平成13・5・23労判811号21頁。
19　アーク証券事件・東京地判平成8・12・11労判711号57頁。その他の裁判例について、小宮文人「人事権に基づく降格（級）・降給に関する判例を検討する」淺野高広・北岡大介編『労働契約論の再構成』（法律文化社、2019年）3頁。

の刷新・経営の改善等、企業の組織および運営の適正化のために行なわれる」として合理性を認めた。すなわち、いわゆる正社員（期間の定めのない労働契約）が、年功型賃金体系の下にある場合、①事実上の身分保障が存在することと引き換えに定年制度が認められ、②年功型賃金体系の下では、一定年齢での退職が、経営上の必要性から求められ、③後進に道を譲るという人事刷新・モラール向上の必要性も存在するという3つの論拠を示した[20]。

(2) 人事労務管理論からみた利点

経営学的な見地から、この時期に職能給を中心とする年功的な人事管理が定着した要因として、①労働者の職務内容を問う必要が無く、労働力をフレキシブルに配置できる、②能力は基本的に向上するものであり、賃金上昇を期待する労働者のニーズにも応えられる、③役職ポストに就けない労働者にも同等水準の賃金を支払うことができるといった、労使双方にとっての利点が挙げられる[21]。これらを要素とする日本的経営は、海外からも礼讃され、効率のすぐれた事業の基盤がつくりだされるセオリーであるとの位置付けや[22]、著名なベストセラー『ジャパン・アズ・ナンバーワン』が生まれた[23]。

日本的な定年制度の評価としては、多くの企業が定年（60歳）までの雇用維持で精一杯であるとの認識から、定年廃止や継続雇用により定年前の賃金水準が押し下げられ、労働者間の「暗黙の選抜」が生じるといった懸念から、日本固有の雇用政策や企業の人事管理を生かした制度枠組みとして、定年制度を肯定的に捉える見解もみられる[24]。

---

20 他方で、学説の一部には、定年制違法論も根強かった。柳澤武『雇用における年齢差別の法理』（成文堂、2006年）264頁参照。
21 橋場俊展「賃金管理と処遇問題」澤田ほか編著『ヒト・仕事・職場のマネジメント――人的資源管理の理論と展開』（ミネルヴァ書房、2016年）172頁。
22 ウイリアム・G・オオウチ著（徳山二郎監訳）『セオリーZ 日本に学び、日本を越える』（CBSソニー出版、1981年）63頁。
23 EZRA F. VOGEL, JAPAN AS NO.1 (1979). 邦語訳のエズラ・F・ヴォーゲル著（広中和歌子・木本彰子訳）『ジャパン・アズ・ナンバーワン：アメリカへの教訓』（ティービーエス・ブリタニカ、1979年）は、当時70万部超を売り上げた。翌年には、英語での新装版（Tuttle Edition）も日本向け仕様として1,250円で販売されている。
24 髙木朋代「高年齢者雇用をめぐる人事上の課題と方向性」日本労働法学会誌124号（2014年）55頁。

(3) 経済学的観点からの説明

定年制度の合理性と年功賃金の効用を、経済学的な観点から説明する際には、ラジアーモデルが定番となっている[25]。同モデルによれば、長期勤続を前提とするならば、労働者にとっても、使用者にとっても、水平な（＝非年功的な）賃金体系を好む理由はない。若いときには自分の産出高（価値）以下の賃金を受け取り、勤続年数が一定期間を過ぎると逆に自身の価値以上の賃金が期待でき、労働者には継続勤務のインセンティブが生じる。

冒頭の「素朴な疑問」で、新入社員のAさんが、自分自身の働きに対する賃金が低い反面、働いていない50代の賃金が高いと感じたのは、ラジアーモデルによれば当然の帰結ともいえる。そして、かかる年功賃金カーブを維持するためには、労働者らを一定地点で強制的に退職させる必要が出てくる。経済的観点からは、年功型の賃金体系を前提として、賃金と産出高との長期的な収支バランスを特に重視するのであれば、定年制度は必要かもしれない[26]。

4　成果主義の台頭と形骸化

(1) 法律学からのアプローチ

1990年代半ばより、一部の大企業では、仕事の達成度を重視する人事制度（成果主義）の導入が試みられた。その代表例として挙げられる富士通は、「新制度では年齢給の要素が残っていた主事、主事補などの職能資格を廃止、賃金体系から年功色を完全に取り除く」との報道がなされ、大きな注目を浴びた[27]。かかる動向を受けて、人事労務管理論や労働経済学などの分野に続き、法律学分野でも、成果主義に対する様々な検討が急速に広まった[28]。

なかでも、労務給付を適性に評価して賃金額に反映させるべきとする公正

25　清家篤「ラジアー『定年はなぜあるのか？』」日本労働研究雑誌513号（2003年）12頁。
26　ただし、この記述には、二つの留保を付けておきたい。ラジアーモデルが生まれたアメリカでは、定年制度を含む年齢差別が原則禁止となった。もう一つは、日本の定年制度は同モデルで説明できないとの、経済学者からの批判である。柳澤・前掲注20）33頁、野村・前掲注1）120頁。
27　日本経済新聞1998年3月25日1頁。

評価義務や、評価結果とその理由の説明開示を求めうるとする適性評価義務は、労働者個人が人事評価や査定を法的に争う根拠として注目された[29]。また、労働者からの昇格請求について、使用者としては昇格要件を満たさないといった説明ができなければ、労働者側の主張が認められるべきであるとの主張もみられるようになった[30]。これらの潮流は、使用者から労働者に対する法的な説明責任を求める点で共通しており、実務的には人事考課に「透明性」を求めるドライブとなった。かかる法的な価値判断は、成果主義の場面に限らず、人事考課一般への広がりを持つといえよう。

(2) 成果主義の蹉跌

元富士通社員の著書によれば、同社の成果主義導入は、アメリカ・カリフォルニア州シリコンバレーの視察に端を発し、開発エンジニアに適用されている賃金を参考にしたとのことで[31]、導入時から既にボタンの掛け違いがあった。すなわち、何かを開発するような職務でない限り、成果を見定めること自体が難しく、目標管理制度の形骸化や、評価のインフレが発生することになった。

経営学者からは、日本型人事システムの本質は、賃金による動機付けではなく、次の仕事の内容で報いることにあり、あくまで賃金は労働者の雇用と生活を守るために設計すべきであるといった、成果主義賃金への批判もなされた[32]。また、中立的な立場からは、「日本経済に何か深刻な問題が起きそうになると、あるいは実際に不況に陥ってしまうと、必ず、日本的人事管理

28　後掲注29)、30)で掲げた論文のほか、日本労働法学会の「賃金処遇制度の変化と法」日本労働法学会誌89号（1997年）5頁以下の特集、野田進「能力・成果主義賃金と労働者の救済」季刊労働法185号（1998年）65頁、土田道夫・山川隆一編『成果主義人事と労働法』（日本労働研究機構、2003年）など。なお、ドイツ法の検討が中心だが、高橋賢司『成果主義賃金の研究』（信山社、2004年）。
29　たとえば、土田道夫「能力主義賃金と労働契約」季刊労働法185号（1998年）9頁、毛塚勝利「賃金処遇制度の変化と労働法学の課題」日本労働法学会誌89号（1997年）22頁。
30　石井保雄「成果主義賃金制度と労働法（学）の10年」日本労働研究雑誌554号（2006年）14頁。
31　城繁幸「内側から見た富士通『成果主義』の崩壊」（光文社、2004年）20頁。ただし、城は成果主義の導入に必ずしも反対という立場ではない。
32　高橋伸夫『虚妄の成果主義――日本型年功制復活のススメ』（日本経済新聞社、2004年）28頁。タイトルが示すように、最も痛烈な批判と位置付けられる。

の見直しの大合唱が起きるのはなぜだろう……日本に特有で、前近代的と思われていたから、悪者にしやすいのか」と前置きしつつも、成果主義を様々なタイプに分類した上で、今後の人事管理へ少なからぬ影響を与える可能性を示唆した[33]。

現状は、成果主義賃金は確かに衰退傾向にあるが、あからさまな年功賃金に戻るわけにもいかず、人事労務管理の在り方が揺れ動きつつあるといえよう[34]。

5 定年制度の変容

(1) 高年法の展開──定年延長から継続雇用制度へ

年功賃金の動揺とともに、定年制度をめぐる法制度や判例法理の展開も確認しておきたい。1986年に制定された高年齢者等の雇用の安定等に関する法律（以下「高年法」）により、事業主には、定年年齢が60歳を下回らないようにとの努力義務が課された。ここから、定年制度を基軸に据えた法政策が、よりいっそう展開されることとなる。続く1990年の高年法改正では、引き続き60歳定年制度の普及を目指しながら、定年後65歳までの再雇用の推進について努力義務とされた。こうした法政策を、第四銀行事件（最二小判平成9・2・28民集51巻2号705頁）に代表される判例法理も後押しした。同判決が、賃金カーブ変更の合理性を認めた背景には、法政策の強い要請による定年延長があった。

1994年改正によって、60歳未満の定年制度が禁止されるに至る。年金支給開始年齢の引上げを意識しながら、「定年延長」を最優先課題として推し進めた。2000年改正では、65歳までの雇用確保を努力義務として課すという形式を維持しながらも、①定年そのものの引上げ、②継続雇用制度の導入、③その他の必要な措置という曖昧な選択肢が並べられ、若干の変化が生じた。

---

33 中村圭介『成果主義の真実』（東洋経済新報社、2006年）7頁。
34 黒田兼一『戦後日本の人事労務管理』（ミネルヴァ書房、2018年）213頁。また、石田光男「賃金制度改革の着地点」日本労働研究雑誌554号（2006年）47頁は、役割等級を基準とした目標に照らし、実績を評価する「役割給」へのシフトを示唆している。

定年到達以前に労働者が解雇・出向させられるなど、「定年制度の空洞化」ともいうべき事態が進行し、政策の転換が求められるようになったといえる。続く2004年改正では、高年齢者の65歳までの安定した雇用を確保するため、現在の「雇用確保措置」の枠組みを完成させ、事業主には、本人が希望する限りは継続雇用される制度を実施する義務が課された。

　2020年改正では、65歳から70歳までの働く機会を確保することが事業主（企業）の努力義務とされた。これは「高年齢者就業確保措置」と呼ばれるもので、従来までの「雇用確保措置」（①〜③）と同内容の措置に加えて、過半数代表の同意を得た上で「創業支援等措置」（後記④、⑤のいずれか）による代替も可能となり、④事業主と業務委託契約を締結することによる就業確保、⑤事業主や他の団体が実施・支援する社会貢献活動への参加支援による就業確保、さらには、⑥他企業への再就職支援も65歳以上の雇用確保措置として規定された。

　このように、現在の主流である60歳定年制度は、実態としては雇用終了機能を有しておらず、大企業の大多数の労働者（約8割）にとっては、継続雇用制度への通過点に過ぎない[35]。その反面、OECDも指摘するように[36]、定年後の再雇用によって「質」の低い仕事に従事してしまう場合や、同じ仕事を続けていても賃金水準が大幅に下がるなど、諸外国にはみられない事象が生じている。

(2)　**現在の裁判紛争**

　秋北バス事件・最高裁判決・前掲（1968年）から半世紀が経過した2018年、長澤運輸事件（最二小判平成30・6・1民集72巻2号202頁）・最高裁判決が示された。同事件は、再雇用により賃金体系が異なる有期労働契約となったトラック運転手らが、労働条件の差異は労働契約法（以下「労契法」）旧20条に違反するとして争った事案である。同判決は、嘱託社員が再雇用された者であることは、労契法旧20条にいう「その他の事情」として考慮されると判断した

35　厚生労働省が毎年度行う「高年齢者の雇用状況」集計結果によれば、「継続雇用制度」を選択する企業は約7〜8割で推移しており、大きな変動は無い。
36　OECD, Working Better with Age: Japan（2018）.

上で、「両者の賃金の総額を比較することのみによるのではなく、当該賃金項目の趣旨を個別に考慮すべきものと解するのが相当である」として、「精勤手当」のみを不合理な格差であると判断し、その余の正社員との格差は、不合理とは認められないと判示した。その根拠となる部分は、以下の通りである。

「定年制の下における無期契約労働者の賃金体系は、当該労働者を定年退職するまで長期間雇用することを前提に定められたものであることが少なくないと解される。これに対し、使用者が定年退職者を有期労働契約により再雇用する場合、当該者を長期間雇用することは通常予定されていない。また、定年退職後に再雇用される有期契約労働者は、定年退職するまでの間、無期契約労働者として賃金の支給を受けてきた者であり、一定の要件を満たせば老齢厚生年金の支給を受けることも予定されている。そして、このような事情は、定年退職後に再雇用される有期契約労働者の賃金体系の在り方を検討するに当たって、その基礎になるものであるということができる。」

しかしながら、同最高裁判決を前提としても、継続雇用時の賃金減額が無制約に許容されるわけではない。この点、「素朴な疑問」Bさんのモデルとなった名古屋自動車学校事件・最高裁判決では、基本給・賞与の性質・目的を明らかにした上で、労使交渉の経緯も勘案しつつ不合理性を判断すべきであるとの理由のみで、特に新たな規範を示すことなく、原審を破棄・差戻した[37]。結局のところ、継続雇用における労働条件について、判例法理は明確な解決方法を示せない状況に陥りつつある[38]。そこで、冒頭の素朴な疑問に対しては、さしあたり次のような回答を示したい。

37　前掲注5）参照。すでに多くの評釈が出されており、注目度の高さが窺える。第一審判決（名古屋地判令和2・10・28労判1233号5頁）と原審（名古屋高判令和4・3・25労判1292号23頁）は、再雇用契約で定年退職時の5割未満となる基本給について、「労働者の生活保障」という観点から、退職時の60％を下回る限度で労契法旧20条にいう不合理に該当すると結論づけた。

38　名古屋自動車学校事件では、賃金表がない状態で既に紛争が発生していることから、後から典型的な賃金体系の枠組みに押し込むことは困難である。原審が認定した「一律給」と年功的な「功績給」により構成されるという以上に、何らかのモデルにあてはめようとする手法は、不可能を強いることになる。

6　疑問への回答

(1)　賃金カーブの修正——制定法による後押し

　年功型賃金と定年制度については、これまで労使間の思惑が複雑に交錯してきたにせよ、双方の合意により維持されてきたことは否定しがたい。長期的な解決方法としては、やはり労使合意に基づいて、現在の年功的な賃金カーブを徐々にフラットに近づける方策が考えられる。その結果、Aさんの賃金は基本的に上昇し、Bさんは定年前後での賃金変動が少なくなる。さらに、次に述べる新しい法制度や動向は、かかる見直しを行う契機となりうる。

　一つは、2022年に改正された女性活躍推進法により、301人以上の事業主に、定期的に公表を求められることとなった「男女の賃金の差異」である。労使当事者が、自らの会社における男女賃金格差を認識することで、かかる格差を生み出す賃金の決定方法や、職能資格制度の設計・運用を見直すことが求められる。個別企業のジェンダー・ギャップの公開は、2021年のEU指令（賃金透明化）案にも盛り込まれており、カナダでも先進的な賃金格差是正立法が実現するなど、世界的な潮流になりつつある[39]。ジェンダー格差を生み出すような賃金体系は、法的にも許されざる状況となっている。

　二つ目は、労使の自主的な対話による、同一労働同一賃金の実現である。現に、電鉄会社で、有期契約社員との賃金格差を解消するため、労使の合意により、定年延長と合わせて正社員の賃金を下げつつ、激変緩和措置とベースアップで補填する形で、賃金カーブの変更を実現した例もある[40]。とりわけ2020年10月の最高裁5判決以降は[41]、正社員とパート・有期労働者との待遇差の見直しを行う動きも目立つようになった。

39　浅倉むつ子『新しい労働世界とジェンダー平等』（かもがわ出版、2022年）130頁。
40　土屋亮「再生するか労働組合——待遇格差、解消へ『奥の手』」朝日新聞2019年5月28日夕刊7頁。
41　メトロコマース事件（最三小判令和2・10・13労判1229号90頁）など、5つの最高裁判決を指す。

(2) 特定分野でのジョブ型採用とリスキリング

　急速なデジタル技術の進展やグローバル化を迎えるなか、人材が不足している特定分野の技能や職務に対して、年収1,000万円から2,000万円程度までの、特別な報酬体系を用意する企業が出てきている[42]。もし、Aさんが、こうした雇用環境の変化とマッチするような技能や役割を持つ人材であれば、高収入なジョブ型を用意する企業への転職を検討しても良いだろう。折しも2022年の職業安定法改正では、求職環境の整備と、マッチング機能の質の向上を図るべく、求人等に関する情報の的確な表示の義務化、個人情報の取扱いに関するルールの整備が行われたところである。

　また、「妖精さん」と呼ばれている一部の中高年労働者についても、過去の貢献ゆえに現在では高い賃金が得られると信じ込むこと（ラジアーモデル）は、非常に危うい。同モデルは、企業が倒産・再編すると成り立たず、賃金制度が変容しつつある現在では、元を取ることができない可能性が高い。さらに、長年勤めた企業で定年と継続雇用を迎えたとしても、65歳からの高年齢者就業確保措置への対応に備え、リスキリング（学び直し）にも目を向ける必要がある。

(3) AIによる人事評価？

　本稿で改めて確認できたことは、伝統的な日本的雇用において、労働者個人の「能力」を査定し、処遇に差を付けることの困難性である。仮に卓越した仕事の「成果」が出たとして、どこまでが当該個人の「能力」なのかを判別することは──ローテーションで職務や担当エリアを変更し、様々な偶発的条件も絡み合うなか──ほとんど不可能に近いのではないだろうか。

　この点、人工知能（AI）を用いた人事労務管理（H.R. Tech）であれば、膨大なビッグデータを学習することにより、個人の能力を測定できるとの楽観

---

[42] 「年功賃金『見直す』72％、人材獲得へ危機感」日本経済新聞2019年12月26日13頁。同紙で紹介されたNEC（2019年、年収1,000万可能、研究職）、くら寿司（2020年新卒、年収1,000万円保障、海外業務担当）、NTTデータ（新卒に限らずIT人材に年収2,000万円）、ファーストリテイリング（計画段階）のほか、最近では三菱UFJ銀行（2022年新卒、最大年収1,000万円、デジタル技術者）なども続いている。

論もあり、Aさんは導入を期待するかもしれない[43]。しかしH.R. Tech先進国のアメリカにおいても、AIによる人事評価の問題が認識されつつある[44]。決定プロセスが見えづらいAIを用いて能力評価を行う場合には、一層の「透明性」が求められる。

7　人生100年時代のライフコース

　コロナ禍の影響もあり、日本では一段と少子化が加速し、労働力人口の急減少が確実視され、人口ボーナス（生産年齢人口の増加）を前提としていた日本的雇用が持つメリットは、急速に失われつつある。

　また、年齢を理由とするハラスメント、中高年に対する出向・転籍・退職勧奨などにより、定年を迎える前に当該職場から追い出されるのであれば、雇用保障機能は画餅に帰す。本連載で解雇規制について論じた國武も指摘するように「雇用保障機能が弱まれば、年功的処遇機能や定年制の雇用終了機能は合理性を失う」[45]のである。

　そもそも、画一的な年功序列や定年制度は、労働からの引退過程や年金制度との接続において、労働者自身の決定権を奪うことにも繋がる。グラットンらが唱える「人生100年時代」という概念は、単に長生きするという意味ではなく、多様なライフコースを個人が選択できることを含意している[46]。これから働く高年齢者の割合が一層増え、高齢者の就業自体も多様化するのであれば、かかる観点（Personalized Aging）からも年功制度や定年の在り方を見直す必要があろう[47]。

---

[43]　私自身は、AIによる人事を懐疑的にみている。この点、「シンポジウムの記録」日本労働法学会誌131号（2018年）115頁の柳澤発言参照。

[44]　近年のアメリカの状況について、櫻庭涼子「雇用におけるAI利用の実務と法的課題」アメリカ法2021-2号（2022年）305頁。

[45]　本書50頁以下〔國武英生〕参照。

[46]　Lynda Gratton & Andrew Scott, The 100-Year Life: Living and Working in an Age of Longevity (2016).

[47]　本稿の元となる連載原稿の脱稿直前に、特集「岐路に立つ日本型雇用システム」、島村暁代「定年制の再定義」法律時報95巻2号（2023年）38頁に接した。

第3章 労働法が保護の対象としているのは「会社員」だけなのか？
──労働法の適用範囲のあり方を問い直す

細川　良

1　労働法の適用範囲についてどう考えるべきか
──プラットフォームワーカーをめぐっての疑問

　近年、飲食店の料理を配達するデリバリーサービスなど、いわゆるプラットフォームワークと呼ばれる働き方が拡大し、こうした働き方に対する保護のあり方、とりわけ、労働法の適用の可否が議論されるようになってきている。実際、筆者も、労働法の講義に際して、とある学生から以下のような趣旨の質問を受けたことがある。

> "先生、飲食店の料理を配達するデリバリーサービス[1]の人は、個人事業主として扱われ、労働法が適用されないと聞いたことがあります。労働法は、働く人を保護することを目的とした法なのに、こうしたデリバリーサービスで働く人は、なぜ対象外なのでしょうか。会社の経営者や、ボランティアの人が原則として労働法の適用の対象外となることは、講義の説明を聞いて、一応、理解できました。でも、最近はアプリで日雇いの仕事を紹介するマッチングサービスもありますし、デリバリーサービスで働く人は、言ってみればシフト調整がアプリを通じて行われているだけで、私たちのアルバイトとあまり変わらないと思うのですが。"

---

[1]　実際には、具体的なプラットフォーム業者の名前が挙げられていた。

そもそも「雇用の周縁的な働き方について、どこまでが労働法の適用対象になるのか」という論点自体は、きわめて古典的であり[2]、多くの議論が重ねられてきた。もっとも、近年におけるこの論点をめぐる状況は、2つの点で、従来とは異なっているように思われる。第一に、就労形態の多様化が進んでいく中で、従来は、周縁的（誤解を恐れずに言うならば、特殊例外的）な存在であると考えられてきた、典型的な雇用とは異なる働き方をする就労者が大きく増加し、多様化してきているという点である。実際、こうした「雇用類似の働き方」に関する法政策的な議論も活発になされるようになっており、重要な社会的課題と位置付けられてきている。第二に、従来、労働法の適用対象たる「労働者」の典型的な形と位置付けられてきた人々（工場労働者や会社員など）の働き方もまた、多様化してきているという点である。こちらの視点からも、「労働者」の概念は曖昧なものとなりつつあるともいえるだろう[3]。そこで本稿では、主として、上に挙げたプラットフォーム型就労を念頭に起きつつ、一方での、典型的な雇用に限らない、就業形態の多様化という視点と、他方での、従来、典型的な「労働者」と位置付けられてきた労働者層の働き方の変化という視点から、労働法の適用対象としての「労働者」のあり方を再考してみたい[4]。

---

[2] 初期の判例として、山崎証券事件（最一小判昭36・5・25民集15巻5号1322頁）、大平製紙事件（最二小判昭37・5・18民集16巻5号1108頁）など。

[3] なお、これらの変化は、必ずしも文字通りの意味での「『日本的』雇用」の変化とは言えない面も含んでいると思われるが、本稿では、もう少し広い意味で、従来の日本における雇用（労働）の変化という視点から、「労働者」について問い直すことを意図している。

[4] 非雇用型就労の保護をめぐっては、社会保障の適用をめぐっても重要な課題がある。この点、例えば雇用保険の適用については、一般論としては、その適用対象は労働契約法の適用対象たる労働者と同一と理解されている（菅野和夫＝山川隆一『労働法〔第13版〕』（弘文堂、2024年）101頁、水町勇一郎『詳解労働法〔第3版〕』〔東京大学出版会、2024年〕1285頁）。他方で、典型的な「労働者」とは言えないものについて雇用保険法上の「雇用される労働者」と認めたと評価しうる裁判例も見られ（大阪西職安所長事件：福岡高判平25・2・28判時2214号111頁）、その適用範囲をめぐる解釈には議論の余地が大きい。このほか、議論すべき論点は多岐にわたるが、本稿では紙幅の都合上、割愛せざるをえなかった。とりわけ、独立自営業者およびプラットフォームワークに対する社会保障の適用をめぐる問題については、沼田雅之「プラットフォームワークと社会保障」日本労働法学会誌135号（2022年）86頁以下、笠木映里「プラットフォームワーカーへの社会保障」ジュリスト1572号（2022年）23頁以下等を参照されたい。

2 就労形態の多様化

(1) 概　況

　1でも触れたように、20世紀末から21世紀に入り、現在に至るまでにおいて、人々の働き方にはさまざまな変化が生じてきている。その背景には、経済のサービス化、グローバル化の進展、および情報化社会の進展や情報通信技術の発達[5]が存在すると考えられている。このような状況の中で、一方では働く人々の価値観の多様化を背景とした働き方の多様化が生じ、他方では、企業によるコスト削減等を目的としたアウトソーシング（外注化）の推進等もあり、典型的な「雇用」の周縁的な位置にある働き方が増加し、複雑化してきている。特に後者、すなわち、企業が役務の提供を受ける就業者について、「労働者」ではなく個人事業主、フリーランサー等と位置づけ、業務委託契約等の形式で労働力の提供を受ける動き[6]は、2000年代ごろから、運送業の運転手、配送業の配送人、製品の出張修理業務等の個人代行、新聞・雑誌のライターなどで多く見られるようになっている。さらに、2010年代のとりわけ後半に入ると、プラットフォーム・エコノミーの進展による基盤整備も相まって、クラウドワーカー、ギグワーカーなどとも呼ばれる、プラットフォーム型就労が広がり、状況はますます多様化してきている[7]。

　このような状況は、上記のような働き方をする就業者に対して労働法が適用されるか否かについての紛争を惹起し、法解釈論上の難しい問題を生じさせる[8]ことはもちろんのこと、こうした働き方の広がりに対して、政策的にどのように対応すべきであるかという課題を生じさせ、ひいては、従来の

---

[5]　特殊な状況ではあったものの、コロナ禍に伴うテレワークの劇的な普及も、情報通信技術の発達があってこそ成り立ったという意味では、こうした変化の一つに位置づけることも可能であろう。

[6]　こうした動きの中には、単なるコスト削減を超えて、労働法規の適用の回避・潜脱を企図している例もまま含まれていると考えられる。

[7]　こうした新たな就業形態の広がりをめぐる問題を検討する論考として、大内伸哉「雇われない働き方」ジュリスト1529号76頁以下など。

[8]　土田道夫『労働契約法〔第2版〕』（有斐閣、2016年）54頁以下。

（日本における雇用システムを前提とした）典型的な「労働者」を念頭に置いた労働法、社会保障法のあり方にも、見直しを迫っていると言えよう。

(2) 就労形態の多様化――フリーランス・プラットフォーム型就労の実態

　フリーランサー、プラットフォーム型就労者といった独立自営業者については、その多様性もあり、現状について不明瞭な点も少なくないが、ここでは、JILPTから公表された「独立自営業者」に関する調査[9]（以下、西村＝前浦調査）をもとにしつつ、独立自営業者の現状と特徴について整理する[10]。

　西村＝前浦調査によれば、「自身で事業等を営んでいる者」は、約538万人であり、このうち、個人業務請負・受託、自由業、フリーランス、インディペンデント・コントラクター、クラウドワーカー等の「雇われない働き方」をしている者が、約188万人いるという。また、法人の経営者および事業主で、「店主」でない者が約202万人いる。そして、「発注者から仕事の委託を受け、主として個人で役務を提供し、その対象として報酬を得る者」が、約228万人おり、このうち、「本業」としている者が約169万人、副業としている者が約59万人いる[11]という。

　西村＝前浦調査は、アンケート調査を通じて、独立自営業者の就労実態について整理しているところ、特徴的な点を挙げると、まず、報酬については、4割が年額50万円未満であり、約63％が年額200万円未満となっており、収入が高い層と低い層に、極端に二分していることがうかがえる。他方で、「独立自営業者になった理由」については、「自分のペースで働く時間を決めることができると思った」、「収入を増やしたかった」、「自分の夢の実現やキ

---

[9] 西村純＝前浦穂高『独立自営業者の就業実態（JILPT調査シリーズNo.187）』（労働政策研究・研修機構、2019年3月）。同調査は、「雇用されない形で業務を依頼され、かつ、自身も人を雇わず報酬を得ている者のうち、自営業、フリーランス、個人事業主、クラウドワーカーの仕事で収入を得た者」を「独立自営業者」と定義して調査を行っている（個人商店主、雇用主、農林業従事者は除かれている）。

[10] 独立自営業者の実態に関する整理については、菅野＝山川・前掲注4）21頁以下等も参照。

[11] 労働政策研究・研修機構『雇用類似の働き方に関する試算』（2018年調査、2019年4月速報）によれば、主な直接の取引先が事業者であるものは、このうち約130万人と推計されている。このほか、内閣府「日本のフリーランスについて」（2019年）は、副業として従事している者も含め、フリーランス的な働き方をしている者は、306～341万人としている。

ャリアアップのため」等、比較的自発的な選択として独立自営業者としての働き方を選択した旨の回答が上位となっている。

　もっとも、独立自営業者の就労実態は多様と考えられており、西村＝前浦調査は、それらを抽象化した結果にとどまることに留意する必要がある。例えば、鎌田名誉教授[12]は、独立自営業者の就労内容について、①専門職型（大工、俳優、音楽家）、②自営型（傭車運転手）、③業務委託型（NHK受信料集金人、製品メンテナンスのカスタマーエンジニア）、④フランチャイズ型（コンビニ店主）、⑤非雇用型テレワーク（ライター等）、⑥クラウドワーク型の6つに整理している。

　こうした従事している業務の違いに加え、同じような業務に従事している場合であっても、その専門性の高さの有無等により、高い報酬と交渉力をもとに自律性を有した働き方をしている層と、交渉力が低く、結果として報酬が低く、ないしは自律性の低い、従属的な働き方を強いられている層に二分されて存在することが想定される。実際、西村＝前浦調査では、問題点として「収入が不安定・低い」、「仕事を失った時の失業保険のようなものがない」、「仕事が原因でケガや病気をした時の労災保険のようなものがない」といった点が上位に挙げられている一方、「望む施策」については、「特にない」とする回答が多く、具体的に挙げられた回答としても、「取引相手との契約内容の書面化の義務づけ」、「相談できる窓口や安価な費用で紛争解決ができる制度」となっている。すなわち、西村＝前浦調査の字面だけを見れば、収入等の低さおよび不安定性については、問題点としては意識しつつも、その点は織り込んだうえで独立自営業者としての働き方を選択しており、むしろ、契約の相手方とのトラブルをめぐる問題が、実際的な課題であると感じているようにも読み取れる。しかし、西村＝前浦調査は、多様な実態である独立自営業者の現状を抽象化した結果であり、これをもって、収入面等に関する施策が必要ないと評価することはできない。同調査で報酬の二極化という結果が表れているように、交渉力が低く、結果として報酬が低く、ないしは自律性の低い、従属的な働き方を強いられている層については、報酬の不

12　鎌田耕一「雇用によらない働き方をめぐる法的問題」日本労働研究雑誌706号（2019年）6頁

払い、報酬の一方的引下げ、契約内容の不明確性、労災補償の欠如による不利益やリスクが強いられ、またこれらの状況に直面した際に、「自営」と扱われ、労働法の適用がないこと、および交渉力のなさ、交渉・紛争解決手段の欠如という状況が存在する[13]と考えられる。

3　日本における雇用・就労形態の変化と「労働者」概念の再検討

(1)　「かたつむり」の構造変化と労働基準法・労働契約法の適用

　いわゆる「日本的雇用」が確立して以降、日本における働き方（就労市場）を捉えるにあたっては、使用者の指揮命令の下に就労する典型的な「（正規）労働者」を中心に据え、その周縁に、パート労働者、有期契約労働者などの、いわゆる「非正規労働者」を、そしてそのさらに周縁に、「非雇用型」の働き方を置くという把握の仕方がしばしばなされてきた。そして、これらの就労形態の違いは、一方では、働き方にかかる拘束性の程度の違い、すなわち、正規労働者は使用者の強力な業務指揮権の下に置かれた働き方をし、非正規労働者は、多くの場合、勤務地の限定など、使用者の業務指揮権の範囲が限定され、非雇用型の働き方は、個人事業主として自由な働き方が可能であると捉える。その一方では、中心に近いほどに雇用（地位）の安定性が確保され、周縁に行くほどに安定性が失われるというのである。

　こうした、しばしば「かたつむり」型と例えられる構造は、労働基準法および労働契約法理の適用においても反映されてきたように思われる。労働基準法の適用にあたっては、1985年に公表された、労働省の労働基準法研究会報告書「労働基準法の「労働者」の判断基準について」において示された要素、すなわち、①業務の諾否の自由、②業務遂行にかかる具体的な指揮監督、③時間的・場所的拘束性、④労務提供の代替性、⑤報酬の労務対償性、⑥用具の負担等の事業者性、⑦専属性、⑧公租公課の取扱いを総合的に判断するとしつつ、特に上記の①〜⑤を中心に、使用従属性および報酬の労務対償性

---

[13]　西谷敏『労働法〔第3版〕』（日本評論社、2020年）33頁、國武英生『労働契約の基礎と法構造』（日本評論社、2019年）1頁参照。西村＝前浦・前掲注9）においても、これらの問題に直面している旨の回答が少なからず寄せられている。

から「労働者」か否かを判断するというのが一般的であるところ、判例は、問題とされる労働者につき、典型的な「労働者」との違いをしばしば重視する傾向にある[14]。これは、判例が労基法上の適用対象たる「労働者」について、正社員的な労働者を念頭に置いていることの表れとも評価できよう。また、労働契約法理についても、たとえば解雇権濫用法理の適用にあたっては、問題となる就労者が労働契約法上の「労働者」に該当するか否かを、同法理の適用のメルクマールとする傾向にある。これも、労働契約法上の労働者が労働基準法上の労働者と基本的に同一であるとの解釈を前提とすれば、（上記の労基法上の「労働者」性判断に関する考え方と相まって）解雇権濫用法理の適用につき、正社員を中心とした「典型的な労働者」を念頭に置いている[15]と評価しうる。

　しかしながら、このような発想は、就労形態および就業形態が多様化した現在においては、妥当性に疑問が生じる。

　すなわち、既に述べたように、典型的な「労働者」に限らない働き方自体は、必ずしも新しい存在ではない。にもかかわらず、プラットフォーム型就労をはじめとする非雇用型就労者の保護が問題とされるようになった背景として、非雇用型就労のみならず、雇用労働における質の変化にもその一端があるとする指摘がある。第一に、2010年代における、非正規労働者にかかる雇用の安定および処遇の改善についての法的要請が強化された結果、労務提供者を「非雇用」の就業者として扱い、労働法規の適用を受けず、社会保険料の（使用者）負担を求められない、自営業者（個人業務請負）の形式を利用することによるコスト削減・雇用調整の容易化をはかるインセンティブが一層強化され、「非雇用化」の動きを促したと考えられる[16]。第二に、「雇用労

14　典型的には、横浜南労基署長（旭紙業）事件（最一小判平8・11・28労判714号14頁）が挙げられる。同判決の問題点については、皆川宏之「労災保険法上の労働者性―横浜南労基署長（旭紙業）事件」沼田雅之＝浜村彰＝細川良＝深谷信夫編『労働法における最高裁判例の再検討』（旬報社、2022年）1頁以下等も参照。
15　このほか、雇止め法理の適用に際し、日立メディコ事件（最一小判昭61・12・4労判486号6頁）にみられるように、正社員と非正社員との間で雇用継続への期待に合理的な差異を認めるとする発想も、正社員を労働契約法理による保護の中心核に置く発想と評価しうる（ただし、筆者としては、日立メディコ事件最判の趣旨をどのように理解するのかについては議論の余地が大きいとも考えている）。

働」における働き方の多様化である。近年、いわゆる「ジョブ型」の働き方へのシフトが喧伝される中、使用者の人事上の裁量の縮小がなされ、その帰結として、労働者を雇用せず、プロジェクトやタスク単位で業務（の一部）を外部化し、市場取引を通じて労働力をその都度調達する選択肢が、企業にとって合理的となっているとの指摘もされている。とりわけ、定型的業務、専門的業務、ジョブやタスクを明確化し、その切り出しが容易な業務については、デジタル情報を通じたマッチングに係る技術革新の結果としての市場取引調達コストの低下もあいまって、外部化のメリットが大きくなっていると指摘されている[17]。他方で、雇用形態で就労する労働者に目を向けると、ホワイトカラー化の進展に伴い、使用者の指揮命令の下で働く雇用労働と位置付けられながらも、実際には労務遂行にかかる裁量が広い働き方が増えている。また、労働時間についてもフレックスタイム制や裁量労働制などの、いわゆる柔軟な労働時間制度の下で、一定の自由が認められる働き方が増加している[18]。このような結果として、かつては正規労働者を中心核として、非正規労働者、非雇用型就労の順に、働き方の自由度が増す構造にあったものが、その関係が複雑化してきている。このような状況において、従来のような「典型的な労働者」を核に置く労働基準法令・労働契約法理の適用判断手法が妥当するのかについては、再検討されるべきであろう。

(2) 非雇用型就労と集団的労使関係[19]

労組法は、その適用される労働者について「職業の種類を問わず、賃金、給料その他これに準ずる収入によって生活する者」と定義している。その理解については議論があるものの、基本的には労働基準法上の労働者よりはそ

---

16 水町・前掲注4）441頁。
17 本庄淳志「雇用類似の働き方と法規制――基準規制の断絶と契約法理の連続性をふまえて」ジュリスト1553号34頁以下
18 さらに、コロナ禍で普及したテレワークについていえば、働く場所に関する自由度も高い働き方が可能になっているといえる。
19 非雇用型就労のうち、特にプラットフォームワークと労働組合法の関係については、藤木貴史「プラットフォームワーカーに対する集団法上の保護」日本労働法学会誌36頁以下、浜村彰「『曖昧な雇用関係』をめぐる労働法上の解釈論的・政策論的課題」浜村彰＝石田眞＝毛塚勝利編著『クラウドワークの進展と社会法の近未来』（労働開発研究所、2021年）448頁以下等を参照。

第3章　労働法が保護の対象としているのは「会社員」だけなのか？　45

の対象が広いという点については、学説および判例のほぼ一致するところである。すなわち、著名な最高裁の3判例[20]および厚生労働省労使関係法研究会報告「労働組合法上の労働者性の判断基準について」では、①事業組織への組み入れ、②契約内容の一方的・定型的決定、③報酬の労務対価性、④業務の依頼に応ずべき関係、⑤広い意味での指揮監督下の労務提供、一定の時間的場所的拘束、⑥顕著な事業者性（専属性、補助労働力の利用、および用具の負担等）を考慮要素として整理している。

独立自営業者およびプラットフォームワークとの関係で言えば、上記最高裁判決の中で、まさに一定の事業者性を有する就労者について、労組法上の労働者と認められ[21]、独立自営業者およびプラットフォームワークについても、労組法上の労働者としては幅広く認められるとする理解が一般的のようである[22][23]。

もっとも、労働組合法の適用という問題を超えて、集団的労働関係の構築について考えた場合には、課題も残されているように思われる。すなわち、日本においては、長らく、いわゆる企業別労働組合を中心として集団的労働関係が形成され、また集団的労働関係法理も、これを前提として議論されてきた側面がある。しかし、特に複数の事業者と契約関係を締結して就労することが珍しくない、フリーランスおよびプラットフォーム型就労者については、こうした枠組みの下での集団的労働関係の形成やこれにもとづく問題の解決は困難な側面がある。ここに、企業単位の団体交渉システムを中心として考えられてきた、日本の集団的労使関係（法理）の課題が表れていると言

---

[20] 新国立劇場運営財団事件（最三小判平23・4・12民集65巻3号943頁）、INAXメンテナンス事件（最三小判平23・4・12労判1026号27頁）、ビクターサービスエンジニアリング事件（最三小判平24・2・21民集66巻3号955頁）

[21] このほか、自転車便のメッセンジャー（東京高判平26・5・21労判1123号83頁）、NHKの「地域スタッフ（受信料集金人）」（大阪高判平27・9・11労判1130号22頁）なども、労組法上の労働者性が認められている。

[22] 浜村彰「日本におけるウーバー・イーツ（Uber Eats）の現状と労働法上の課題」労働法律旬報1944号35頁。最近の例で言えば、UberEatsの労働組合が労働組合法上の使用者性を認められた東京都労委命令も参照。

[23] むろん、これらの非雇用型就労と労働組合法上の「労働者」との関係については、労働組合法上の「労働者」概念の捉え方をめぐってより詳細な議論があり得るが、その点については本稿では割愛する。

えよう。

　一方で、こうした非雇用型就労においては、複数の事業者と契約関係を締結していることから、個々の事業者との関係で言えば、専属性が低いとも評価しうる者、あるいは、他に主たる収入を得る職業がありつつ、副業的に就労している者も少なくない。これらの就業者については、上記した「事業組織への組み入れ」等の労働者性判断要素との関係も問題になり得よう。他方で、複数の事業者との契約関係にあっても、契約内容が一方的・定型的に決定され、十分な交渉力を有さない就業者も少なくない。また、専属的であることを労働法（労働組合法）の保護を受けるメルクマールの一つと考えることができるのか、今後、副業的な働き方が拡大していくことも予想される中では、重要な論点となり得よう。このように、非雇用型就労に対する労働組合法の適用および集団的労働関係の構築をどのように考えていくのかについては、残されている課題も少なくない。

(3) 再検討の視点

　以上のように、労働法の適用対象たる「労働者」の捉え方、および労働法の適用のあり方についても、日本における雇用のあり方を前提とした把握が少なからず影響を与えており、フリーランスやプラットフォーム型就労への適用をめぐる問題を典型に、再検討されるべき状況にあることが指摘できる。それでは、どのように考えるべきか、紙幅に限りがあり、詳細に論じることはできないが、以下では、再検討に際しての筆者なりの視点の提示を試みたい。

　非雇用型就労に対する保護のアプローチについては、一般に、①労働者概念の拡大[24]、②労働者と自営業者との中間的なカテゴリーの導入[25]、③保護が必要とされる独立自営業者ないしプラットフォームワークに対する、立法措置を通じた保護の提供[26]、④独立自営業者およびプラットフォームワーク

---

[24] ここには、解釈論の修正・適正化による事実上の拡大と、立法的な措置による適用対象の拡大という２つのアプローチが含まれよう。

[25] ドイツにおける「被用者類似の者」の概念、イギリスにおける「労働者（worker）」の概念、カナダにおける「従属的契約者」の概念が代表的なものとして挙げられる。

を、自営業者として位置づけつつ、(自営業者としての) 保護を図る[27]、という視点に整理されることが多い[28]。もっとも、これらの対応のうち、特に、②および③の対応については、分類をめぐる問題をさらに複雑化させ、また、本来であれば「労働者」にカテゴライズされるべき者が「第三のカテゴリー」に分類され、本来であれば得られていた保護が剝奪される恐れがあること等の懸念もある[29]ことに留意する必要がある。

　次に、労働法の適用対象をめぐる解釈の再検討にあたってはどのように考えるべきか。1つには、現状の法規範のうち、日本における従来の働き方を前提とした規範と、それを前提とせず、広く労働(者)一般に適用されるべき規範を整理しつつ、労働法の適用一般については、後者を前提として考えることが必要であろう。すなわち、労働基準法の適用対象たる「労働者」の範囲をめぐっては、裁判例は、先に指摘したように、時間的・場所的拘束について、安易に「通常の労働者」との比較を用いる傾向がある。また、業務遂行にかかる具体的・直接的な指揮命令の有無がしばしば重視され、あるいは、業務に係る指示につき「業務の性質上当然に必要とされる指示」であるとして指揮命令を裏付ける事情から安易に排除する傾向にある。これらは、労働基準法の適用対象たる「労働者」について、日本における「典型的な」労働者像を前提とする発想と捉えられるが、労働者の働き方が多様化し、また就労形態が多様化する中では、こうした考え方は妥当とは言えないだろう。

　また、労働契約法については、非雇用型就労に関して問題となるのは、契

26　立法による必要な保護の提供については、プラットフォームワーカーを保護するための内容を含む、所定の契約のひな型 (charte) を作成し、締結することと引き換えに、当該関係について、労働者としての性質決定を回避することを試みた、フランスの立法が参照されることが多い (フランスの動向については、鈴木俊晴「フランスにおけるクラウドワークの現状と法的課題」季刊労働法259号88頁以下等を参照)。

27　典型的には、経済法による保護が想定されよう (長谷河亜希子「ギグ・ワーカーと経済法」法律時報91巻3号76頁以下も参照)。

28　石田眞「『プラットフォームエコノミーと労働法』の比較研究に向けて」労働法律旬報1944号 (2019年) 9頁。なお、荒木教授は、上記のような整理をより細分化した形で、①誤分類の是正、②労働者概念拡張アプローチ、③中間概念導入アプローチ、④特別規制アプローチ (制度対処アプローチ)、⑤労働法とは異なる法令等によるアプローチに整理される (荒木尚志「プラットフォームワーカーの法的保護の総論的考察」ジュリスト1572号〔2022年〕15頁以下)。

29　前掲石田10頁。

約の解約の場面に解雇権濫用法理が適用されるか否かであることが多い。この点、解雇権濫用法理の具体的な適用にあたっての考え方は、確かに日本における雇用システム・雇用慣行を前提とするものも少なくないだろう。他方で、解雇権濫用法理それ自体は、一般法理たる権利濫用法理を規範的な根拠とするものであり、たとえ「労働者」と認められない場合であっても、「解約権の濫用」を観念することは可能であると考えられよう[30]。

労働組合法については、先に述べたことの繰り返しとなるが、複数事業者と契約関係にある就業者や、副業的に従事する者の存在をどのように考えたらよいのかを視野に入れつつ、集団的労使関係をどのように構築し、問題の解決をどのように図るのかが、より実際的な課題となろう。

4　おわりに——労働法の適用対象の「相対化」の可能性

ここまで述べてきたように、日本における労働法の適用対象たる「労働者」の範囲をめぐる議論、特に裁判例の傾向は、戦後形成されてきた、日本における典型的な「労働者」——工場労働者や会社員——を念頭に置いた考え方に縛られる傾向にあったように思われる。しかし、一方では典型的な雇用とは異なる就業形態が増加し、また多様化していく中で、他方では、雇用契約に基づく働き方についても、働き方が多様化し、また典型的な指揮命令下での働く方とは異なる裁量的な働き方が広がってきている。このような状況においては、労働法の適用対象たる「労働者」について、典型的な「労働者」を念頭において、その外縁を画するという発想は、妥当性を失っているように思われる。むしろ、雇用労働と「非雇用」と位置付けられてきた働き方の違いが相対化する中で、その間に労働法の適用をめぐる境界線を引くとすれば、その違いを何に求めるべきなのかを、改めて問い直す必要があるだろう。

加えて、従来、労働基準法上の「労働者」か否かによって、労災保険法や最低賃金法等も含めた、労働基準法令の適用の可否が包括的に画されてきた

30　その場合の保護法理の内容は、むろん、日本における従来の解雇権濫用法理とは異なるものとなるであろうが。

が、その妥当性もあるいは再検討すべきなのかもしれない。すなわち、労災保険法や最低賃金法は、それぞれに固有の法目的を有する法令であり、のみならず、労働基準法においてさえ、例えば賃金に関する規定のように労働者の生活保障に目的の主眼を置く規定もあれば、労働時間に関する規定のように労働者の安全・健康の保護を目的とする規定も存在する。これらのさまざまな目的を有する規定がより合わさった労働基準法について、「使用され」「賃金が支払われる」という基準にもとづき、包括的に適用の有無を決めることが従来妥当であったのは、これらの目的が包括的に妥当する「典型的な労働者」が、日本における労働者（就労者）の大多数を占めていたことによるとも考えられよう。これに対し、就業形態の多様化が進み、非雇用型就労が拡大していく中で、労働基準法の特定の規定が有する法目的に合致しうる（が、他の規定の趣旨には必ずしも合致しないこともある）就業形態が増加し、他方で、労働基準法が適用されるとされている契約形態においても、働き方の多様化によって、非雇用型就労者と働き方に大きな差がない者が存在するようになる中では、労働基準法令の適用を包括的に画することが妥当なのかについても、再検討すべき時がくるのかもしれない[31]。

---

31 なお、労働基準法令には定義規定が置かれている以上、その適用対象にかかる現行法の解釈としては、「使用され」「賃金が支払われる」者として包括的に把握する考え方が、基本的には優位に立つと考えられよう。また、仮に、ここで述べたような考え方が妥当するとしても、労働基準法令のそれぞれについて、一からこれを再構築するのはかなりの困難を伴うことが予想される。したがって、具体的な方法としては、従来、労働基準法令の適用対象外と考えられてきた働き方のうち、規定の趣旨に適うものについて、特別な立法によってその適用を諮図るという手法をとることも、法政策上の選択肢としてになる考えられると思われるだろう。

第4章　解雇規制は厳しすぎるか
―― 解雇規制の在り方を問い直す

國武英生

1　解雇規制はどうあるべきか

　労働契約法16条は、「解雇は、客観的に合理的な理由を欠き、社会通念上相当であると認められない場合は、その権利を濫用したものとして、無効とする。」と定めている。わが国では、使用者が労働者を自由に解雇できないルールになっている。
　しかし、最近では、解雇規制のあり方に違和感を訴える意見もみられる。ある新聞の読者投書欄には、このような意見が掲載されていた。

> 「正社員を解雇する際の規定が厳しいことが、非正規雇用の拡大を助長していると感じている。労働者の権利を守るために制定された大事な規定だが、それによって企業は成果が出ない正社員を雇用し続けなければならない。……労働契約法は経営者の裁量権を奪っている。労働者の権利を最大限尊重した上で、もっと柔軟に雇用や解雇が出来るようにするという観点も必要ではないか。」(2022年6月16日読売新聞朝刊)

　こうした意見に対しては、さまざまな感想や反論もあるだろう。しかし、働く市民の疑問点の1つのようにも思われる。解雇規制は非正規雇用の拡大を助長しているといえるだろうか。柔軟に解雇ができるようにすることが、雇用社会をよくするといえるだろうか。

解雇規制に関する議論は、労働法上のルールをめぐるさまざまな論点のなかでも、センシティブな問題の1つである。最近では、解雇の金銭解決制度の立法化も議論の対象となっている。解雇のルールのあり方についてどのように理解すべきだろうか。ここでは、日本的雇用の特徴の1つである長期雇用を支える解雇のルールについて考えてみることにしたい。

2　解雇規制と日本的雇用

そもそも、わが国において解雇のルールは、どのように形成されてきたのだろうか。解雇は、日本的雇用とどのように関連して理解できるだろうか。まずは解雇規制の歴史的な展開を確認しておこう[1]。

(1) 解雇自由の時代

今から100年以上前の1898（明治31）年、日本において民法典が施行された。雇傭契約の解約について定めた民法627条1項は、期間の定めのない雇用について、当事者は「何時ニテモ」解約を申し入れることができ、以後2週間の経過により契約は終了すると規定された。

民法典の起草者の1人である梅謙次郎によれば、期間を定めない雇用契約の当事者は、永久に契約関係が存続することは望まないのが通常であることから、当事者に解約の自由を与えるものとし、ただし、突然の解約は相手方に不利益をあたえることから2週間の予告期間を定めたものであると説明している[2]。また、不当に当事者を拘束することを防止するため、別の原因がなくても解約を認めたものであると説明するものもあった[3]。

同規定にある「何時ニテモ」の趣旨については、立法過程を調べてもはっ

1　解雇の歴史的展開については、さしあたり、山川隆一「日本の解雇法制」大竹文雄＝大内伸哉＝山川隆一編『解雇法制を考える——法学と経済学の視点〔増補版〕』（勁草書房、2004年）3頁、中窪裕也「解雇の法的規制」野田進＝野川忍＝柳沢武＝山下昇編『解雇と退職の法務』（商事法務、2012年）21頁参照、濱口桂一郎『日本の労働法政策』（労働政策研究・研修機構、2018年）686頁以下。
2　梅謙次郎『民法要義巻之三債権編』（有斐閣復刻版、1984年）693頁。
3　鳩山秀夫『増訂日本債権法各論（下）』（岩波書店、1924年）549頁。

きりしないとも指摘される[4]。「何時ニテモ」については、時期を問わないというだけで、解雇理由は別に必要であるとの解釈もありうるが、同規定は自由な解約権を認めたものと解されている[5]。

このように、戦前の段階では、使用者は自由に解約を申し入れることができるものとして位置づけられており、これが今も続く民法の世界での考え方ということになる。

(2) 解雇権濫用法理の形成

1947（昭和22）年、労働条件の最低基準を定める法律として労働基準法が制定された。労働基準法は、産前産後休業、業務上の負傷の期間は解雇してはならないと規定し（19条）、解雇予告手当についても規定された（20条）。しかし、解雇を一般に制限する規定はなかった。

裁判所においても、戦後まもない段階では、解雇は自由であり、法は積極的に解雇に理由を求めていないとされていた[6]。もっとも、解雇は自由であるとしつつ、権利濫用となる余地があることも認めるものもあらわれる（中外製薬事件・東京地決昭26・8・8裁時88号6頁）。

たとえば、富士通信機臨時工解雇事件（東京高判昭39・3・30労民集15巻2号193頁）では、「期間の定めのない雇用契約においては、使用者は民法第627条第1項により解雇の自由を有するものであり、その解雇権の行使については労働基準法第19条・第20条の制限に従うほか、解雇権を行使するについての正当の事由の有無を必要としないものと解すべきである。ただ私権の行使一般に通じる原理である権利の濫用の法理の適用として、解雇権の行使が権利の濫用にあたると認められる場合は、解雇が無効とされるにすぎない。従って如何なる場合に解雇権の行使が権利の濫用となるかを判断するについても、右のように本来解雇権の行使は自由であるとの原則の上に立ってこれを行わ

4　本久洋一「解雇制限の規範的根拠」日本労働法学会誌99号（2002年）12頁。

5　菅野和夫＝山川隆一『労働法〔第13版〕』（弘文堂、2024年）737頁、荒木尚志『労働法〔第5版〕』（有斐閣、2022年）334頁、小宮文人『雇用終了の法理』（信山社、2010年）6頁。

6　日本車輛事件・名古屋高判昭26・3・17労民集2巻1号55頁、大津キャンプ事件大津地判昭28・3・14労民集4巻1号50頁、日本海重工業事件富山地判昭29・5・15労民集5巻3号215頁等。

なければならない。」と述べている。

　戦後、学説では、解雇自由説、正当事由説、権利濫用説の考え方が登場し、それぞれの立場から議論がなされ[7]、解雇が権利濫用にあたりうることについて共通理解が生まれていった。たとえば、沼田稲次郎は、1960年に出版された本において、「まったく理由を示さず、また理由をたずねられても答えないで労働者を解雇するということは、たとい解雇を制限している法規に違反していなくても、今日では使用者の酷いやり方だとみられているようにおもう。……社会的にみて納得のゆく理由……もなく労働者を『くびにする』ことは、今日の法感情からは非道なことであり、非難に値いする解雇権の濫用だとされているのではあるまいか。」と書いている[8]。

　最高裁判所は、1975（昭和50）年の日本食塩製造事件（最二小判昭50・4・25民集29巻4号456頁）において、解雇権濫用法理と呼ばれるルールを確立させた。すなわち、「使用者の解雇権の行使も、それが客観的に合理的な理由を欠き社会通念上相当として是認することができない場合には、権利の濫用として無効になる」という内容の解雇権濫用法理が一般法理として定着するとともに、就業規則の解雇事由に該当する解雇についても、「普通解雇事由がある場合においても、使用者は常に解雇しうるものではなく、当該具体的な事情のもとにおいて、解雇に処することが著しく不合理であり、社会通念上相当なものとして是認することができないときには、当該解雇の意思表示は、解雇権の濫用として無効になる」という判断基準が示された。

　また、解雇権濫用法理からは、「整理解雇の4要件（4要素）」という法理も派生することとなる（①人員削減の必要性、②解雇回避努力、③人選の合理性、④手続の相当性）。

　しばらく判例法理によって規制されていた解雇であったが、ルールの明確化の観点から、2003（平成15）年に労働基準法18条の2に規定された。その後、2007（平成19）年の労働契約法制定により、解雇権濫用法理に関する条文が

7　戦後の学説の展開については、米津孝司「解雇権論」籾井常喜編『戦後労働法学説史』（労働旬報社、1996年）669頁。窪田隼人「解雇」日本労働法学会編『新労働法講座　第8巻』（有斐閣、1967年）183頁。
8　沼田稲次郎『労働法論上巻』（法律文化社、1960年）294-295頁。

労働契約法16条に移された。もっとも、整理解雇のルールについては条文化が検討されたものの、実現が困難であるとして見送られている。

(3) 解雇規制と日本的雇用

では、解雇規制は日本的雇用とどのように関連づけて理解することができるか。

わが国の雇用システムの特徴は、「定年までの安定した雇用の提供（雇用の尊重）を基本」としていると評される[9]。長期雇用システムにおいては、定年制は、定年年齢において長期雇用関係を終了させる機能（雇用終了機能）を有するとともに、年功的処遇により雇用を安定させ（年功的処遇機能）、定年年齢までは雇用関係の継続を保障する機能（雇用保障機能）をも有している[10]。

解雇権濫用法理は、日本的雇用を支える基盤として発展してきたものである。この点、「裁判官は、終身雇用の観念が強く、解雇を極めて重大な不利益措置と見ており、当該労働者に有利な事情を動員して、それが過酷にすぎないかを検討する傾向にあった。解雇権濫用法理は、この点において最も大きな機能を営んできた[11]」という論評があるが、こうした価値判断が解雇権濫用法理を支えてきた規範意識であったといえよう。

わが国では、解雇が権利濫用であると判断されれば、労働契約法16条により無効となり、解雇されていた期間の未払賃金を使用者に対して請求することができるとともに、解雇された労働者が復職することを前提とするルールが形成された。裁判例のなかには、解雇が違法であるとして、復職を求めず、不法行為に基づき損害賠償請求をする事案もみられるが、こうした事案は必ずしも一般化していない。

こうした雇用慣行は、慣行や規範意識、また解雇権濫用法理などのルールによって支えられてきた。もっとも、雇用保障機能が弱まれば、年功的処遇機能や定年制の雇用終了機能は合理性を失うこととなる。実際、年功的処遇機能は、非正規雇用の拡大によりその恩恵を受ける割合が縮小するとともに、

9　菅野和夫『新・雇用社会の法〔補訂版〕』（有斐閣、2004年）62頁以下。
10　菅野・前掲注9）63頁。
11　菅野・前掲注9）66頁。

各社の人事制度は幅のあるものとなっている。

3　わが国の解雇規制の現状と課題

　では、わが国の解雇規制の現状はどのようにとらえるべきであろうか。解雇規制の現状の課題についてみていくことにしたい[12]。

(1)　解雇はなぜ規制されるべきなのか

　まず、解雇のあり方を考える際には、解雇はなぜ規制されるべきなのか、解雇規制に関する原理的な検討が必要であろう[13]。解雇の救済は、金銭的な補償が得られれば、全てが解決するわけではないことに留意する必要がある。

　第1に、使用者の安易な解雇を防止し、是正していく必要がある。理由のない排除や差別に対しては、是正する仕組みが必要である。わが国の場合、企業共同体の側面から、外部者や少数者を排除するとともに、集団的利益が個人を抑圧するという危険も内在している。解雇が制約されない状況では、使用者の労働者に対する人格的支配が生み出され、それが強化されるという結果となる。

　第2に、労働者の生活保障や人格的価値の尊重を忘れてはならない。働くことは、収入を得るだけではなく、自己の承認、社会参加の意味を持つ。労働は、生きがい、地域生活との接点、家庭生活における安定、キャリア、尊厳といった人格的利益と密接に結びついている。組織に所属しているという帰属意識やメンバーシップも、働く際には大きな意味を持つ。

　その一方、解雇規制にも弊害が指摘される。たとえば、企業の垣根を越えてキャリアを形成することが一般化し、雇用形態の多様化する状況において、雇用保障のみを優先的に考えることは、不公正を拡大する要因になる。また、

12　解雇に関しては、膨大な研究の蓄積がある。代表的なものとして、小宮文人『雇用終了の法理』（信山社、2010年）、野田進＝野川忍＝柳澤武＝山下昇編『解雇と退職の法務』（商事法務、2012年）、大内伸哉＝川口大司編著『解雇規制を問い直す──金銭解決の制度設計』（有斐閣、2018年）等。

13　解雇規制の必要性に関する原理的検討として、水町勇一郎「雇用調整の法──なぜ解雇規制は必要なのか？」日本労働研究雑誌510号（2002年）71頁、本久・前掲注4）12頁。

整理解雇のしにくさは、雇用の硬直性を生むとして、その問題点がかねてから指摘され、議論の対象となっている[14]。強い解雇規制は、労働生産性を下げ、イノベーションを遅らせるという指摘もある[15]。

(2) わが国の解雇法制の特徴

では、わが国の解雇法制の特徴は何か。諸外国の解雇規制と比較してみると、わが国の解雇規制は、次のような基本的特徴を有している。

第1に、日本の解雇規制は、諸外国との比較において、必ずしも厳しいものではないという点である。たとえば、OECDによる国際比較によると、正社員（無期雇用）での個別解雇については、日本の規制は必ずしも厳しいわけではない[16]。2020年の調査では、日本はOECD37カ国中25位で、解雇規制が厳しいとは評価されていない。その要因としては、手続上の要件を欠いている点、予告期間及び予告手当、金銭解決水準といった評価が低くなっている[17]。

第2に、解雇の金銭解決制度が制度化されていないという点である。わが国では、裁判所による紛争解決のほかに、裁判所による労働審判手続や、都道府県労働局、労働委員会が行うあっせんなど行政による紛争解決制度が整備されており、解雇を金銭的に解決する実務が行われている。しかし、諸外国と異なり、解雇の金銭解決については現状では立法化されていない。諸外国とわが国との対応で対照的なのは、解雇の金銭解決制度を用意しているか否かという点である[18]。一般の人に解雇規制が厳しすぎるという印象をもたれているのは、多くの人に労働法上のルールがよく理解されていない、もしくは、金銭水準などがわかりにくいといった事情もあるかもしれない。

---

[14] 八代尚宏『雇用改革の時代』（中央公論社、1999年）96頁、同『日本的雇用・セーフティーネットの規制改革』（日本経済新聞出版、2020年）116頁以下。

[15] 奥平寛子＝滝澤美帆＝鶴光太郎「雇用保護は生産性を下げるのか」鶴光太郎＝樋口美雄＝水町勇一郎編著『労働市場制度改革』（日本評論社、2009年）153頁。

[16] OECD Employment Protection Legislation Database, 2020 edition〈https://www.oecd.org/els/emp/OECDEmploymentProtectionLegislationDatabase.xlsx〉。

[17] OECDの指標に関する詳細については、福井祥人「解雇無効時の金銭救済制度」レファレンス862号（2022年）31頁、42頁以下。

第3に、解雇の手続的規制が弱いという点である。諸外国では、解雇の書面交付や労働組合の事前通知・協議の必要性等を定めていることも多いが、わが国では、解雇予告手当を定める労働基準法20条があるものの、手続的規制については立法化されていないところが、諸外国の法制との違いとして指摘しうる。また、わが国では、解雇規制について、労働組合の関与が明確に想定されていないことも特徴であろう。アメリカやカナダでは、労働組合が先任権に基づいて整理解雇のルールに関与するとともに、苦情処理手続を通じて、職場の労働条件について最終的には仲裁で解決する手続を主導している。これに対し、わが国では、解雇のみならず職場における苦情処理手続についても、明確に労働組合の関与が位置づけられていないという違いがある。

島田陽一教授は、日本の解雇法制を「解雇規制がないようである、あるようでない」とかつて評した[19]。すなわち、判例法理の発展により、解雇をできる限り回避しようとすることが、いわば労使の自制的な行為規範として成立した点を捉え、「解雇規制がないようである」といえるとする。しかし、解雇の救済のためには訴訟を起こさねばならないが、裁判は敷居が高く、労働者にとってアクセスしやすい法的紛争解決の場を欠いており、また、非正規労働者については、企業が解雇を回避するという行為規範の対象から除外されてきたという点をとらえ、「解雇規制があるようでない」と評している。

この指摘から20年あまりの間に、解雇権濫用法理が条文化され、個別紛争解決制度も整備された点においては、従前よりは充実したものといえる。しかし、実態としては、「解雇規制がないようである、あるようでない」という状態が続いているように思われる。

---

18 諸外国の解雇法制の検討として、労働政策研究・研修機構「解雇及び個別労働関係の紛争処理についての国際比較──イギリス、ドイツ、フランス、イタリア、スペイン、デンマーク、韓国、オーストラリア及びアメリカ」(2015年)、菅野和夫=荒木尚志編『解雇ルールと紛争解決──10ヵ国の国際比較』(労働政策研究・研修機構、2017年)。このほか、ドイツ法については、山本陽大『解雇の金銭解決制度に関する研究──その基礎と構造をめぐる日・独比較法的考察』(独立行政法人労働政策研究・研修機構、2021年)、フランス法については、古賀修平「2017年労働法改革と労働契約終了法制」労旬1908号(2018年)19頁、イギリス法については、小宮文人『現代イギリス雇用法』(信山社、2006年)226頁以下、神吉知郁子「イギリス不公正解雇制度における補償法理」『役務提供の多様性と法システムの課題』(労働問題リサーチセンター、2019年)215頁参照。

19 島田陽一「解雇規制をめぐる立法論の課題」日本労働法学会誌99号(2002年)74頁。

(3) 解雇ルールをめぐる課題

　解雇ルールに関しては、労働法の典型論点であり、多様な切り口と問題点が考えられる。ここでは、3点について指摘しておきたい。

　第1は、権利実現の困難性である。行政による労働紛争解決システムについては、2001（平成13）年に行われた個別労働関係紛争の解決に関する法律の制定以降、個別労働紛争の受け皿として一定の機能を果たしている。もっとも、労働局のあっせんなど行政による紛争解決手段は当事者の話し合いであるため、無料でかつ簡易迅速な手続による救済が見込めるが、労使間で調整の余地がない場合にはうまく機能しないなどの課題もある。

　労働審判制度が事実上の金銭解決制度として有効に機能していることは、その高い解決率からもうかがえる。しかし、金銭解決の水準については、どの程度の金額が支払われるのかが不明確であるという点で、紛争当事者にとって予見可能性が低いという問題点がある。また、紛争解決機関においては、解雇の金銭解決が実際に数多く行われているが、解決金の金額が高くないという問題もある[20]。

　解雇訴訟が少ないことは、決して解雇そのものが少ないことと同義ではない。労働相談などの状況からみても、実際には中小零細企業では多数の解雇が行われており、そのうち相当数は、裁判になれば無効と判断される類のものと推測される。裁判へのアクセスの困難性や労働者の法的知識の欠如等の諸要因により、多くの労働者は法的解決を断念して泣き寝入りしている。要するに、実際に濫用的解雇がなされても、労働者にとって訴訟提起の障害が多いために、それが裁判で解決されることはきわめて少ないということである。

　また、復職が困難であることも、この傾向を助長している。裁判において解雇が無効と判断された場合でも、労働者が実際に職場に復帰できるのは稀である。組合の重要人物に対する解雇や差別的解雇など、不当な動機・目的に基づく解雇は、復職を前提として厳しく規制されなければならない。さら

---

[20] 労働政策研究・研修機構「労働局あっせん、労働審判及び裁判上の和解における雇用紛争事案の比較分析」労働政策研究報告書 No.174（2015年）。厚生労働省「雇用に関する紛争解決制度の現状と労働審判事件等における解決金額等に関する調査について」（2022年10月）。

に、就労請求権についても、裁判例では、労務の提供について労働者が特別の合理的な利益を有する場合を除き、就労請求権を有するものではないとしている[21]。もちろん、紛争解決機関による説得や代理人間の協議によって復職が実現するケースもあるが、ごく一部の事案に限られているように思われる。復職が難しい状況は、解雇ルールの解雇阻止機能を著しく低下させている。

第2は、解雇の予見可能性が乏しいことである。解雇をめぐる判断基準が必ずしも明確ではなく、裁判になった場合の事前の予測が困難だという問題がある。

解雇に合理的理由を求める解雇の基本ルールは、労働契約法16条に明文化されたが、具体的な判断基準はすべて判例法理に委ねられている。「事案に応じた柔軟性」を保持するためでもある[22]。こうした解雇の柔軟性は、雇用システムの変化にも対応しうるものである。たとえば、裁判例の傾向は、整理解雇の4要件を4要素（総合判断）に緩和し、また即戦力中途採用者の期待外れ解雇等を許容するようになったのであり、解雇権濫用の具体的判断において雇用システムの実際的変化に即した判断基準への変化が生じているとする指摘もある[23]。つまり、わが国の解雇法制は、雇用システムの変化を柔軟に取り込む弾力性を有しているという評価もありうる。

労働法の研究者や労働事件を専門とする弁護士、裁判官にとっては、ある程度の共通理解があることは間違いない。しかし、働く多くの人にとって、この柔軟性は、理解しがたく、わかりにくいという印象につながる。一般の方にとって、解雇ルールや裁判所の審理、解雇無効の場合の復職の可能性や金銭額等について、十分な情報を持ち合わせていない可能性もある。また、諸外国では、手続的規定が設けられているところが多いものの、手続的規制についても、わが国では明文化されていない。解雇ルールの問題点は、解雇規制の「厳しさ」そのものではなく、むしろ紛争解決手続に依存する「不確

---

21 読売新聞社事件・東京高決昭33・8・2労民集9巻5号831頁。
22 菅野・前掲注9）67頁。
23 菅野和夫「『労働法の未来』への書き置き」労経速2439号（2021年）13頁、19頁、菅野・前掲注5）748頁以下。

また、権利があることを知らないなど、働く人々が、権利行使の前提となるルールや仕組みを理解できていないという問題がある。解雇が不当だと思って思っても、紛争解決機関にたどり着けない、アクセスできないという問題もある。

　第3は、非正社員の処遇に関する。非正社員が、正社員の長期雇用を支える補完的機能を果たしてきたという評価もある。たとえば、「日本の労働市場の二重構造（ここでは、正社員と非正社員の二重構造の意味）は、解雇法制と密接に関係している。企業としては、雇用調整の対象としにくい正社員を抱えるなかで、景気変動への対応のために、雇用調整をしやすい非正社員を抱えておくことが必要であった」という論評もある[24]。

　また、整理解雇法理に関する最高裁判決においても、正社員と非正社員で取扱いに違いを設けることを認める価値判断が示されている。日立メディコ事件（最一小判昭61・12・4判時1221号134頁）は、臨時従業員の採用手続は簡易で、期間を定めた労働契約を前提とするのであるから、雇止めの効力を判断する基準については、いわゆる正社員を解雇する場合の基準とは差異があって当然であるという価値判断が示されている。しかし、非正社員が拡大し、正社員と非正社員の差異が相対化する状況において、こうした取り扱いを強調することは、妥当性を失いつつあるように思われる。

4　解雇規制改革の方向性

　そもそも、アメリカのように、差別的な事情以外については、解雇を自由にすべきとする考え方も価値判断の一つとしてはありうる。しかし、解雇を法的に制限するのが国際標準であり、わが国においても、安易な解雇規制の緩和は適切ではない。解雇には正当理由が必要であること、恣意的な解雇は許されないこと、という原則は維持されるべきであろう。

　解雇の金銭解決制度を定めれば、雇用の終了をめぐる問題が一挙に解決す

24　大内伸哉『解雇改革――日本型雇用の未来を考える』（中央経済社、2013年）83頁。

るというわけではない。「お金を払えば解雇が許される」という認識が使用者に広がることは、重大なモラルハザードを生じさせる可能性があるとともに、解雇の金銭解決制度のみに焦点をあてて検討することは、方向性を見誤る可能性もある。

では、解雇規制の在り方についてどのように考えるべきだろうか。ここで問われるのは、解雇における「解決」とは何かという点である。具体的に考えるべきは、不当な解雇に対する権利の実現がどのようにあるべきかということである。

そのうえで、検討すべきと思われる課題は、下記の3つである。

(1) 解雇の金銭解決制度導入の是非

第1は、解雇の金銭的解決制度を導入することの是非である。解雇の金銭解決制度については、厚生労働省において検討が続けられており、研究上の議論も活発になっている[25]。

復職を希望しない例として、労働者が違法な解雇をした使用者の下で働き続けたくない場合がある。現行の制度では、不当な解雇について十分な救済が受けられるかどうかが不明確であることから、労働者の選択肢の1つとして解雇の金銭解決制度を立法化することで、労働者保護を図る方向性がひとつである。

他方、解雇の金銭解決制度を立法化することで、使用者はお金さえ支払えば解雇が自由になってしまうのではないかという懸念もあるだろう。解雇の金銭解決の導入によって、柔軟な解決が阻害されたり使用者による不当解雇を誘発したりすることになることは避けなければならない。

わが国の場合、解雇に関する予見可能性が低く、手続的規制も十分ではな

---

[25] 厚生労働省「『解雇無効時の金銭救済制度に係る法技術的論点に関する検討会』報告書」（2022年4月）。理論的な検討としては、大内＝川口・前掲注12）、土田道夫「解雇の金銭救済制度について―『雇用保障』と『自己決定』の視座を踏まえて」季労259号（2017年）2頁、徳住堅治「労働者側弁護士から見た解雇の金銭解決制度をめぐる議論」季労259号（2017年）27頁、石井妙子「使用者側代理人からみた解雇の金銭解決制度をめぐる議論」季労259号（2017年）36頁、鶴光太郎「経済学の観点から見た解雇の金銭解決制度をめぐる議論」季労259号（2017年）44頁、森戸英幸＝石井妙子＝水口洋介「解雇無効時の金銭救済制度」ジュリ1541号（2020年）2頁等。

いという状況があることから、使用者の解雇の金銭解決制度の濫用を防止するためには、あくまで金銭解決は復職を望まない労働者の選択肢の１つとして位置づけるのが適当であろう。制度の基本的な枠組みとしては、解雇された労働者の保護のために、現行制度で利用可能な救済の仕組みは維持しつつ、労働者の選択肢を増やす方向での制度の整備が、より労働者の救済となるだろう。例えば、厚生労働省で検討されているように、職場復帰を希望する者は従来通り労働契約法16条による地位確認訴訟ができることとしつつ、復職を希望しない者が利用できる新たな制度にすることが考えられる。

制度化にあたり、最大の論点となるのは、解雇の金銭水準の設定である。恣意的な解雇が増える制度設計では、意味がない。使用者による解雇権の濫用事案を抑制する金銭水準を適正に定めることが必要であると思われる。

この点、解雇の金銭解決について具体的な制度案を示した研究もある[26]。同研究では、使用者からの一方的な労働契約の解消について「完全補償ルール」を提示し、労働者側に一定の責任がある場合に減額するなどの調整を想定している。補償の額は、解雇された労働者が、再就職の際に、失われた勤続年数による賃金の下落分を完全に補うものとしており、労働者の年齢、性別、企業規模等で推計している。

解雇の金銭解決を希望する人にとっては、具体的な金額が予測できる制度がある方が望ましい。金額の算定にあたって事案の悪質性を考慮する制度設計も考えられよう。

金銭救済制度が創設され金銭の水準が定められた場合には、裁判所での利用を前提とした制度であっても、都道府県労働局や労働委員会のあっせんなどの解決金額の水準も底上げされる可能性が高いものと思われる。

(2) 解雇ルールの明確化

第２は、解雇ルールの明確化である[27]。解雇ルールの明確化にあたり、重要だと思われるのは、次の２点である。

26　大内＝川口・前掲注12) 書。また、小宮文人「解雇の金銭救済立法を考える――不当な雇用終了全般を視野に」道幸哲也ほか編『社会法のなかの自立と連帯』（旬報社、2022年）269頁も参照。
27　労使による解雇ルールの明確化という発想は、大内・前掲注24）198頁以下。

その1は、不当に解雇された労働者の復職を実現する道筋の明確化である。法律が守られるためには、十分な救済が得られる必要がある。不当な解雇は許されないことを明確に設定し、使用者に守らせるための制裁を設定する必要がある。とりわけ、差別事案や不当労働行為などの排除事案では、復職への具体的な道筋が必要であり、解雇の金銭解決制度が制度化される前提になる。こうした問題意識の背景には、雇用形態が多様化し、短時間勤務やライフステージの事情等から、職場を一時的に離脱するケースも多くなっているということもある。不当な解雇に対して早期に復職を実現していくことは、多様な働き方を後押しすることにもつながる。

　その2は、解雇の判断基準の明確化である。たとえば、普通解雇のルールや整理解雇のルールについては、たとえば「同一労働同一賃金ガイドライン」のように、解雇ルールを一般市民にもわかる形で周知していくのもひとつの方法であろう。このほか、雇用終了の場面においては、労使で協議する必要があることを明確化していくことも求められる。解雇事案の予測可能性が高まれば、労働者が権利を実現しやすくなり、弁護士に依頼するなど法的な紛争解決にも着手しやすくなる。

　また、中途採用の場合やいわゆる「ジョブ型」雇用などで、労働契約内容に契約終了ルールを盛り込むことを法政策として推進することも重要であろう。

(3)　労働市場法制の整備

　第3は、労働市場法制の整備である。解雇の金銭解決が制度化される前提として、労働市場の整備が不可欠の前提条件となる。そのためには、能力開発と転職支援の仕組みの整備が不可欠であり、求人と求職を効率的にマッチングさせる労働市場の整備が求められる。解雇の金銭解決制度が具体化する場合には、合意解約やリストラのあり方も見直しの対象となる。具体的な金銭の水準や次のキャリアの選択肢を見据えた情報提供や提案がなされることが必要であり、まさに労働者の自己決定を促す法政策が求められているといえる。労働市場が柔軟性を保つことは、必ずしも悪いことばかりではない。円滑な労働移動の促進は、労働市場のミスマッチを低下させ、資源配分の効

率化に寄与し、働き手の満足度も向上するというプラスの効果がある。

　また、労働者のエンプロイヤビリティを確保する政策を充実させることも不可欠である。学校教育・職業訓練制度等の見直しにより、学び続けることでエンプロイヤビリティを高めることができる環境を整備し、自分のキャリアを自分自身で設計していくことを促す必要がある。

　そして、解雇の金銭解決制度などの立法化がなされるためには、ワークルール教育を充実させることがその前提になる[28]。労働者の権利主張の基盤を形成していくことが、公正な雇用終了のルールを定着させる前提となる。

5　おわりに

　わが国で形成された解雇法制は、戦後の高度経済成長期に形成されてきたルールであり、労働集約型の産業の活況が経済成長を支えた時代であった。こうした使用者に容易に解雇させないルールは、優れた側面を有していることは間違いなく、今後も大事にすべきルールである。解雇を通じての強制的な雇用の流動化は、深刻な社会問題を引き起こすことになる。

　しかし、技術革新のなかで労働集約型の産業から分散型、サービス産業の比重が高まり、働き方そのものも変容している。正規と非正規によって雇用保護に落差があることも、生産性を下げる要因となっている。グローバル化と情報化の急速な進展のなかで、労働者の職業能力の育成をともなう職種転換による雇用の流動化は避けられない方向性であると考えられる。

　労働法制に関しても、従前の日本的雇用の長所も活かしつつ、経済環境の変化に適応できるシステムの構築を行うことが望ましい。わが国の雇用終了のルールのあり方は、改めて検討されるべき論点である。基本の解雇ルールの考え方は維持されるべきである。しかし、解雇の金銭解決制度の導入や労使による契約ルールの明確化などにより、納得感のある契約終了の在り方が設定されるべき時代にきていると問題提起したい。読者のみなさんはどう考えるだろうか。

28　道幸哲也『ワークルール教育のすすめ』（旬報社、2020年）。また、拙稿「ワークルール教育の基本的視点——総論的課題の考察を中心に」日本労働法学会誌126号（2015年）62頁。

第Ⅱ部

労働条件を問い直す

　労働条件をめぐる法解釈は、昭和に形成された判例法理を重要な基礎としており、その判例法理は、その時代の制定法の状況や雇用の実情を反映したものである。しかし、平成から令和へと移り行く中、法改正や新法制定があるだけではなく、雇用の在り方も大きく変化している。また、裁量労働制は昭和の末期に生み出されたが、その適正な運用の定着には至っていない。

　本章では、こうした法状況や働き方の変化を踏まえ、労働契約内容（労働条件）の決定、賞与、退職金に係る従来の法解釈の常識を疑い、また、裁量労働制の適切な在り方を未来志向で検討するものである。

（山下　昇）

第1章　合意による労働契約内容決定の行方
―― 「成立」と「内容」の結びつきを問い直す

新屋敷恵美子

1　はじめに

　日本では、労働契約の当事者間の合意により労働条件が決定されるイメージはあまりなく、〔設例〕のような事案や疑問も珍しいものではないだろう。

〔設例〕
　X（当時38歳）は、インターネット上で、「正社員募集」、「職種：営業」、「残業代全額支払い」、「定年まで安心して働けます」、「月給35万円～55万円（諸手当込み）（経験者優遇）」という求人広告を見て、Y社の求人に応募した。Xは、Y人事担当者による面接を受けて、担当者から採用の旨の連絡を受け、翌々月からYで働くことになった。面接では、Y担当者は、Xに、Xの年齢やこれまでの経験から、給与は月に40万円程度で考えている、頑張りによって、給与も上がるから頑張ってほしい旨を告げていた。実際に働き始めてみると、毎日1～2時間程度は残業（時間外労働）をせざるを得ない業務量だったが、給料として総額約40万円が支給され、給与明細では35時間分の固定残業代が支払われていることになっていた。また、Yでの就労開始後数日経って、担当者に呼ばれ、労働条件通知書に署名押印するように指示された。驚いたことに、当該書面では、X・Y間の労働契約が1年間の有期労働契約であるとされていた。Xは、求人広告の内容からしておかしいと思ったが、入社したばかりで事を荒立てることもできな

いと感じて、署名押印をした。
　いったい、Xは、Yと、いかなる内容の労働契約を締結したのだろうか。

　このような疑問、要するに、労働者が、実際に就労を開始してから、果たして、自身の労働契約の内容ないし労働条件の具体的な内容が、一体どうなっているのか、という疑問を持つことは、必ずしも珍しくない。近時では、中途採用の労働者につき上記のような事案で紛争が生じている例も多い。そこで、上記の疑問を解きほぐそうとすると、そもそも、労働契約の内容や労働条件を根拠づける法的事象の発生、すなわち、労働契約が成立したのはいつかという点が問題となってくる。そして、これまで、わが国の伝統的な雇用慣行の下で、この労働契約の「成立」とその際決定される「内容」との結びつきが、一定の典型を以て観念されてきたために、上述のような疑問が生じやすいと解される。

　本稿は、以下で、まず、上記のような疑問に繋がるそうした観念の成り立ちやその具体的な内容を確認する（2）。そして、この点に関連する労働法規制が、雇用における実態の変化を、どのような課題をもたらすものとして受け止めて展開してきたのかを確認し（3）、そうした実態と法規制の展開に呼応するような近時の判決を紹介する（4）。以上の考察を経て、本稿は、そうした観念に縛られることなく、むしろ現在の雇用の実態に即した合意による内容決定の観念と契約解釈法理の必要性を指摘する。

2　日本的雇用の下での「成立」と「内容」の結合

(1)　労働契約の成立時期

　労働法の分野では、従来、労働契約の成否が問題となる典型的な場面として、新規学卒者の採用を前提に、使用者による「採用内定」により労働契約が成立するという法的構成が浸透してきた。すなわち、大日本印刷事件・最二小判昭和54・7・20民集33巻5号582頁は、新規学卒者の内定取消の法的性格が争われた事案で、使用者の「募集（申込みの誘引）に対し、〔学生〕が応募したのは、労働契約の申込みであり、これに対する〔使用者〕からの採

用内定通知は、右申込みに対する承諾であつて、〔学生〕の本件誓約書の提出とあいまつて、これにより」、当事者間に労働者の就労の始期を大学卒業直後とし、それまでの間、「解約権を留保した労働契約が成立」したとした。

そして、こうした採用内定による労働契約の成立とその後の紛争の処理は、事案に応じた工夫はなされるが、中途採用の場合にも応用されてきた[1]。

(2) **労働条件の設定と不確定な内容**

(1)のような採用内定による労働契約の成立という法的構成と、成立した労働契約の内容とは、相当程度「セット」で観念されてきた。典型的には、八州測量事件・東京高判昭和58・12・19労民集34巻5・6号924頁が、労働契約の「成立」と「内容」ないし労働条件設定とを結びつけた理解を示す。同判決は、求人票の「見込額」によっては労働契約の内容が確定するわけではないと解釈しても、労基法15条（労働条件明示義務）に反しないとして、その理由を次のように述べた。「けだし、採用内定を労働契約の成立と解するのは、採用取消から内定者の法的地位を保護することに主眼があるのであるから、その労働契約には特殊性があつて、契約成立時に賃金を含む労働条件がすべて確定していることを要しないと解されるからである。このことは、通常新規学卒者の採用」の「実情にも合致する」。

八州測量事件東京高裁判決は、あくまで事案に即した判断であるが[2]、労働契約の成立の代表的な（新規学卒者の）場合の法的構成と合意ないし契約内容決定に基づく労働条件設定のあり方（成立時に当事者の合意による内容の決定・確定を問う必要がないという理解）との結びつきの理解を示す。

このように、判例そして学説[3]では、労働契約の「成立」に関する法的構成と合わせて成立時の契約「内容」（がその時点で決定・確定していないこと）が観念され、そのため当事者の合意が具体的な労働条件を設定するものとして

---

1 インフォミックス事件・東京地判平成9・10・31労判726号37頁等を参照。
2 岩村正彦「判批」労判431号12頁（1984年）を参照。
3 例えば、岩村・前掲注2）は、「採用内定法理は、賃金等の労働条件が確定していなくても労働契約の成立を認めるというところにその核心がある」（16頁）との認識を示す（もっとも、岩村がこの認識を直接的に契約解釈に結び付けているわけではない）。

は理解されてこなかったと解される[4]。

(3) 労働条件と労働法規制の具体的な関係

(2)のような労働契約の成立と内容をめぐる観念は、次の労基法や就業規則による画一的あるいは集団的な労働条件設定の仕組みを前提とし、また、それにより強化されてきた。

まず、労働基準法（労基法）13条は、同法の定める「基準に達しない労働条件を定める労働契約は、その部分については無効」とし、当該「無効となつた部分は、この法律で定める基準による」と定める。同条により、たとえば、労基法32条が定める労働時間に関する定めが労働契約上も効力を有することになる[5]。こうして、労働法規制により、広範に重要な労働条件の最低限が保障される。

これに加えて、労働契約法（労契法）12条（以前は労基法93条）が、就業規則の最低基準効を定めており、同条により、労働者も、使用者の作成する就業規則に定められる労働条件に依拠することができる。また、判例法理を条文化した[6]労契法7条本文は、労働契約の締結時に、「使用者が合理的な労働条件が定められている就業規則を労働者に周知させていた場合には、労働契約の内容は、その就業規則で定める労働条件による」旨定める。こうして、(2)のような成立時の契約内容ないし労働条件の未決定・未確定の観念を前提に、具体的な労働条件の設定は、当事者の合意ではなくて、むしろ使用者の作成する就業規則に委ねられることになる[7]。

もちろん、労働協約も重要な労働条件設定の法源[8]として理解されており、1982年の日本労働法学会編の学会講座の論文でも、「現在では労働契約は使用者と労働者との間で個別的に決定されるのではなく、使用者と労働組合と

---

[4] 水町勇一郎「労働契約の成立過程と法」日本労働法学会編『講座21世紀の労働法(4)労働契約』（有斐閣、2000）41頁・51頁以下を参照。
[5] 橘屋事件・大阪地判昭40.5.22労民集16巻3号371頁などを参照。
[6] 「労働契約法の施行について」（平成24年8月10日基発0810第2号）(2)ア(イ)を参照。
[7] 新屋敷恵美子「労働契約関係における労働条件設定の原型」法政研究82巻2＝3号553頁（2015年）も参照。
[8] 労組法16条ないし18条を参照。

の間の合意（労働協約）にもとづき、あるいは……集合的な規則（就業規則）に従って、集団的に決定される」[9]ことが、簡潔に記述されていた。

(4) 小 括

こうして、わが国では、労働契約の成立の法的構成と合わせて、内容決定のあり方が観念され、労働条件設定において当事者の合意は十分な意義を認められてこなかった[10]。そうした労働条件設定のあり方は、八州測量事件東京高裁判決が示唆していたように、日本の雇用のあり方と密接に結びついて、法的に是認されてきた。そして、そのあり方は、労働契約関係の最初の段階から、とりわけ使用者が作成する就業規則に、重要かつ広範な使用者の権限を認めることを許容し、かつ、当然視させるものであった[11]。こうした労働条件設定のあり方が、現在でも機能し続け、上述の疑問、つまり、労働者自身の労働契約の内容に関する認識と実際の法的な意味での労働契約の内容との間の乖離、を生じさせる雇用の土壌を成しているのである。

3　雇用実態の変化と労働条件明示に係る規制の展開

以上では、労働契約の成立と内容の結びつきについての伝統的な観念がどのように実態や法解釈、そして法制度と結びついてきたのかを述べた。しかしながら、実態は変化しており、かなり以前より、労働条件の個別化や労働者の意識の多様化など、雇用の実態上の変化が指摘され、労働条件の明確化に係る規制が展開してきた。以下では、それらの点を確認し、法規制の展開の中で想定されてきた合意による内容決定の機能を後づけるため、1998年労基法改正と2007年労働契約法制定、そして、累次の職業安定法（職安法）の

9　西井龍生「労働契約締結をめぐる法的問題――契約期間・労働条件明示義務・身元保証契約など」日本労働法学会編『現代労働法講座(10)労働契約・就業規則』（総合労働研究所、1982年）62頁。

10　中窪裕也「労働契約の意義と構造」日本労働法学会編『講座21世紀の労働法(4)労働契約』（有斐閣、2000年）2頁は、「労働契約の内容形成機能は、労働法システムの発展によって、〔システムが決定する〕権利義務の『受け皿』としての機能に形を変えている」（8頁）とする。

11　日立製作所武蔵工場事件最高裁判決等を参照。

改正をめぐる議論と規制の展開を概観する。その展開の中で、当事者、とりわけ、労働者の労働契約内容に関する認識に対して、どのような法的意義を認める必要性が認識され、また、それを法的な世界で具現化する仕組みが拡充していったのかを確認する。

(1) 1998年労基法改正と労働条件明示義務の拡充
(i) 雇用実態・権利意識の変化と契約関係の明確化

1998年の労基法改正の基礎となった労働基準法研究会による報告書「今後の労働契約等法制のあり方について」[12]（1993年5月10日）（以下、「1993年報告書」。）は、次の「検討の視点」を示していた。

まず、「労働契約関係の多様性に対応した自主的決定の促進」を挙げ、具体的には、「いわゆる終身雇用システムの下で就労している労働者」の「ニーズが多様化」しており、「労働者ごとに価値判断が異なるような事項は個別に当事者が自主的に決定することが望ましく、そのための環境整備」が求められるとした[13]。また、別の検討の視点として、「労働契約関係の明確化の促進」を挙げ、具体的には、「近年、労働契約内容の複雑化、多様化が進展し、また、国民の権利意識」の高まりの中で、「事前に労働者と使用者の権利義務関係を明確化することにより紛争の予防を図るという観点が一層重要」となっているとした[14]。そして、後者の点への具体的な対応として、労基法15条の労働条件明示義務につき、明示義務の係る労働条件を拡充し、また、「労働契約の締結に際し賃金のみでなく労働条件の全般について書面で明示することが適当」とした[15]。

(ii) 前提としての就業規則による設定

他方で、1993年報告書は、「長期勤続が予定される労働者については、……実際には就業規則の交付により労働条件の明示を図ることになろう」か

12　労働省労働基準局監督課編『今後の労働契約等法制のあり方について』（日本労働研究機構、1993年）所収（12頁以下）。
13　前掲注12）掲書・13-14頁。
14　前掲注12）掲書・15-16頁。
15　前掲注12）掲書・24頁。

ら、無期労働契約締結時の「書面による明示の範囲は、……就業規則の必要記載事項と基本的に一致させることが適当」としていた[16]。

さらに、同報告書は、「今後、就業形態が多様化」するとしても、「就業規則において一律の定めをすることが困難な事項については、現行でも労働契約に委ねる旨の定めをすることが可能」とし、当該事項の明示を図る制度の導入が適当としている[17]。

以上からは、一定の雇用実態における変化の認識が窺えるが、特に比較的長期の労働契約の締結を想定しつつ、労働条件の設定の中心を依然として就業規則とするという前提が窺われる。この時期において、目指されるべき労働条件の明示や明確化とは、そうした前提の上で、権利意識の高まった、あるいは、ニーズの多様化した労働者が、労働条件を十分かつ正確に認識できる環境整備に向けられていた。

こうした議論を経てなされた1998年労基法改正では、労基法15条1項後段が改正され、使用者は、労働者に対して、従来の「賃金」に関する事項だけでなく、契約期間など「労働時間に関する事項その他で定める事項」についても、書面による明示を義務づけられた（労基法施行規則5条）。

(2) 2007年労働契約法制定と合意による労働契約内容決定

次に、2007年労働契約法制定時の議論と関連の改正を確認する。

(i) 労契法制定に向けた議論

2005年9月に、「今後の労働契約法制の在り方に関する研究会報告書」[18]（以下、「2005年報告書」。）が示され、これが労契法の制定の基礎となった[19]。

(a) 検討の基本的な考え方と契約内容の明確化

2005年報告書は、「長期雇用慣行及び年功的処遇体系の見直しが進み、中途採用の増加、採用方法の多様化、成果主義・能力主義的処遇制度の導入・

---

16 同上。
17 前掲注12）掲書・26頁。
18 https://www.mhlw.go.jp/shingi/2005/09/dl/s0915-4d.pdf（最終閲覧2023年3月7日）。
19 土田道夫「労働法の将来――労働契約法制・労働時間法制度報告書を素材として」ジュリスト1309号2頁（2006年）を参照。

拡大など、人事管理の個別化・多様化・複雑化」の進行といった、雇用における実態の変化から、「契約内容の明確化」を課題とする（2頁）。

そして、「継続的な関係である労働契約」の「締結段階では労働条件が具体的に決定されておらず、合意内容が不明確であることによって労使間で紛争に発展する場合」があることから、「不明確な合意に起因する紛争の予防のための枠組み」を設けることが、必要とされ、研究会は、合意内容の明確化・紛争予防の観点から、「書面明示の在り方や任意規定を定めること」等につき検討した（5頁）。

(b) 具体的な内容

(a)で示された仕組みの具体的な方向に関し、「労働条件を明示した場合にそれが契約内容になるかどうかが労働契約法制の問題であるとの意見」が出されており（23-24頁）、労契法制定の文脈で、明示は、労基法15条の労働条件明示義務とは異なる法的意義を有するものとして理解されていたと言える。また、紛争では明示を欠く空白部分の解釈が争われる場合が大半であり、労契法で「補充すること」が検討されたが、難しいとされた（24頁）。

結局、「明示された労働条件の適用を使用者に対して主張できることを明確にすることが適当」という方向で決着している（24頁）。この際、そうした規定を置くことに対する反論を予想して、それには、「例えば、明示は一応の予定という趣旨に過ぎず契約内容になったとは言えない、という反論を許さない」という意義があるとしていた（24頁）。

他方で、「労働者が募集時に示された労働条件の適用を主張できるか」という点は、「意思解釈によって個別の事案ごとに解決すべき」との理解が示されていた（24頁）。

(ⅱ) 成立時の合意による内容決定や明示に関する規制の不在

結局、労契法には、6条の定める契約成立段階で合意により形成された契約内容の意義を原則的に具体的に扱う規定は置かれず、他方で、労契法7条本文が就業規則による労働条件設定を規定した。また、労契法4条（労働契約内容の理解促進）は置かれたが、労働条件明示自体に関する規定は置かれなかった。

概して、この段階では、依然、就業規則に基づく労働条件設定と、契約の

「締結段階では労働条件が具体的に決定されて」（ⅰ(a)）いないことが前提とされ、その点に起因する労働条件の不明確性の弊害を回避する労働条件の明示に係る規制が検討されていた。他方で、契約成立時の合意による労働契約内容決定の有無や程度は、基本的には当事者意思の問題として位置づけられ、個別の契約の解釈ないし補充のあり方についての規制の導入は早い段階から困難とされていた。

(3) 職安法における契約締結過程に関する規制の展開

他方で、職安法は、累次の改正により、労働契約締結過程に係る規制を拡充してきた。

(ⅰ) 1999年の大改正と明示義務の強化

ILO 第181号条約批准に向けた法整備の必要性等を背景として[20]、雇用法制研究会報告書「今後の労働市場法制の在り方について」（1998年10月26日）（以下、1998年報告書」。）が纏められ[21]、民間の有料職業紹介の対象の職業範囲をポジティブリストからネガティブリストにするといった職安法の大改正がなされた。こうした改正により、労働契約の締結過程に現れる主体はより多様化し、労働者は、その広がりの中で労働契約に関する様々な情報を受け取ることになる。そのため、その過程における労働者の保護も重要となる[22]。すなわち1998年報告書は、「労働市場整備に当たっての考え方」において、労働力を売り控えできないといった「労働力の持つ特性への配慮」も求められるとし、「労働者の情報力を高めるため多数の労働力需給調整機関が存在し、信頼性の高い情報が提供されることが重要」であり、「労働条件等の明示等のルールは引き続き重要」とされた[23]。同報告書の後、中央安定審議会の建議[24]は、職安法における既存の労働条件等の明示規制の強化を図ること、

---

20 労働省職業安定局民需給調整事業室「改正職業安定法の概要」労働法令通信1848号（1999年）12頁以下を参照。
21 「労働市場法制の在り方で報告書」労働法令通信1818号（1998年）2頁以下。
22 条約の基本的な内容につき、「民間職業仲介事業所に関する条約の承認求む」労働法令通信1829号（1999年）17頁以下を参照。
23 前掲注21）3頁。
24 「職業紹介事業等に関する法制度の整備を建議」労働法令通信1832号（1999年）2頁。

また、そうした「文書明示の適正な実施を図るため、明示する労働条件等」が「虚偽又は誇大な内容でないこと」等の的確表示に関する指針を設けることの検討を求めた[25]。

　こうして[26]、1999年の職安法改正により、労働条件明示義務が強化され[27]、5条の3（労働条件等の明示）第1項3項により、書面により明示されるべき内容が、労働者の業務の内容、契約期間、就業場所、労働時間に関する事項等へと拡げられた[28]。また、職安法48条に基づき、職安法5条の3及び42条（募集内容の的確表示）の事項に関し、指針[29]が公表されることとなった。

(ii)　2017年改正[30]

　比較的近時の2017年の改正では、求人票の内容と実際の労働条件との相違等が問題視され、求職者保護の観点から、職安法5条の3第3項が新設された。同項により、求人者、労働者の募集を行う者等は、第1項の規定により求職者等に明示された「従事すべき業務の内容等」を、当該求職者等との労働契約締結にあたり変更する場合には、「当該変更する従事すべき業務の内容等」を明示すべきとされ、同条4項により、同条3項に基づく明示のうち、一定の事項についての書面等による明示が求められるようになった（職安法施行規則4条の2第3項）。

　また、同法4条6項の新設により「募集情報等提供」が定義され、同法42条1項（的確表示の努力義務）の対象に募集受託者が加えられ、的確表示の努力義務に関し、募集受託者が募集情報等提供事業を行う者に協力を求める努力義務が定められるなどした（同項後段、同条第2項も参照）。同法48条に基づき公表される指針の対象者にも、求人者と募集情報等提供事業を行う者が加えられ、さらに、同法65条は、虚偽の条件を提示して、職業紹介を行う者等に求人の申込みを行った「求人者」の罰則を新設した。

(iii)　2022年改正

25　前掲注24）4頁を参照。
26　ここでは、1999年改正当時の条文を挙げている。
27　有田謙司「職業安定法改正の意義と課題」労旬1475号（2000年）32頁、34頁。
28　職安法施行規則4条の2。
29　平成11・11・17労働省告示第141号。
30　ここでは、2017年改正当時の条文を挙げている。

さらに、2022年10月1日施行の改正は、インターネットの普及により、「労働市場においても求人・求職情報等の飛躍的な増加がみられる中で、雇用仲介が果たす役割」の大きさが顕著となっていることから、「雇用仲介事業者が労働市場において果たす役割を積極的に評価し、労働市場において需給調整機能の一翼を担う者として位置づける必要がある」という「基本的考え方」に基づくものである[31]。

こうした考えに基づき、幅広く求人者と求職者との間を取り持つ新たなサービスが含まれるように、「募集情報等提供事業」の定義が拡大された（職安法6項）。こうして、募集情報等提供事業には、労働者の募集を行う者等の依頼により、労働者の募集に関する情報を、労働者になろうとする者又は他の職業紹介事業者等に提供することや（同項1号）、そうした依頼を欠く、インターネット上の求人情報等をまとめて提供するクローリング型の求人メディアの運営など、労働者の募集に関する情報を収集し、労働者になろうとする者に対して提供することも含まれるものとされた（同項2号）。

また、従来は指針でのルール規定に留まっていた求人等に関する情報の的確表示等の努力義務が、職安法5条の4で義務化された[32]。こうして、まず、同法5条の3が、「職業紹介事業者、労働者の募集を行う者及び募集受託者」等（5条の3第1項）や「求人者」（同条2項）の、求職者等への労働条件明示に関する義務を定め、続けて、同法5条の4が、「職業紹介事業者、労働者の募集を行う者及び募集受託者、募集情報等提供事業を行う者」等の求人等での的確な表示の義務を定めるようになった。

(iv) まとめ

1999年の大改正以降、民間の職業紹介等の法的位置づけや実際上の機能の重要性が増してきた。特に、2017年改正や2022年改正における労働条件明示義務や募集内容の的確表示に関する規制の強化・拡充からは、第一に、労働契約締結過程の中で生じる当事者間の契約内容に関する理解の齟齬の防止に

---

31 労働政策審議会職業安定分科会労働力需給制度部会「雇用仲介事業に関する制度の改正について」（令和3年12月8日）。
32 以前の募集内容の的確な表示の努力義務を定めていた同法42条は削除された。もっとも、同法48条に基づき新たな5条の4等に関する指針は公表される。

向けた規定の充実を指摘できる。これは、当事者の合意内容を、労働契約の成立時のみで観念するというよりは、契約締結過程の「時間」的な広がりを前提として観念することの規範的な正当性を高めたと解される。第二に、そのような時間的な幅だけでなく、その過程に関わる「主体」の多様性が法的に承認され、インターネット上のものも含む様々な情報提供の形態を前提として、法規制が展開した。

こうして、1999年の大改正は、民間の雇用仲介事業の展開を正面から認め、その展開と共に、労働者（力）の特性を踏まえた労働者の保護が図られることを求めるものであったところ、現在まで展開してきた労働条件明示の規制や募集内容の的確表示義務は、そうした職安法の展開の文脈での、契約締結過程における求職者の保護の具体化といえる。

4　判例における模索

判例には、3で確認した実態の変化や規制の展開を、法の解釈や適用に反映させようとするものがあり、注目される。

(1)　契約締結過程での合意内容形成への着目

たとえば、福祉事業者Ａ苑事件・京都地判平成29・3・30労判1164号44頁は、求人票が現れてから労働契約が成立するまでの間で、具体的にどのように当事者が合意内容を形成したのかを検討し、成立時における契約内容を綿密に解釈する。

同事件では、労働者は、求人票を閲覧して使用者の面接を受けて採用された後、約一か月の間、使用者の下で、当該求人票で示されていたフルタイムでの就労ではなく、パートタイムとして就労し、その後のフルタイムでの就労開始日に、使用者から交付された労働条件通知書に署名押印した。ところが、同労働条件通知書には、求人票に記載された労働条件（期間の定めなし、定年制なし）と異なる労働条件（期間の定めあり、定年制あり）が記載されていたため、労働契約の成立時点とその内容が問題となった。京都地裁は、①求人票は、労働条件明示の上で、「求職者の雇用契約締結の申込みを誘引するも

ので、求職者は、当然に求職票記載の労働条件が雇用契約の内容となることを前提に雇用契約締結の申込みをする……から、求人票記載の労働条件は、……特段の事情のない限り、雇用契約の内容となると解するのが相当」とし、契約の成立とその内容については次のとおり解釈した。すなわち、②「本件求人票には雇用期間の定めはなく」、雇用期間の始期も示され、「面接でもそれらの点について求人票と異なる旨の話はないまま」、採用通知がなされたから、本件労働契約は、当該始期を始期とする無期労働契約として成立した。また、面接では使用者から「定年制はまだ決めていないという回答がされた」が、求人票の上記記載が認められ、「定年制は、その旨の合意をしない限り労働契約の内容とはならない」から、「求人票の記載と異なり定年制があることを明確にしないまま採用を通知した以上、定年制のない労働契約が成立したと認めるのが相当」とした。

①の契約内容の契約解釈のあり方自体は、それまでの判例[33]でも同様に判示されてきたため、より注目されるべきは、本判決が、契約解釈の議論を契約成立時までの段階で区切り、その上で、契約締結過程の中でいかなる契約内容が当事者間で合意されたかに議論の照準を合わせ、契約内容を解釈した点である。すなわち、本件では、特に定年制につき、成立の段階では、一定の不明確性・不確定性を有していたのであり、そのような契約内容で契約が成立した、と解する余地があった。しかし、本判決は、定年制の契約内容としての位置づけに基づいて、成立時以後の事情による確定の余地を論じずに、成立時までで、どのような合意がなされたと理解すべきか、に焦点を当てた判断をした。この契約の成立と内容を判断していく枠組みによれば、成立時以後に現れた書面（労働条件通知書）は、「成立を認定した本件労働契約の変更」の申入れに過ぎない[34]。

このようにして、同判決は、契約締結過程の事情を踏まえて、当事者の合意により、成立時にいかなる契約内容が決定されたのかを綿密に検討する。このように理解される合意による契約内容決定を前提とすることで、契約を

---

33 千代田工業事件・大阪高判平成2・3・8労判575号59頁、丸一商店事件・大阪地判平成10・10・30労判750号29頁。
34 水町勇一郎「判批」ジュリスト1511号138頁（2017年）140頁以下も参照。

締結するにあたっての当事者の想定を出発点とし、(前掲京都地裁判決が使用者の後からの契約内容に関する一方的な主張を「変更」として処理したように)締結時以後の当事者の権利義務の議論にも向かうことができる[35]。

そして、こうした判断の枠組みは、近時の判例でも踏襲されている。すなわち、司法書士法人はたの法律事務所事件・東京高判令5.3.23労判1306号52頁も、労働契約の成立を前提として、成立時点での当該労働契約内容を解釈・認定した上で、契約成立後に使用者が当該労働契約の契約書面として持ち出した書面につき、労働者が、当該「雇用契約書の内容について、自由な意思に基づいて合意をしたとは認められ」ず、当該書面によっても、「労働契約を無期契約から有期契約に変更する旨の合意が成立した」とはいえない、としている。

このように、判例は、場面と論点の識別を確立しつつ、契約成立時に、合意によって決定された契約内容の解釈のあり方についての法理を展開している。

(2) 就業規則による労働条件の設定の分離

(1)のように成立時の合意による労働契約内容決定の意義が質的量的に拡充すると、その機能と就業規則による労働条件設定との関係が注目されよう。この点でも注目される判決がある。すなわち、グレースウィット事件・東京地判平29・8・25労判1210号77頁では、使用者と労働者が交わした労働契約書には「出向手当3万円／月」「交通費と残業代：就業規則に従い、精算とする」との記載があり、他方で、就業規則には、「出向手当は、固定残業代として支給する」との記載があった。そこで、出向手当による残業代の支払の有無が問題となり、東京地裁は、「就業規則の内容が労働契約成立時から労働条件の内容となるためには、①労働契約成立までの間に、その内容を労働者に説明し、その同意を得ることで就業規則の内容を労働契約の内容そのものとすること、又は②労働契約を締結する際若しくはその以前に合理的な労働条件を定めた就業規則を周知していたこと〔労契法7条〕を要する。た

---

35 その他、Apocalypse事件・東京地判平成30・3・9労経速2359号26頁も参照。

だし、上記②の場合は労働契約で就業規則と異なる労働条件が合意されている部分は、就業規則の最低基準効（同法12条）に抵触しない限り、労働契約が優先する（同法7条但書）」と判示した。このように理解しなければ、労働契約上の用語を、「就業規則での特別の意味で解釈すること」になり、それは、当事者の「個別の合意による労働契約の内容を使用者のみの制定による就業規則に基づいて変更し、就業規則を優先させることに等しく」、労働条件の明示義務（労基法15条）及び理解促進の責務（労契法4条）並びに労使の対等な立場における合意原則（同1条や労基法2条1項等）の「趣旨に反し、労働者に対し予測不可能な労働条件を押し付ける不意打ち」の危険があるからである。

このように、同判決は、就業規則による労働条件設定（労契法7条）に優先する合意による契約内容決定ないし労働条件設定を観念する。そして、合意の原則に忠実に、労働契約の成立時までに合意によりいかなる労働条件が設定されたのかを、綿密に検討する。

本判決も、(1)で紹介した判決と同様に、個別の事案に即して、契約締結過程の事情を踏まえつつ、労働契約成立時に、当事者が重要な労働条件につきどのように合意したのかに焦点を当てている。労契法6条と7条の順序からしても、また、労契法6条の段階での合意内容の重要性からしても、何よりもまず当事者の合意内容に法的意義を認めるのが尤もであるし、それは、労契法が骨子とする合意の原則（労契法1条等を参照）に合致するものである。

(3) 小括——契約締結過程の合意への視角

以上のように、近時の判決には、伝統的な画一的・集合的な労働条件設定の仕組みとの関係を整理しつつ、労働契約の成立時における合意による内容決定を、契約締結過程における当事者の具体的な行動やそこに現れる契約内容に関する当事者における想定の綿密な検討から、解釈するものが散見される。たしかに、事案や問題となっている契約内容の相違が判決の判断枠組みに影響している可能性もある。しかし、少なくとも、契約締結過程の中で合意が当事者の交渉を経て形成されるという認識や、そうした過程を経た上での成立時の合意の対象とは何かという視角が形成・定着してきていることは

確かであろう。こうした判例の傾向は、3で確認した、特に、契約締結過程に係る労働法規制（求職者保護[36]）の展開にも合致し、また、できる限り当事者の形成した法的関係を尊重するものといえ、合意の原則からも強く肯定される。

5　おわりに
　――結びつきの見直しと多様な雇用に応じる契約解釈の法理の必要性

　本稿で概観した規制、とりわけ職安法の規制は、社会における雇用実態の変化を背景に、契約締結過程における当事者の労働契約締結に係る合意が、多様な主体や媒体（インターネット上の広告など）とのやり取りの中で、契約内容についての労働者の強い関心や期待を伴って形成される実態を、確認しつつ拡充してきた。そうすると、2で確認した、成立と内容をめぐる従来の観念を一般的なものと理解して、現在の労働法規制が前提とする採用ないし労働契約の成立の実態を等閑視することは、もはや妥当性や正当性を欠く（4も参照）。

　そして、そもそも、前掲大日本印刷事件最高裁判決でも依拠されていることが窺われる、ある時点で申込みと承諾がぴたりと一致して契約が成立すると解する伝統的な鏡像原則[37]に基づいて労働契約の成立を理解することは、実態からも労働法規制の展開からも、無理があるように思われる。この点に関し、従来、学説も、労基法15条の改正などと合わせて、特に労働法規制の契約内容決定の局面における意義を示しつつ、成立時の契約内容決定を論じてきた。ただ、そうした議論も、成立した契約の内容が、求人票等に記載された労働条件により理解されるべきか、それとも、使用者がその後に明示し

---

[36]　前掲 Apocalypse 事件東京地裁判決は、職安法5条の3、42条（的確表示の努力義務規定）、65条8号を参照して、「求人広告その他の労働者募集のための労働条件提示」が、労働者による労働契約の申込みの内容を形成する機能を果たしているものと評価し、原則として、当該「労働条件提示の内容で労働契約が成立したというべき」とする。

[37]　中田裕康『契約法〔新版〕』（有斐閣、2021年）79頁を参照。

た労働条件により理解されるべきか、という二者択一の発想に、言い換えると、いつの時点の当事者の言動を申込みと解すべきかという発想に、程度は異なるが、囚われる嫌いがあったように思われる[38]。

しかし、労働契約については、その成立に向けて契約締結過程の中で当事者の合意が（行きつ戻りつしつつ）練り上げられていくという理解[39]の方が、現在の実態にも労働法規制にも合致する。申込みと承諾による契約の成立を定める民法522条1項の枠組みの下でも[40]、そうした合意の観念に基づけば、当該申込みの「契約の内容」（同項）が醸成された軌跡を辿り、契約締結過程における諸事情から契約内容を綿密に検討することが、合意をより正確に探求する作業として、正当である（4を参照）。

再三指摘されてきたように、採用実態は多様化し、さらに、近時では、賃金だけでなく、労働時間、勤務地、職種といった労働条件も、契約を締結する労働者にとり決定的に重要な場合があり、成立時における合意による決定を尊重する必要性が指摘される実態[41]がある（同3条3項も参照）。

以上からわかるように、締結過程という時間的幅や空間的な広がりの観点からだけでなく、重視される契約内容の広がりの観点からも、2のような合意による内容決定の余地を阻むような「成立」と「内容」の結びつきの観念を以て、契約内容を理解しようとすることには強い疑問が持たれる。契約解釈（少なくともそれ自体）についての規定を欠く現状においては、労働契約に対する多様化した当事者のニーズを法的に汲み取り、合意を具現化する契約解釈の法理を構築していく必要がある[42]。

---

38 ここで全てを挙げて詳しく論じることはできないが、岩村・前掲注2）、浜村彰「判批」労旬1175号16頁（1987年）19頁以下、井上幸夫「労働条件の明示、退職時の証明」季刊労働法189号48頁（1999年）51頁以下などがある。
39 新屋敷恵美子『労働契約成立の法構造』（信山社、2016年）382頁以下を参照。
40 この点と合意による契約の成立との関係につき、新屋敷恵美子「労働契約の成立段階における内容決定と本質的内容の設定——契約解釈を通じた内容決定と契約の拘束力の実現」季刊労働法265号（2019年）113-120頁。
41 「多様化する労働契約のルールに関する検討会報告書」（2022年3月）（https://www.mhlw.go.jp/content/11201250/000928269.pdf）（最終閲覧2023年3月14日）等を参照。
42 新屋敷・前掲注40）では、契約成立時の当事者の合意による「デフォルトとしての『決定』」（119頁）を示し、契約解釈のあり方を論じている。

第 **2** 章　これからの働き方と労働時間規制
　　　　──**裁量労働制**を問い直す

植村　新

　(1)　私（A）が代表取締役を務めるB社は、企業内での情報共有やコミュニケーションを効率化するソフトウェアの開発・販売・運用を行うIT企業です。同業他社との厳しい競争を勝ち抜くためには、独創的で付加価値の高い商品をどんどん提供しなければなりません。それなのに、うちの社員ときたら、決められた時間だけ机に座ってさえいれば給料をもらえるとでも思っているのか、ルーティンを淡々とこなすばかりで、新しい商品を打ち出してやろうという気概をちっとも見せてくれません。「仕事は量ではなく質で評価されるのだ」ということを分かってもらうためにも、裁量労働制を導入したいと思っています。

　(2)　私（C）は、B社でソフトウェアを開発するシステムエンジニアです。仕事はいつも忙しく、特に顧客からタイトな納期で発注が入ったり、複数の顧客から同時に依頼があったりしたときには、深夜までの残業が連日続くこともあります。A社長は新商品を開発しろとせっついてきますが、目の前のノルマに追われてそんな余裕はありません。それでも、今までは残業した分だけ割増賃金をきちんと支払ってもらっていたので我慢もできました。それなのに、来年度から、どれだけ働いても割増賃金が増えない裁量労働制が導入されるかもしれないということです。これからどうなっていくのか、不安でたまりません。

1　裁量的な働き方と労働時間の法規制

　戦後間もない1947年に制定された労働基準法上の労働時間規制は、労働者が実際に労働した時間（以下、「実労働時間」という）を対象として最長労働時間や割増賃金を規制する実労働時間規制を原則としている（労基法32条〜37条）。実労働時間規制は、労働者が使用者から指揮監督と時間的・場所的拘束を受けて集団的・定型的な業務に従事するという働き方（例：製造業における一般的な工業労働）によく適合する。①集団的・定型的な業務は使用者による指揮監督や時間的・場所的拘束に馴染みやすいし、②当該労働の成果は投入された労働時間におおむね比例するからである。それゆえ、第2次産業に比較的多く見られる上記のような働き方が一般的であった時代には、実労働時間規制を原則とする労働基準法は社会の実態に適合した労働時間規制を提供できていたといってよい。

　しかし、第3次産業が産業全体の中で大きな比重を占めるようになるとともに（例：金融業、情報通信業）、第2次産業に属する企業でも個別的・裁量的な業務が増加してくると、こうした裁量的な働き方と労基法上の実労働時間規制の間にミスマッチが生じるようになった。①裁量的な業務は使用者による指揮監督や時間的・場所的拘束に馴染みにくく、実労働時間規制の下では意欲や能力を発揮できる創造的な働き方が難しいし（労務提供の問題）、②裁量的な働き方では業務の遂行方法（≒労働者の手際）次第で少ない時間で大きな成果をあげることも可能になるなど、労働の成果が投入された労働時間に必ずしも比例しないからである[1]（賃金の前提となる評価の問題）。

　そこで、1980年代に入ると、裁量的な働き方に対して実労働時間にかかわらず一定の手続で設定された時間（以下、「みなし時間」という）だけ労働したものとみなす制度（以下、「裁量労働制」という）の導入が議論されるようになり[2]、1987年に専門業務型裁量労働制（現・労基法38条の3）が、1998年に企画

---

[1]　手際の悪い労働者が手際の良い労働者より長時間働き、より多くの賃金を受けるといったことも生じうる。人事労務管理論を踏まえた労働法学による問題の整理として、島田陽一「ホワイトカラーの労働時間制度のあり方」日本労働研究雑誌519号（2003年）6頁。

業務型裁量労働制（同法38条の4）が創設されるに至った[3]。確かに、厚生労働省の調査によれば、2023年1月現在、裁量労働制を採用している企業の割合は専門業務型裁量労働制で2.1％、企画業務型裁量労働制で0.4％であり、同制度を採用する企業は依然として少数に留まっている[4]。しかし、現在、テレワークの普及を含む就業形態の多様化や情報通信技術の発達、付加価値競争の激化が進んでおり、裁量的な働き方をする労働者の割合は今後ますます増加していくことが予想される。厚生労働省からも、裁量労働制に関する実態調査の結果[5]及び当該結果を踏まえて裁量労働制を中心に労働時間制度全体のあり方を展望する報告書（以下、「2022年検討会報告書」という）[6]が近年になって公表される等、これからの働き方と労働時間規制のあり方を再検討する機運が高まっている。こうした観点からすれば、これからの働き方に適合的な労働時間規制である裁量労働制の基本的な考え方を再確認したうえで、裁量労働制の運用に関する解釈論上の基本問題を問い直すことには重要な意義があるといえる。そこで本稿では、「裁量労働制は何のための制度か」という制度の創設当初から議論のあった問題に関する基本的な考え方を再確認したうえで、この基本的な考え方や2022年検討会報告書等を踏まえつつ、裁量労働制の適正な運用を問い直す解釈論を展開したい。

2　裁量労働制の考え方が登場した「労働基準法研究会（中間）報告」ジュリスト824号（1984年）35頁では、「第三次産業の拡大や各産業・企業内部でのソフト化の進展等に伴い、……業務の性質上当該業務の具体的な遂行については労働者の裁量に委ねる必要があるため、使用者の具体的な指揮監督になじまず、労働時間の算定が困難な業務……が増大している」という認識の下、裁量労働制の導入が議論されている。

3　裁量労働制の趣旨及び解釈問題については、差し当たり、植村新「労働基準法38条の3」荒木尚志＝岩村正彦＝村中孝史＝山川隆一『注釈労働基準法・労働契約法　第1巻　総論・労働基準法（1）』（有斐閣、2023年）566頁（専門業務型裁量労働制）、地神亮佑「労働基準法38条の4」同書585頁（企画業務型裁量労働制）を参照されたい。

4　厚生労働省「令和5年就労条件総合調査の概況」（2023年）9頁。2002年1月時点での割合は、専門業務型裁量労働制が1.2％、企画業務型裁量労働制が0.9％であった（厚生労働省「平成14年就労条件総合調査の概況」(https://www.mhlw.go.jp/toukei/itiran/roudou/jikan/syurou/02/4-1.html：2024年7月24日閲覧)）。

5　厚生労働省「裁量労働制実態調査の概要」（座長：西郷浩早稲田大学教授）（2021年）。

6　厚生労働省「これからの労働時間制度に関する検討会報告書」（座長：荒木尚志東京大学教授）（2022年）。

2　裁量労働制は何のための制度か

(1)　実労働時間規制とも適用除外制度とも異なる制度

　上述の経緯で創設された裁量労働制は、実労働時間に関係なくみなし時間を規制の対象とする点で実労働時間規制とは異なるが、みなし時間に対して労働時間規制が適用される（例：みなし時間が1日9時間であれば、三六協定の締結と割増賃金の支払いが必要になる）点で適用除外制度（労基法41条）とも異なる[7]。

　しかし、「業務の遂行の手段及び時間配分の決定等」に関して「使用者が具体的な指示をしない」業務（以上、同法38条の3第1項3号、38条の4第1項1号）に対する規制として、労働基準法は裁量労働制の創設当時、既に適用除外制度（同法41条2号）を有していた[8]。それにもかかわらず、適用除外制度とは異なる制度として裁量労働制があえて創設されたのはなぜなのか？　こうした疑問もあって、裁量労働制は何のための制度かをめぐって、制度創設の当初から議論が生じていた。この議論は大別すると、①裁量労働制は同制度の下で働く労働者（以下、「裁量労働者」という）の時間外労働を適正に管理し、割増賃金を適切に支払うための制度であるという立場と、②裁量労働制は労働時間と報酬の結びつきを切断し、時間（量）ではなく成果（質）に応じて報酬を支払うための制度であるという立場に整理できる[9]。

(2)　時間外労働を適正に管理し、割増賃金を適切に支払うための制度

　①裁量労働制を裁量労働者の時間外労働を適正に管理し、割増賃金を適切に支払うための制度と理解する立場の論者は、次のように考える。すなわち、

---

[7] 荒木尚志『労働法〔第5版〕』（有斐閣、2022年）180頁以下は、裁量労働制を含むみなし時間制を一般規制（本稿でいう実労働時間規制）、適用除外制度と並ぶ特別規制と位置づける。

[8] 明文では規定されていないが、裁判例では、ある労働者が管理監督者（労基法41条2号）に該当するためには、自身の労働時間を自ら管理しており自身の裁量で労働できることが必要と解されている。例えば、日産自動車（管理監督者性）事件・横浜地判平成31・3・26労判1208号46頁は、「労基法所定の管理監督者に該当するかどうかは、……自己の裁量で労働時間を管理することが許容されているか……という観点から判断すべきである」と判示する。

[9] 以下の記述を含め、詳しくは、植村・前掲注3）568頁以下を参照。

裁量労働制の下で、使用者は業務遂行の手段や時間配分の決定について裁量労働者に具体的な指示をしないから、その時間外労働時間数を把握することが困難になる。そこで、業務の実態を一番よく把握している労使間で適正な水準の労働時間をみなし時間として設定し、これを裁量労働者の労働時間とみなすことにした、と[10]。

この立場は、裁量労働制と適用除外制度の差異を強調し、裁量労働制を実労働時間規制に近づけて把握する立場といえる。事業場外労働のみなし制（労基法38条の2）はみなし時間数ができるだけ実労働時間数に近くなるよう設計されているところ、裁量労働制も同制度に近づけて把握するのである。専門業務型裁量労働制の創設時に発出された行政通達（昭和63・1・1基発1号）では、みなし時間は「業務の遂行に必要とされる時間」とされており、行政解釈も当初はこの立場に立っていたと思われる[11]。

以上の理解によれば、所定労働時間は始めから使用者が労働時間として設定している時間だから、裁量労働制の下でも労働時間のカウントから除外できない[12]。それゆえ、みなし時間は「所定労働時間＋α」の時間として、所定労働時間より長く設定されることになる[13]。この場合、裁量労働制は実際の時間外労働時間数にかかわらず定額の割増賃金を支払う制度として機能する。冒頭の設例(2)でＣが抱いた不安は、裁量労働制の導入によりみなし時間が過小に設定されれば、業務の量・内容は変わらないまま割増賃金が減額されてしまうことを指摘するものと理解できる。

(3) 労働時間と報酬の結びつきを切断し、時間ではなく成果に応じて報酬を支払うための制度

②裁量労働制を労働時間と報酬の結びつきを切断し、時間ではなく成果に

---

10 代表的な論者である渡辺章『わかりやすい改正労働時間法』（有斐閣、1988年）97頁は、裁量労働制の立法趣旨を「『実際に働いた時間を算定するという基本』を適用することが難しい『特殊な』労働について、……時間外労働の適正な管理を主な目的」にするものと理解する。
11 盛誠吾「年俸制・裁量労働制の法的問題」日本労働法学会誌89号（1997年）70頁。
12 渡辺・前掲注10）101頁は、裁量労働制の下でも「始業、終業時刻の間の時間は休憩時間を除き、原則としてすべて労働時間である」とする。
13 東京大学労働法研究会『注釈労働時間法』（有斐閣、1990年）582頁。

応じて報酬を支払うための制度と理解する立場の論者は、次のように考える。すなわち、裁量的な働き方では労働の成果が労働に投入された労働時間に必ずしも比例しない。そうした働き方で大きな成果を生み出すために必要なのは労働時間ではなく創造的な能力の発揮であり、裁量労働者が労働の量ではなく質を志向する意欲を持つことが重要になる。そのために、労働時間と報酬の結びつきを切断し、成果に即した報酬の支払いを可能にするのが裁量労働制である、と[14]。

　この立場は、裁量労働制と事業場外労働のみなし制（労基法38条の２）、ひいては裁量労働制と実労働時間規制との差異を強調し、裁量労働制を適用除外制度に近づけて把握する立場といえる。裁量労働制の下では、労働者がテレワークをせず事業場内で就労している限り、使用者はその労働時間を把握することができる。それにもかかわらず、裁量労働制には事業場外労働のみなし制のように、「当該業務の遂行に通常必要とされる時間」労働したものとみなすという、みなし時間数ができるだけ実労働時間数に近くなるための規定（同条１項但書）は設けられていない。これは、実労働時間とみなし時間の切断が志向されていることの表れであると理解するのである[15]。2022年検討会報告書も、「裁量労働制の趣旨は……実労働時間数に比例した割増賃金による処遇以外の能力や成果に応じた処遇を可能としながら、……業務の遂行手段や時間配分等を労働者の裁量に委ねて労働者が自律的・主体的に働くことができるようにすることにより、労働者自らの知識・技術を活かし、創造的な能力を発揮することを実現することにある」としており[16]、②の立場を支持するものと解される[17]。

14　代表的な論者である菅野和夫「裁量労働のみなし制」ジュリスト917号（1988年）109頁は、裁量労働制を「労働の量にかかわりなく、その質（内容）ないし成果によって報酬を定めることを可能にした」ものと位置づける。

15　荒木尚志「労働時間規制の展開と課題──裁量労働制を中心に」日本労働研究雑誌752号（2023年）14頁以下。

16　厚生労働省・前掲注６）12頁以下。

17　2022年検討会報告書を受けて発出された令和５・８・２基発0802第７号も、昭和63・１・１基発１号では「業務の遂行に必要とされる時間」とされていた部分を「業務の遂行に必要とされる時間や当該事業場における所定労働時間など、当該業務に従事する労働者の労働時間として算定される時間」に変更している。

以上の理解によれば、裁量労働制の下では所定労働時間であると時間外労働時間であるとを問わずすべての労働時間がみなしの対象に含まれ、裁量労働者は始業・終業時刻（所定労働時間）に拘束されることなく、いつ出てきていつ帰ってもよいという働き方が可能になる。冒頭の設例(1)でＢ社の代表取締役Ａが裁量労働制の導入を検討しているのは、こうした働き方を導入することによって労働者の意識を時間志向から成果志向へと転換させる意図であると理解できる[18]。

3　裁量労働制の適正な運用を問い直す

(1)　創造的な能力の発揮と労働時間規制の潜脱防止

　「裁量労働制は何のための制度か」に関する以上の議論を踏まえると、次のように言うことができる。すなわち、テレワークの普及を含む就業形態の多様化や情報通信技術の発達、付加価値競争の激化といった社会状況の変化の中で、上記②の見解が示すように、労働者が裁量的な働き方を通じて創造的な能力を発揮する基盤として裁量労働制を整備し、その利用を促進することは今後ますます重要になる。しかし、裁量労働制は実労働時間から離れ、みなし時間というフィクションにその代役を務めさせるものであるがゆえに、使用者が実労働時間を出発点とする最長労働時間規制[19]や割増賃金規制を潜脱するための隠れ蓑となってしまう危険が常に付きまとう。上記①の見解が時間外労働の適正な管理をいうのも、相応の理由があってのことなのであ

---

[18]　荒木尚志「裁量労働制の展開とホワイトカラーの法規制」社会科学研究50号（1999年）10頁以下は、「裁量労働のみなし時間制には、労働時間の量と賃金額のリンクを切断するというシンボリックな意味がある」、「単に賃金の問題だけであれば、ボーナスを成果に応じた報酬に純化するとか、高額の定額時間外手当を支払い、違法状態が生じないようにする等、ほかにも工夫の余地はある。しかし、裁量労働制の拡充が必要とされたのは、おそらく、労働者の働き方の発想自体を量から質へ転換させることを期待する側面が強かったように思われる」とする。青野覚「ホワイトカラー労働時間管理問題と裁量労働みなし制」法学新報101巻9・10号（1995年）394頁も、「裁量労働みなし制はホワイトカラーの働き方・働かせ方を時間志向から成果志向へ移行させるための基盤となる労働時間管理制度と位置づけられている」と整理する。

[19]　大沼邦博「改正労基法の政策と法理（中）」労働法律旬報1463号（1999年）28頁は、「裁量労働制のもとでは事実上、労基法の最長労働時間の規制が適用除外されたに等しい結果が生じる」とする。

る[20]。

　そこで以下では、裁量労働制の趣旨に関する上記②の見解に立ちつつ、上記のような危険を防止するためには裁量労働制をどのように解釈し、運用していくのが適切かを検討する[21]。

(2) 長時間労働に起因する健康障害の防止

　裁量労働制の濫用としてまず問題となるのが、労働者の業務が裁量労働の実質を伴っていないにもかかわらず、使用者が割増賃金の支払いを免れる等の目的で裁量労働制を導入する類型である。冒頭の設例(2)でCが述べるような労働実態のまま裁量労働制が導入された場合がこれに当たる。

　前提として、裁量労働制を適用できる業務（対象業務）は、その遂行の方法を大幅に労働者の裁量に委ねる必要があるため、業務遂行の手段及び時間配分の決定等に関し使用者が具体的な指示をすることが困難又は具体的な指示をしないという性質の業務である（労基法38条の3第1項1号、38条の4第1項1号）。裁量労働制の規定は強行法規だから、対象業務の上記性質は当該業務に客観的に内在していなければならない[22]。このような性質を備えない業務に労働者を従事させても、労働者を対象「業務に就かせた」（同法38条の3第1項柱書、38条の4第1項柱書）という要件が満たされず、裁量労働制の適用は認められないことになる[23]。

　では、上記の性質を実質的に備える業務に従事する労働者がみなし時間を

20　厚生労働省・前掲注6）15頁も、「使用者によって残業代を削減する目的で制度が導入され、裁量がない状態で長時間労働を強いられ、かつ低処遇といった運用」は、「制度の濫用・悪用といえる不適切なものであり、これを防止する必要がある」と指摘する。

21　上記①の見解に立ちつつ裁量労働制の濫用的運用を防止するための解釈論を展開する近時の論考として、塩見卓也「裁量労働制をめぐる諸問題」武井寛＝矢野昌浩＝緒方桂子＝山川和義編『労働法の正義を求めて　和田肇先生古稀記念論集』（日本評論社、2023年）401頁がある。

22　専門業務型裁量労働制に関する裁判例として、エーディーディー事件・大阪高判平成24・7・27労判1062号63頁〔裁量に乏しいカスタマイズ業務に従事していたSEの業務は「情報処理システムの分析又は設計の業務」ではない〕、レガシィほか1社事件・東京高判平成26・2・27労判1086号5頁〔税理士以外の者による税務書類作成業務は「税理士の業務」ではない〕、インサイド・アウト事件・東京地判平成30・10・16判タ1475号133頁〔短時間で次々とウェブ・バナー広告を作成することが求められる業務は「広告等の新たなデザインの考案の業務」ではない〕等がある。

大幅に超過する長時間の労働を行っている場合[24]、どのように考えるべきか。まず、裁量労働制の趣旨に関する上記②の見解に立つと、「みなし労働時間は、制度上は実労働時間と必ずしも一致しなければならないものではない」から[25]、両者の乖離それ自体は問題にはならない[26]。

そのうえで、次のように考えられる[27]。すなわち、実労働時間がみなし時間を大幅に超過するのは、使用者が「みなし時間ではとうてい処理しきれない過大な業務量を命じ」たり[28]、当初命じられた業務が終わっても追加で課題を設定したり、密な連携が要請される人員体制を構築したりしているからであることが多い。これらの場合、裁量労働者は業務遂行の方法に関する裁量を失っており、もはや使用者が労働者を対象「業務に就かせ」ているとはいえない（労基法38条の3第1項柱書、38条の4第1項柱書）。それゆえ、この場合もやはり、裁量労働制の適用は認められないことになる[29]。実労働時間がみなし時間を大幅に超過していることは、裁量労働者が業務遂行の方法に関する裁量を実質的に失っていることの重要な間接事実と位置づけられるのである。

では、当該間接事実による推認にもかかわらず、業務遂行の方法に関する裁量がなお失われていないと認定される場合、裁量労働者の健康障害はどの

23　派生的な問題として、裁量労働者が対象業務と並んで対象業務以外の業務に従事した場合、裁量労働制の適用は認められるかという問題がある（例：新商品の研究開発に従事する労働者が関係者との会議に出席する場合や大学教員が教授研究とは関係のない業務に従事する場合）。どう考えるかについて、植村・前掲注3）576頁参照。

24　2018年の労働安全衛生法改正により、医師による面接指導の前提として裁量労働者についても労働時間の状況を把握することが事業者に義務づけられている（労安衛法66条の8の3）。

25　厚生労働省・前掲注6）20頁。

26　これに対して、裁量労働制の趣旨に関する上記①の見解に立つと、みなし時間は対象業務の遂行に通常必要な時間であるから、実労働時間とみなし時間の乖離はみなし時間を「定めた」（労基法38条の3第1項柱書）又は「決議をし」た（同法38条の4第1項柱書）という要件を実質的に充足していないことを意味すると解される（西谷敏『労働法〔第3版〕』（日本評論社、2020年）350頁参照）。

27　以下の記述を含め、植村・前掲注3）577頁以下。

28　塩見卓也「裁量労働制をめぐる論点と裁判例」労働法律旬報1916号（2018年）51頁。

29　令和5・8・2基発0802第7号は、「業務量が過大である場合や期限の設定が不適切である場合には、労働者から時間配分の決定に関する裁量が事実上失われることがあ」り、この場合、「労働時間のみなしの効果は生じない」としている。

ように防止するべきか。

　この点、労基法36条5項、6項は三六協定に基づく時間外労働に対して絶対的上限を定めている。そこで、この絶対的上限を裁量労働者の実労働時間にも適用することがまずは考えられる[30]。これに対して、上記②の趣旨を徹底し、実労働時間規制とみなし時間の切断をあくまでも志向する場合には、これらの規定との関係でもみなし時間を基準とし、長時間労働に起因する健康障害の問題は健康・福祉確保措置（労基法38条の3第1項4号、38条の4第1項4号）によって対処することになるだろう。なお、令和5・8・2基発0802第7号は、実施することが適切な健康・福祉確保措置のひとつとして、把握された労働時間が一定時間を超えたときは裁量労働制を適用しないことを挙げたうえで、この一定時間について、「長くとも、法第36条第6項第2号及び第3号に規定する時間数を超えない範囲で設定することが適切である」としている。

(3)　割増賃金規制の潜脱の防止

　次に問題となるのが裁量労働者の処遇である。使用者が割増賃金を支払わない目的で裁量労働制を導入する場合、たとえ裁量労働者が業務遂行の方法に関する裁量を十分に有していたとしても、裁量的な働き方に見合わない低劣な処遇しか受けられないという問題が生じる。このような、使用者が割増賃金規制を潜脱する目的で裁量労働制を濫用する事態はどのように防止するべきか。

　労基法上、割増賃金規制が適用されなくなる他の制度では、ⓐ割増賃金算定の基礎になるみなし時間数をできるだけ実労働時間数に近づける（事業場外労働のみなし制〔労基法38条の2〕）、ⓑ給与面で管理監督者としての地位や職責にふさわしい待遇がなされていることを要件とする（適用除外制度〔同法41条2号〕）、ⓒ1年間当たりの賃金として一定の客観的な水準（1075万円以上）を要求する（高度プロフェッショナル制度〔同法41条の2第1項2号ロ、労基則34条の

30　労基法36条11項が対象業務の一部である「新たな技術、商品又は役務の研究開発に係る業務」のみを同条5項、6項の適用対象外としていること（それ以外の業務には適用があると反対解釈しうること）も根拠となろうか。

2第6項］）といった対応がなされている。この点、2022年検討会報告書は「実際の労働時間と異なるみなし労働時間を設定する一方、相応の処遇を確保せずに、残業代の支払いを逃れる目的で裁量労働制を利用することは制度の趣旨に合致しない濫用的な利用と評価される」と述べており[31]、上記ⓒ以外の方向での対応を示唆している[32]。解釈論としては、相応の処遇を確保しない裁量労働制は労働契約の内容とするにあたって必要な合理性（労契法7条本文、10条本文）を有しないと位置づけることが考えられよう[33]。

　派生的な問題であるが、割増賃金の不払いという文脈で、使用者が割増賃金の支払いを回避する目的で休日労働や深夜労働（裁量労働制の下でもこれらの労働には割増賃金規制の適用がある[34]）を禁止したり許可制にしたりできるかも問題となる。これらの労働が裁量労働制によるみなしの対象に含まれている場合、使用者は「時間配分の決定」を含めて具体的な指示をしてはいけないから、原則としてそうした指示を場当たり的に発することはできないと解される。もっとも、労働者の健康障害を防止する目的でこれらの労働を一定回数以内とする仕組みを整備することは、それが裁量労働者の業務遂行の方法に関する裁量を失わしめない限り可能であろう[35]。

---

[31]　厚生労働省・前掲注6）20頁。

[32]　荒木・前掲注15）16頁は、「高度プロフェッショナル制度のように客観的な年収基準を法定することも一つの選択肢ではあるが、大企業と中小企業の賃金格差の著しい実態の下では現実的ではなく、管理監督者におけると同様、その地位に相応しい待遇確保を要求する立場がとられたものと解される」という。また、令和5・8・2基発0802第7号は、みなし時間の設定又は決議にあたっては、対象業務の内容だけでなく「適用労働者に適用される評価制度及びこれに対応する賃金制度を考慮して適切な水準のものとなるようにし」、又は「特別の手当の支給や、適用労働者の基本給の引上げなど」を行うことで、「相応の処遇を確保することが必要である」とする。

[33]　合理性の判断にあたって割増賃金の不払いを補ってあまりある経済的待遇が与えられていることを重視する見解として、菅野和夫＝山川隆一『労働法〔第13版〕』（弘文堂、2024年）477頁、土田道夫『労働契約法〔第2版〕』（有斐閣、2016年）360頁等。

[34]　もっとも、労基法上、法定休日でない所定休日については割増賃金の支払義務は生じない。また、深夜労働については、原則として既にみなしの対象に含まれている労働であるから、使用者が支払うべき割増賃金（労基法37条4項）は通常の賃金の25％（≠125％）でよいと解されている（菅野・前掲注14）114頁、東京大学労働法研究会・前掲注13）584頁）。

[35]　令和5・8・2基発0802第7号も、「法第37条第4項に規定する時刻の間において労働させる回数を1箇月について一定回数以内とすること」を適切な健康・福祉確保措置のひとつとして挙げている。

4 裁量労働制の展望

　冒頭で述べた通り、目まぐるしい社会状況の変化にあって、裁量的な働き方に対する労働時間規制は今後ますます重要になる。そのような規制の一環である裁量労働制が適正に機能するためには、本稿で検討した法解釈を通じて裁量労働制の濫用的な利用を防止することが不可欠である（適用除外制度において生じた「名ばかり管理職」問題を想起されたい）。

　そして、上記で検討した通り、裁量労働制が実質を伴った対象業務や裁量労働者の業務遂行の方法に関する裁量、適正な賃金制度を必要とし、結局のところ労働時間だけでなく賃金・評価制度や苦情処理制度まで含めたトータルな人事制度の構築を必要とする以上、裁量労働制を適正に運用するには企業の人事制度を包括的かつ継続的に検討・検証できる集団的労使関係が欠かせない[36]。

　以上に加えて、2022年検討会報告書では、「労働時間法制が多様化・複雑化し、分かりにくいものとならないよう、現行制度を横断的な視点で見直し、労使双方にとってシンプルで分かりやすいものにしていくことが求められる」ともされている。専門業務型裁量労働制も企画業務型裁量労働制や高度プロフェッショナル制度と同じくその適用に対象労働者の個別同意を要するようになったこと（労基則24条の2の2第3項1号）、常設機関である労使委員会方式の活用が適当とされていること[37]、高度プロフェッショナル制度との整合性を考慮した健康・福祉確保措置の充実が求められていること[38]からすると、裁量労働制と高度プロフェッショナル制度の整理・統合が目下の検討課題となろうし、将来的には、よりダイナミックな労働時間法制の再編成も構想するべきであろう。

36　厚生労働省・前掲注6）21頁は、「裁量労働制の導入時のみならず導入後においても、当該制度が労使で合意した形で運用されているかどうかを労使で確認・検証（モニタリング）し、必要に応じて制度の見直しをすることを通じて、適正な制度運用の確保を継続的に図ることが期待される」とする。
37　厚生労働省・前掲注6）21頁。
38　厚生労働省・前掲注6）19頁。

* 本研究は2023年度関西大学若手研究者育成経費において、研究課題「裁量労働制の現代的展開」として研究費を受け、その成果を公表するものである。

第3章 賞与と労基法
―― 賞与の意味を問い直す

山下　昇

1　はじめに

　Aさん（経理業務）の賃金は、基本給（月額）35万円、家族手当2万円、住宅手当3万円〔月額所定内賃金40万円〕、年2回の賞与〔各基本給の2か月分＋査定加算（0～4万円）、夏季賞与（支給日：6月下旬、査定期間：10月1日～翌年3月31日）：72万円、冬季賞与（支給日：12月下旬、査定期間：4月1日～9月30日）：72万円〕の年収624万円である。月の平均所定労働時間は173時間で、休日を土日祝日とする。また、Aさんは、月平均43時間15分（43.25時間）の時間外労働をしている（深夜・休日労働はしていない）とすると、40万円に加え、時間外労働手当が支給される。

　日本では、大企業の正社員を中心として、月例賃金のほかに年2回程度の賞与[1]の支給が慣行となっており、年間収入において、賞与は大きな割合を構成している。そして、賞与を含めた賃金総額をベースに、労働者は日々のそして長期的な生活設計を立てることになり、賞与は、労働者の生活の原資として、重要な役割を果たしている。

　また、賞与は、臨時の賃金に該当し、制度として支給する場合には、就業

1　夏季・冬季一時金、期末手当等の名称もあるが、労基法では、「賞与」の名称が用いられている（11条、24条2項）。

規則にその支払に関する規定を置く必要がある（労基法89条4号）。そして、賞与は、労基法11条にいう「賃金」に該当し、労基法の賃金に関する法的保護の対象となる。一方で、賞与請求権の金額や発生（支給）要件は、労使間の合意や使用者の決定により自由に定めることができるところ、賞与請求権は、使用者の決定や労使の合意・慣行等がある場合に初めて発生する（福岡雙葉学園事件・最三小判平成19・12・18労判951号5頁）。

　こうした労働の対償としての賞与は、労基法上の賃金の算定に当たって、除外賃金として定められている。すなわち、労基法37条の「割増賃金」の算定において、「一箇月を超える期間ごとに支払われる賃金」（同条5項、労基則21条5号）として算定基礎（通常の労働時間又は労働日の賃金）に算入されない。また、労基法12条の「平均賃金」の算定において、「三箇月を超える期間ごとに支払われる賃金」（同条4項）として算定基礎（前3か月の賃金総額）に算入されない。そして、「平均賃金」は、労基法上、解雇予告手当（20条）、休業手当（26条）、年次有給休暇の賃金（39条9項）、休業補償（76条）等の災害補償、制裁規定の制限（91条）で用いられるため、平均賃金の算定方法は、これらの手当や補償等に直接連動している。

　さらに、年収の一部を構成する賞与には、月々の賃金、特に所定内賃金としての基本給の引上げ（ベースアップ）を抑制する作用がある。例えば、Aさんの賃金は、もともと各賞与が基本給1.5か月分＋査定加算（0～4万円）だったが、団体交渉の結果、基本給2か月分＋査定加算（0～4万円）になったとする。これにより年収で基本給1か月分（35万円）の賃上げが実現されるが、基本給自体は据え置かれる。基本給は、毎月の賃金だけでなく、基本給を算定基礎とする他の賃金・手当等のほか、賞与や退職金の金額にも影響を与えうるため、使用者は、基本給の引上げには慎重であり、ベースアップを抑制しつつ、賞与等の手当の引上げを行うことがある[2]。

　以上のように、賞与は、主に正社員の賃金体系において、重要な部分を構成しており、労基法上の賃金、手当、補償等の算定にも間接的に様々な影響

2　かつては、賞与からの社会保険料控除がなかったため、そのことも賞与の割合を増やすインセンティブとなっていたが、現在では（2003年4月以降）、賞与からも社会保険料控除を行う仕組み（総報酬制）になっている。

を与えている。そこで、本章では、賞与が労基法との関係でいかなる意味を有するかについて、Ａさんの賃金を踏まえて検討し、労働者にとっての賞与の損得を考えてみよう。

2　労基法37条の割増賃金と賞与

(1)　除外賃金としての賞与

　時間外労働等に対しては、労基法37条等に基づき「政令で定める率以上の率で計算した」割増賃金が支払われる[3]。割増賃金の算定基礎（通常の労働時間の賃金）からは、賞与[4]のほか、家族手当、通勤手当、住宅手当は除外される（労基法37条5項、労基則21条5号）。

　会社がＡさんを雇用する実際の費用は、所定労働時間内1時間当たり、624万円÷12か月÷173時間≒3006円となる。これに対して、Ａさんが時間外労働をした場合、1時間当たり35万円÷173時間×1.25％≒2529円が支払われる（労基則19条1項4号）。したがって、除外賃金があるため、時間外労働のほうが477円安上りとなる。

　そして、1か月60時間までの時間外労働の割増率は25％であり[5]、Ａさんが43時間15分（43.25時間）の時間外労働をした場合、35万円÷173時間×1.25％×43.25時間＝10万9375円の時間外労働手当が支給される。そうすると、月額賃金40万円を加えて、50万9375円となる。

　さらに、Ａさんと同じ賃金の4人の労働者が、1か月当たりそれぞれ43時間15分（43.25時間）の時間外労働をした場合、合計173時間分となり、会社は5人目の労働者を雇用する必要はなくなる。そのうえ、1か月当たりに支払われる時間外労働手当の総額は、35万円÷173時間×1.25％×173時間＝43

---

[3]　ここにいう政令は、「労働基準法第37条第1項の時間外及び休日の割増賃金に係る率の最低限度を定める政令」であり、時間外につき25％、休日につき35％とする。
[4]　支給額が確定している賞与は労基法にいう「賞与」とはみなされないことから、毎月支払い部分と賞与部分を合計してあらかじめ年俸額が確定している場合の賞与部分は、算定基礎に含まれる。厚生労働省労働基準局編『令和3年版・労働基準法（上）』（労務行政、2022年）545頁、平12・3・8基収第78号、システムワークス事件・大阪地判平14・10・25労判844号79頁参照。
[5]　時間外労働が60時間を超える場合は、割増率が50％となる（労基法37条1項但書）。

万7500円であり、1年間では12を乗じて525万円となるが、1人を雇用する費用（624万円）よりも安上りとなる。したがって、業務量のバッファー（賃金コストの柔軟性の確保）としても、コスト的にも、従業員の人数を抑制したうえで、時間外労働に従事させるほうが、会社にメリットがあることになる。

(2) 労基法37条の趣旨

　要するに、除外賃金（一般に賞与が最も高額である）があるため、割増賃金の算定基礎が低額に算定されることになり、さらに賞与の割合を高めれば、時間外労働の1時間当たりの費用を相対的に抑制することができる。そもそも労基法37条等が使用者に割増賃金の支払いを義務付けているのは、「時間外労働等を抑制し、もって労働時間に関する同法の規定を遵守させるとともに、労働者への補償を行おうとする趣旨によるものである」（医療法人社団康心会事件・最二小判平29・7・7労判1168号49頁等）。しかし、算定基礎から賞与が除外されることにより、25％の割増をしても、そうした趣旨が没却されてしまうのであり、「賞与が算定基礎から除かれてしまい、割増賃金は実際には減額されるに等しい。時間外労働に対する抑制効果が低くなり、制度の意義が失われている。」と指摘されている[6]。

　その結果、Aさんの賃金において、時間外労働に対する補償は、実際には割増となっておらず、時間外労働の抑制効果はそれほど期待できない。時間外労働の抑制や労働者への補償という趣旨を考えると、賞与の比率が高い賃金体系において、25％という割増率は十分とはいい難い。労基法改正により、2010年から、1か月60時間以上の時間外労働に対する割増率の引上げが実施されたが、中小企業への適用は、2023年3月末まで猶予されていた。時間外労働の抑制の手法として、割増率の引上げを検討するにあたっては、その抑制効果について、今後、検証する必要がある[7]。

---

[6] 野田進『事例判例労働法〔第2版〕』（弘文堂、2013年）273頁参照。
[7] また、賞与を除外賃金から除外することにより算定基礎を引上げることも考えられる。賃金体系全体における賞与の位置づけを考慮すると、賞与を「一箇月を超える期間ごとに支払われる賃金」として一律に除外するのではなく、算定基礎に組み込むことが、割増賃金制度の趣旨にも沿うと思われるが、現在の賞与の多様性を考慮すると、これも慎重な検討を要する。

3 労基法12条の平均賃金と賞与

(1) 災害補償（労災保険給付）と賞与

　前述の通り、平均賃金は、休業手当（26条）や休業補償（76条）、年休中の賃金（39条9項）等の算定基礎として用いられている。労基法制定当初、平均賃金は、ほとんど災害補償のために算定されていた[8]。昭和40年の労災保険法の改正により、労災保険給付の算定基礎として、平均賃金に相当する額（同法8条）とする「給付基礎日額」を用いることに改定された。ただし、3か月を超える期間ごとに支払われる賃金としての賞与が、算定から除外されることに変わりはない。

　一方で、労働者災害保険特別支給金支給規則（昭49・12・28施行）により特別支給金が定められた。現在では、同規則3条に基づき、休業給付基礎日額の20％相当額の休業特別支給金と合わせて80％相当額が支払われることになっている。この特別支給金の支給は、労災保険法29条に基づく社会復帰促進等事業の一環として、保険給付と相まって被災者等の保護の実効を期そうとする趣旨のものである。その性格は、休業特別支給金にあっては療養生活支援金の色彩が濃いものであるが、その現実的機能として、各保険給付と相まってこれを補う所得的効果を持つものとされる[9]。

　また、同規則6条では、障害特別年金・一時金、遺族特別年金・一時金等についてボーナス特別支給金が定められている。これらは、給付基礎日額の算定基礎に賞与等が含まれていないところ、日本の賃金慣行を考慮して実質的に補完し、労働者の稼得能力をより適切に給付に反映していこうとする趣旨とされる[10]。

　こうした労災保険給付の拡充は、長期にわたる休業等の場合に、平均賃金に相当する給付基礎日額の60％の支給では不十分であることを反映している

8　大塚明良「労働基準法における賃金」日労研資料5（42）3（1952年）3頁（6頁）参照。
9　厚生労働省労働基準局労災管理課編『労働者災害補償保険法〔八訂新版〕』（労務行政、2022年）885頁参照。
10　厚生労働省労働基準局労災管理課・前掲注9）885頁参照。

といえる。また、ボーナス特別支給金は、賞与を含めた現実の稼得能力を反映した給付とするものである[11]。そして、「もともと労基法の平均賃金は、現在のような賞与等が重要な部分を占める賃金構造や、それに基づいて計算される給付が長期に及ぶ場合を想定して定められたものではない」と指摘されている[12]。災害補償（労災保険給付）との関係では、給付額の算定基礎から賞与が除外されていることを是正する対応がとられているとみることができる。

(2) 休業手当

> 新型感染症の影響などにより、Aさんの会社が数か月間の長期にわたり休業となり、Aさんは就業できなかった。この場合の休業手当はどのように算定されるか。

労基法26条は、休業手当として、平均賃金の60％以上を労働日に対して支払うことを義務付けている。その算定基礎である労基法12条所定の平均賃金は、前3か月の賃金総額を、労働日であるか休日であるかを問わず、同期間の総日数で除した金額を原則としている。この平均賃金は、労働者の一日の平均の収入であって、この金額が必要な生活費支出の基礎額になるとされる[13]。そして、行政解釈によれば、労働協約、就業規則又は労働契約により休日と定められている日については、休業手当を支給する義務は生じないとされている（昭24・3・23基収4077号）[14]。つまり、週休2日制の労働者では、1か月間の労働日は20〜23日程度となる一方で、平均賃金は、前3か月の総日数で賃金総額（時間外労働手当等を含む）を除した日額である。

Aさんの平均賃金は、Aさんが前3か月にわたり43時間25分の時間外労

---

11 脇田滋「あけぼのタクシー（バックペイ司法救済）事件上告審判決」龍谷法学20巻3号（1987年）30頁では、労働者の生活を保障するためには、賞与・一時金の重要性が認識されていることを指摘する（42頁）。
12 盛誠吾「違法解雇と中間収入」一橋論叢106巻1号（1991年）19頁（30頁）参照。
13 寺本廣作『労働基準法解説（日本立法資料全集別巻46）』（信山社、1998年）179頁参照。
14 厚生労働省労働基準局編・前掲注4）385頁参照。

働をしていた場合、50万9375円×3か月÷90日≒1万6979円となる[15]。1日当たりの休業手当額は、1万6979円×60％≒1万0187.5円であり、22日程度の労働日に支払うとすれば、1か月当たり22万4125円程度となる。

したがって、上記通達に従う限り、休業手当の最低基準としては、月額所定内賃金の44％程度しかカバーされない[16]。そのため、比較的長期にわたる休業の場合、同手当の目的である労働者の生活保障[17]という点で、十分とはいえない。また、賞与は平均賃金の算定基礎から除外されており、休業手当の算定に賞与額が加算されることはない。休業期間中の賞与が認められるかは、労働契約の解釈による（使用者の決定がないなどとして発生しないこともある）。

(3) 年休中の賃金

> Aさんは、ある月（賃金計算期間、1日月曜日から30日火曜日までの月）に1日（月）から5日（金）と8日（月）から12日（金）の合計10日分の年次有給休暇を取得した（土日の休日と合わせて2週間）。その後15日から30日まで土日を除き12日間勤務した。会社の就業規則では、年休中の賃金として「平均賃金」を支払うと定めている。

ここで、労基法39条9項は、年休中の賃金について、①「平均賃金」若しくは②「所定労働時間労働した場合に支払われる通常の賃金」を支払うこととしている[18]。Aさんの①は1万6979円であるが、②は、月給制の場合、その金額をその月の所定労働日数で除した金額（労基則25条1項4号）とされ、40万円÷22日≒1万8182円となる。つまり、平均賃金で支払う場合には、時

---

15 3か月の総日数は89日から92日で変動する。また、仮に時間外労働がなければ、40万円×3か月÷90日＝1万3333円となる。

16 例えば、山下昇「新型コロナウイルス感染拡大と雇用保険制度」季労271号（2020年）40頁参照。

17 ノースウエスト航空事件・最二小判昭62・7・17労判449号6頁によれば、休業手当の制度は「労働者の生活保障という観点から設けられたもの」である。

18 ③健康保険法に規定する標準報酬月額の30分の1に相当する金額も定められているが、労基法制定当初は、①のみが定められていたところ、昭和27年の法改正により②③による支払い方法が追加された。

間外・深夜・休日労働が多いなど、3か月の賃金総額が相当高くなる場合を除けば、休暇1日当たりの「有給」は目減りすることになる。ただし、いずれの方式によっても算定が非常に煩雑なため、通常の出勤をしたものとして取扱えば足り、労基則25条に定める計算をその都度行う必要はないこととされており（昭27・9・20基発675号）[19]、実際には、通常の計算で月給を支払うことが多いと思われる。

4　違法な解雇の期間中の賃金請求権と賞与

(1)　違法な解雇と中間収入の控除に関する判例のルール

　日本では、違法な解雇等の民事的救済において、労働契約上の権利を有する地位にあることの確認と解雇期間中の賃金の支払を請求することが多い。これは、定年までの長期雇用を前提とした日本的雇用を背景とした救済法理といえる。また、解雇の有効性判断の予見可能性が乏しい[20]うえに、解雇訴訟は長期に及ぶことが多く、「最終的に解雇が無効となった場合に認められる賃金額は莫大なものとなる可能性があり、安易な解雇を抑止する効果を持つこと」が指摘されている[21]。

　そして、労働者（債務者）が違法な解雇によって労務を提供できなかった場合、使用者（債権者）の帰責事由によるものとして、使用者は、解雇期間中の賃金支払義務の履行を拒むことができない（民法536条2項）。一方で、労働者がその間に他所で得た収入（中間収入）は、使用者に償還しなければならず（同項後段）、賃金額から中間収入が控除される。ただし、労基法26条の趣旨から、中間収入の控除は平均賃金の4割相当額以内として、平均賃金の6割の支払は保障すべきとされる（米軍山田部隊事件・最二小判昭37・7・20民集16巻8号1656頁）[22]。また、中間収入の額が平均賃金の4割を超える場合には、平均賃金の算定基礎に算入されない賃金（労基法12条4項所定の臨時に支払われ

19　厚生労働省労働基準局編・前掲注4）664頁参照。
20　本書50-51頁（59-60頁）〔國武英生〕参照。
21　荒木尚志『労働法〔第5版〕』（有斐閣、2022年）359頁参照。
22　こうした判例の立場に対して強い批判がある。例えば、盛・前掲注12）30頁参照。

た賃金等）の全額を対象として控除できる[23]。そして、賃金から控除しうる中間収入は、その利益の発生した期間が賃金の支給の対象となる期間と時期的に対応するものであることを要する（あけぼのタクシー事件・最一小判昭62・4・2労判506号20頁参照）[24]。

ところで、3(2)休業手当で触れた通り、休業手当は、労働日に支払われるものであるが、使用者（債権者）の帰責事由が認められる労働者の不就労の場合、労基法26条の趣旨を踏まえて、労働日だけでなく、休日も含めて、賃金の60％の支払いを要するとの取扱いが、最高裁でも示され、実務上定着しているのである[25]。

(2) 賞与額からの中間収入の控除

> Aさんは、2023年3月31日をもって解雇された。Aさんの賃金は月給40万円と年2回の賞与である。Aさんは、解雇予告から仕事を探して、4月1日から軽貨物トラックの委託ドライバーとして、家族の生活を支えるために必死で稼働し、毎月24万円の収入を得ていた（就労時間はかなり長い）。解雇無効の判決が出て、2024年10月1日に職場に復帰した。

賞与が平均賃金の算定基礎に算入されないことにより、賞与と時期的に対応する期間に得た収入が、平均賃金の4割を超える場合、その超えた金額は、賞与額を対象として控除されることになる。その結果、賞与の割合が高い賃金体系の場合、中間収入控除後の賃金額が少なくなる可能性がある。

Aさんは、18か月分の月額賃金720万円（40万円×18か月）と2023年の夏季賞与72万円・冬季賞与72万円・2024年夏季賞与72万円の請求ができる一方で、解雇期間中に432万円（24万円×18か月）の収入を得ていた。まず、Aさんの

---

[23] こうした判例法理における休業手当や平均賃金に関する検討は、既に別稿で論じており、詳しくは、山下昇「労基法26条の趣旨とその機能の再検討」武井寛ほか編著『労働法の正義を求めて』（日本評論社、2023年）274頁参照。
[24] 野田進ほか編著『判例労働法入門〔第8版〕』（有斐閣、2023年）281頁〔山下昇執筆〕参照。
[25] こうした判例法理に対して、「休業手当の解釈を誤ったものといわざるを得ない」との批判がある。小嶌典明「労働法とその周辺（二）」阪大法学60巻3号（2010年）1頁（27頁）参照。

請求のうち432万円（720万円×0.6）は控除できない額として保障される[26]。次に、中間収入の432万円から288万円（720万円×0.4）を控除した144万円は、平均賃金に算入されない賞与（2023年冬季賞与72万円・2024年夏季賞与72万円）を対象として控除されるため、賞与分は0円（72万円72万円－144万円）となる。したがって、会社は、Aさんに432万円＋72万円（2023年夏季賞与は時期的な対応関係にない[27]）の合計504万円を支払うことになる。

　もちろん、18か月の解雇期間中の総収入としては、504万円に中間収入432万円が加算されるが（合計936万円）、賞与2回分が控除され、また、慣れない仕事で長時間必死に働いても、あまり報われないことになる（裁判に係る経済的・精神的負担も大きい）。このように、一定額の賞与がある場合に、被解雇労働者の解雇期間中の賃金請求額は必ずしも大きくならない。このことについては、労基法26条に依拠する以外に適切な基準がない以上、やむを得ないところであり、平均賃金の算定方法の見直しという課題の中で議論されるべきあると指摘されている[28]。

5　労基法24条1項の全額払い原則と賞与

(1)　賞与請求権の発生と全額払いの原則

　賞与請求権は、使用者の決定や労使の合意・慣行等があって初めて、具体的な請求権として発生するとされている（前掲福岡雙葉学園事件）。そして、賞与額の算定に必要な成績査定がなされて初めて賞与請求権が発生するため、必要な査定がなされなかった場合、賞与請求権は発生しないことがある（京王電鉄事件・東京地判平15・4・28労判851号35頁）。つまり、賞与算定の査定対象期間に勤務しただけでは、当然に請求権が発生するわけではなく、必要な支

---

[26]　ただし、前3か月の賃金総額（1か月当たり50万9375円）に基づき保障額を算定すると、1か月当たりの保障額は30万5625円（50万9375円×0.6）で、解雇期間中の18か月間の補償額は、550万1250円となる。

[27]　なお、2024年冬季賞与は時期的対応があるが、まだ支給されていない。

[28]　毛塚勝利「解雇期間中の賃金と中間収入」山口浩一郎ほか編『労働判例百選〔第6版〕』（有斐閣、1995年）158頁、中窪裕也「解雇期間中の賃金と中間収入の控除」唐津博＝和田肇＝矢野昌浩編『新版労働法重要判例を読む（Ⅱ）』（日本評論社、2013年）287頁参照。

給要件を満たし、査定等を通じた金額の確定によって、具体的な賞与請求権が発生する。したがって、賞与請求権が具体化・確定するまでは、既発生の賃金請求権に適用される労基法24条1項の全額払いの原則は適用されない。

そして、就業規則等において、賞与の支給対象者を支給日(ないし基準日)に在籍する者に限定する、いわゆる支給日在籍要件は、賞与請求権の発生要件を定めるものであって、その要件を満たさない場合は、賞与請求権は、支給日(基準日)まで具体的に確定していない(賞与請求権は未発生)ため、労基法24条1項は適用されないということになろう。とはいえ、以下では、労基法からは離れるが、支給日在籍要件の合理性について検討してみたい。

(2) 賞与の法的性格と支給日在籍要件

> Aさんは、4月1日から9月30日の査定期間に勤務したが、賞与支給日の12月15日より前の11月30日にやむを得ない事情により自己都合退職した。会社の就業規則では、「賞与は支給日に在籍する社員に支給する」と定められており、Aさんには冬季賞与は支給されなかった。なお、退職金と11月分の賃金は、12月20日に振込まれた。

賞与は、労務の対価の後払い、功労報償、生活費の補助、労働者の意欲向上等といった多様な趣旨を含み得るものである(長澤運輸事件・最二小判平30・6・1労判1179号34頁)。上記下線部のような定めを支給日在籍要件といい、同要件について、「将来の貢献を期待する勤労奨励的な性格も併せ持つものであると解されることから、考課対象期間より後の在籍の有無を考慮することも認められる」(医療法人佐藤循環器科内科事件・松山地判令4・11・2労判1294号53頁)とされる。

そして、支給日在籍要件の適用の合理性を認めたものとして、自己都合退職の場合(大和銀行事件・最1小判昭57・10・7労判399号11頁)や希望退職優遇制度への申請による合意退職の場合(コープこうべ事件・神戸地判平15・2・12労判853号80頁)があり、これらは退職時期を任意に選択できるものである。また、定年後の嘱託社員の期間満了の場合(京都新聞社事件・最1小判昭60・11・28労判

469号6頁）や定年退職の場合（カツデン事件・東京地判平8・10・29労判714号87頁、JR東日本（退職年度期末手当）事件・東京高判平29・12・13労判1200号86頁）でも、否定されておらず、これらは退職時期を予測できるものである。さらに、使用者側の事情によらない解雇の場合（普通解雇につき日本テレコム事件・東京地判平8・9・27労判707号74頁、懲戒解雇につきヤマト科学事件・東京高判昭59・9・27労判440号33頁）でも同要件の適用が認められている。

　これらに対して、同要件の適用の合理性を否定したものとして、団交の妥結が遅れたために実際の支給日前に退職した場合（須賀工業事件・東京地判平12・2・14労判780号9頁）や整理解雇の場合（リーマン・ブラザーズ証券事件・東京地判平24・4・10労判1055号8頁）がある。さらに、病死による退職（前掲医療法人佐藤循環器科内科事件）でも、「整理解雇のように使用者側の事情による退職ではないものの、定年退職や任意退職とは異なり、労働者は、その退職時期を事前に予測したり、自己の意思で選択したりすることはでき」ず、また、「懲戒解雇などとは異なり、……労働者の責めに帰すべき理由による退職ではないから、……不測の損害を労働者に甘受させることは相当ではない」として、同要件の適用は民法90条により排除されると判断されている。

(3) なぜ全額不支給が認められるのか

　以上のように、支給日在籍要件の適用が否定されるのは、例外的な場合である。しかし、多様な性格を併せ持つ賞与について、労働者の意欲向上や将来の貢献を期待する勤労奨励的な性格があるにせよ、賃金の後払い的性格を完全に否定するような全額不支給となる結果を肯定する合理的な理由はあるのだろうか。査定期間に対する功労（賃金の後払い的性格等）が、同期間満了後から支給日までの在籍（査定期間外の貢献）がないことにより、完全に抹消されてしまうと解することには無理がある。また、Aさんのように、自己都合退職の場合、退職時期を選択できることから全額不支給とすることが認められているが、その背景には、定年までの長期雇用を前提とした安定的な雇用（日本的雇用）を労働者自身が終了させることに対して、ネガティブな評価（会社に迷惑をかけるなど）があるのではなかろうか[29]。

　そして、支給日前に自己都合退職した労働者には賞与が支給されないのに

対して、支給日後に懲戒解雇された場合には支給されることになり、公平な仕組みといえるのだろうか[30]。また、支給日在籍要件を認識したうえで、その前に自己都合退職する労働者には、やむにやまれぬ事情があることもあろう[31]。退職後であっても、賞与額を確定し、給与口座に振込むことは可能であり、在籍しないことを減額事由とすることは否定されないとしても、支給要件を満たさないとして全額を支給しないとする結論は不合理である。

6 おわりに

日本的雇用において、賞与は重要な意義を有しており、労基法において除外賃金として定められていることから、様々な局面で賞与額が複雑に作用している。そもそも労基法が制定された「終戦直後は、賞与はほとんどなきに等しかった」[32]といわれ、除外賃金とした際、現在のような賞与の実態は想定されていなかったと思われる。しかし、制定から20年が経過した1967（昭和42）年においては、賞与を含む特別給与の1人平均支給率（全産業500人以上の事業所）は、夏季（1.57）・年末（1.82）となっている[33]。また、令和4年の「特別に支払われた給与」のうち、賞与として支給された給与の一人平均の支給状況（全産業500人以上の事業所）をみると、夏季（1.50）・年末（1.49）であり、近年では、500人以上の事業所においては夏季・冬季あわせて、3か月

29　会社都合よりも自己都合の退職金の金額が低いことも同様である。本書112-113頁〔淺野高宏〕参照。
30　こうした公平性をめぐっては、定年月退職において4月生まれの定年退職者には100万円程度の期末手当が支給されず、5月生まれの退職者には支給される事案で、これを差別的取扱いとして、不法行為に基づく損害賠償を求めたが、不合理であるとはいえないとされている（前掲JR東日本（退職年度期末手当）事件）。
31　転職やそれに向けての教育訓練等のために自己都合退職する際、労働者の退職時期の選択に事実上の制約の効果を及ぼす恐れもあり、円滑な再就職を促進する労働政策的な観点からすれば、あまり合理性を有するものではない。
32　富安長輝『賞与制度の実際と理論』（日刊労働通信社、1964年）97頁参照。
33　「賃金構造基本統計調査」や「毎月勤労統計調査」の「特別に支払われた給与」（特別給与）には、賞与のほか、祝金、弔慰金や見舞金等も含まれるが、そのほとんどは賞与であり、特別賞与の額をもとに賞与の変動を分析したものとして、大塚明良（労働省労働統計調査部賃金統計課長）編『企業における賃金構造──昭和42年センサスの分析』（至誠堂、1968年）がある（51頁）。

分程度の賞与が支給されている[34]。一方で、基本給の何か月分＋aのような定め方のほか、業績との連動が強い賞与など、賞与額の算定方式は多様である。さらに、賞与支給の趣旨や性質については、労契法旧20条やパート・有期法8条との関係でも、改めて問われている（名古屋自動車学校（再雇用）事件・最一小判令5・7・20労判1292号5頁）。

　本章で検討したように、賞与が除外賃金とされていることの影響は多岐にわたるが、上記のような賞与の多様な実態を踏まえると、一律に法改正などで対応することには慎重にならざるを得ない。「賞与の意味を問い直す」という意味で、立法論として、こうあるべきとの提案をすることは、現時点で、筆者の能力を超えるものであるため、本章では問題点の提示にとどめる。

　確かに、賃金としての賞与は、使用者にとって、企業業績を踏まえて、人件費総額を柔軟に調整でき、また、労働者に対する功労報奨や勤務意欲の向上等を図ることができることから、そのメリットは大きい。また、労働者にとっても、月給のほかに、まとまった金額の賞与をもらうのは、なんとなく得をしたような気にもなる。

　しかし、賞与は、過去の労働に対する賃金の後払い的性格を有し、月々の労働の対償としての賃金の支払い（受領）を先延ばしにされているに過ぎない。その結果、労基法との関係では、時間外労働等の手当は目減りし（時間外労働等の抑制効果もなく）、休業補償（76条）や休業手当（26条）の算定基礎額も低く抑えられる。さらにいえば、育児休業給付金の算定基礎である休業開始時賃金日額にも賞与は含まれない。また、違法解雇の救済においても、賃金請求権の範囲を制限する効果があり、使用者の査定等により金額が決定され、加えて、使用者が定める支給日在籍要件により、自己都合退職の場合などにおいて全額不支給となることもある。労働者にとって、賞与は不安定である一方で、安定的な基本給の増額を抑制する作用があり、こうした労働者

---

[34] 「毎月勤労統計調査（全国調査・地方調査）：結果の概要」（https://www.mhlw.go.jp/toukei/list/30-1a.html）のうち「全国調査（夏季賞与の結果）」と「全国調査（年末賞与の結果）」より抜粋（「令和4年9月分結果速報等」の「《特別集計》令和4年夏季賞与（一人平均）」の「表2　令和4年夏季賞与の支給状況」及び「令和5年2月分結果速報等」の「《特別集計》令和4年年末賞与（一人平均）」の「表2　令和5年年末賞与の支給状況」のうち、「きまって支給する給与に対する支給割合」のうち「500人以上」の数値）。

にとってのデメリットも踏まえて、賞与をめぐる法規制や解釈の在り方を総合的に再検討すべきではなかろうか。

　もちろん、年収における賞与の占める割合が高いという点は、民間企業における賃金体系の問題であり、労働者にとって「損」と考えられる場合は、むしろ団体交渉によって損得を勘案して、当事者で決定すべき事柄でもある。したがって、賞与の意味を改めて労使で問い直すことも重要であろう。

第4章 退職金は永年勤続のご褒美か
── 退職金の賃金性と不支給・減額措置の有効性を問い直す

淺野高宏

1 退職金の支給・不支給は使用者の自由裁量で決まるのか

　労働基準法11条は、「この法律で賃金とは、賃金、給料、手当、賞与その他名称の如何を問わず、労働の対償として使用者が労働者に対して支払うすべてのものをいう。」と定めている。労働基準法の立案当時、同法に退職金に関する明確な規定を設けるべきか否かについて議論があったが、結局、労働基準法では就業規則の相対的必要記載事項の一つとして規定されるにとどまり（現行の労働基準法では、同法89条1項3号の2）、その意義ないし性格についてはもっぱらその後における解釈に委ねられることとなった。そして、労働基準法施行早々、退職金に関する行政解釈が出され、そこでは、「労働協約、就業規則、労働契約等によって予め支給条件が明確である場合の退職手当は法第十一条の賃金であり、法第二十四条第二項の『臨時の賃金等』に当たる。」（昭和22・9・13発基第17号）との解釈が示された[1]。その後、今日に至るまで、上記行政解釈が広く受け入れられて、退職金が就業規則等に記載され、労働者に明確な請求権の存在するものについては、労働基準法11条の労働の対償としての賃金であるとの解釈が現在の判例・通説の立場となっている[2]。
　ところが、近時の裁判例には、懲戒解雇された労働者が会社に対して、懲

---

[1] 労働基準法立法当時の議論と行政解釈が発出された当時の社会情勢等については、長西英三「労働基準法における民事上の諸問題」司法研究報告書15輯2号（1966年）12-26頁が詳しい。

戒解雇の効力と退職金不支給の有効性を争った事例で、退職金の法的性格につき、賃金としての性質を重視せず、むしろ退職金の支給・不支給を使用者の自由裁量で決定できるかのような判断を示すものがあらわれている。以下では、設例として、みずほ銀行事件[3]（東京高判令和3・2・24労判1254号57頁、原審東京地判令和2・1・29労判1254号62頁）を題材として挙げ、事案の概要及び本稿の問題関心と関係する部分の判旨を紹介したい。

【設例：みずほ銀行事件・東京高判令和3・2・24】
　この事件は、従業員が社外秘である行内通達等を無断で多数持ち出し、出版社等に漏えいしたこと等を理由として懲戒解雇され、退職金不支給とされたことに関し、懲戒解雇の有効性と退職金不支給の有効性が問題となった事案である。なお、この会社の退職金規程によれば、退職金は、職務等級や勤続期間等に応じて付与されたポイントを積み上げて算出する基本退職金、年間賞与額に応じて付与されたポイントを積み上げて算出する業績退職金、特別退職金で構成され、いわゆるポイント式退職手当制度が採用されていた。
　本件の懲戒解雇の効力については、一審判決・控訴審判決ともに、懲戒解雇を有効と判断した。他方で、退職金の不支給については、一審判決が7割不支給の限度で合理性があるとした（3割支給を命じた）。これに対し、控訴審判決は一審判決を変更して全額不支給とし、Xの請求を棄却した。また、控訴審判決は、理由中の判断で、第一審原告が、退職金は賃金の後払いであるから、不支給とすることは許されないと主張したことに対して

2　退職金の賃金性の判例・学説については、東京大学労働法研究会編『注釈労働基準法 上巻』（有斐閣、2003年）168-178頁（特に170-171頁）〔水町勇一郎執筆部分〕参照。判例としては公務員の退職金につき、小倉電話局事件・最三小判昭和43・3・12民集22巻3号562頁、民間企業の退職金につき、伊予相互金融事件・最三小判昭和43・5・28民集91号133頁、シンガー・ソーイング・メシーン・カムパニー事件・最二小判昭和48・1・19民集27巻1号27頁など。
3　本事件の評釈としては、伊藤昇平「懲戒解雇および退職金不支給の有効性等――みずほ銀行事件（東京高判令三・二・二四）」労旬2021号67頁以下が詳しい。また、本判決の判断枠組みの特殊性、本事案の退職金規程がいわゆる内枠方式を採用していることから生じる解釈上の論点については、森戸英幸「懲戒解雇による退職金不支給：みずほ銀行事件〈労働判例研究1440〉」（ジュリスト1582号117頁）を参照されたい。

は、「退職金に賃金の後払い的な性格があるとしても、それは退職金の経済的側面における一つの性質を表現したものにすぎない。過去の労働に対する対価であることが法的に確定しているわけではない。そうすると、悪質な非行により懲戒解雇された労働者について、退職金支払請求権の全部又は一部を消滅させることは、違法ではない。」と判示した。

　この判決の理由を敷衍していくと、退職金の支給・不支給は原則として使用者の自由裁量に委ねられており、裁量権の濫用といえるような場合でない限りは、使用者が自由に支給・不支給を決定できるという結論に結び付くように思われる。しかし、このような考え方は退職金制度の制度設計如何にかかわりなく妥当するのだろうか。また、退職金の賃金後払い的性格というのは〝退職金の経済的側面の性質を表現したものにすぎない〟と言い切ってしまうことが許されるのだろうか。以下では、日本独自の制度といわれる退職金制度の成り立ちと特徴を検討し、懲戒解雇の場合に退職金を不支給とする発想がどこから生まれてきたのか、そして、退職金の算定を月例給与から切り離し、成果主義・能力主義的な視点でポイントを積み上げていくようなポイント式退職金制度に関しても、使用者の裁量が重視され、懲戒解雇された労働者に対する退職金の不支給または減額措置が有効といえるのかについて考えてみることにしたい。

2　退職金制度の沿革と発展[4]

(1)　退職金制度の起源

　退職金は、我が国独自の制度といわれている。退職金の源流は、江戸時代の商家の慣習として長年勤めてきた奉公人に対する「のれん分け」制度が始

---

[4] 退職金の起源から明治期、大正・昭和の初期・中期・後期の退職金制度の移りかわりについての説明は、もっぱら勤労者労働問題研究会編『退職金制度の裁判事例と変更手続き』（労働調査会、2003年）2頁以下に依拠している。また、濱口桂一郎『日本の労働法政策』（労働政策研究研修機構、2018年）662-665頁、滝澤算織「ポイント式退職金制度の導入と設計の実務」社会経済生産性本部生産性労働情報センター（1997年）3頁以下も参照。

まりだともいわれる。明治期に入ると、発展途上の資本主義のなかで、富国強兵策をとり、国を挙げて産業を進行させることが急務であり、そのために企業も、労働者の技能を向上させ、定着を図ることが課題となった。そこで、王子製紙、三井・三菱などの旧財閥系企業が先駆的に退職金制度を設け、これに追随する企業が増加していった。このころにみられる退職金制度は年功報償的で恩恵的給付として位置づけられ、自己都合退職の場合には支給がなされず、支給対象も特定層に限定されるなど身分差別的な色彩が強く、支給・不支給が企業の自由裁量に左右されていた。

　大正時代に入ると、それまで職員などの特定層に限定されていた退職金制度は、一般の工員についても支給対象が拡大された。

　そして昭和に入り、中堅企業の中にも退職金制度を新設する企業が増加した。この時期も退職金は任意恩恵的給付としての性格が強かった。

　昭和11年には失業保険の代替として、退職積立金及退職手当法が制定された。この法律は、50人以上の労働者を使用する工場法、鉱業法の適用事業所の事業主を対象に、現業労働者の賃金から一定率を控除して積立て、解雇・退職・死亡時に支給することを定めたものである。この法律により支給条件等について、一定の基準を明確にすることによって、従来の退職金がもつ功労報償的・恩恵的な性格に加えて、賃金後払いとしての性格も併せ持つようになった。その後同法は、労働者年金保険法（昭和16年）と統合し、旧厚生年金保険法（昭和19年）に吸収されることとなった。

(2)　退職金制度の成熟と終身雇用慣行下において退職金が果たした役割

　第二次世界大戦中から敗戦直後の日本の社会・経済の混乱期に退職金制度は失業者に対する社会保障としての役割を期待された。その後、昭和20年に旧労働組合法が制定され、労働組合の組織率が大幅に増加し、組合活動が活発化して、労働協約等により退職金規程が定められ、同制度が急速に浸透していった。このころの退職金の算定基礎は賃金ベースで、基本給等によるものが多く、勤続年数によって累進的に増加していくしくみになっているものが大勢であった。

　戦後の復興期を経て、昭和30～40年代の高度経済成長期に入ると、退職金

制度は成熟期を迎えた。全体的に賃金水準・生活水準も上昇した。これに伴い企業も世間相場を重視して、年功序列の雇用慣行を踏まえて、勤続年数に応じ、一般的な昇格・昇給の経過をたどるモデル退職金を用いた給付設計を行うようになった。退職金の算定は、従来同様、賃金ベースとし、賃金体系を反映するため、職種や企業規模によって幅が生じ、新卒初任給が学歴によって差が設けられていることを反映して退職金額も学歴による格差があった。この時代は、熟練社員に定年まで働き続けてもらいたいという企業の動機の面では功労報償という性格に重きが置かれており、退職金制度設計上も、勤続年数が長い方が有利となる算定方式となっていることが多かった。他方、退職金制度が規定上も整備されていったという意味では賃金後払い的性格も明確になっていったといえる。

(3) 成果主義型の退職金制度が増加しつつある要因

その後、ベースアップや定期昇給が労使交渉の中で決定されたが、従業員の高齢化、定年延長により、中長期的には定年退職者が増加していくことが、企業の退職金支出によるコスト増大をもたらし、その克服が課題となった。そこで取り入れられるようになったのが、賃金のベースアップや定期昇給による退職金の上昇を抑制するため、退職金算定について別テーブルを設ける方式（賃金体系とは別の算定基礎を設ける）や定額方式（算定基礎額を固定する）等といった手法であり、その後、従来型の勤続年数×基本給から、勤続年数以外の要素によるポイント×単価（ポイント制）へ切り替える方式が現れるようになった。さらには、退職金を退職時に支払うのではなく在職時に前倒しして賃金に上乗せ払いする前払退職金の導入が進んでおり、ポイント制の退職金では、「累積ポイントに実勢金利を付利していくキャッシュバランス制度、前払退職金では前払退職金として毎月の賃金に上乗せするか確定拠出年金（DC）の掛金とするかを選択できる制度を導入する動きがみられる」[5]との指

---

5 水町勇一郎『詳解 労働法〔第3版〕』（東京大学出版会、2023年）637頁。また、新しい退職金制度の動きについては、野川忍『労働法』（日本評論社、2018年）614頁、山崎文夫「退職金・諸手当・福利厚生制度の変化と法的問題——能力・成果主義的処遇と退職金・諸手当・福利厚生制度」日本労働法学会誌89号（1997年）111頁等を参照。

摘がある[6]。

　また、これと平仄をあわせて、終身雇用・年功序列の人事制度からジョブ型・役割等級の人事制度への移行も進んだ。その背景には、変化の激しい事業環境への対応や高齢化社会の到来に加え、同一労働同一賃金の要請[7]も影響している[8]。さらに、昨今は、転職の増加で定年まで引き留めておくという発想自体が成り立ちにくくなっており、退職金制度を設ける場合にも中途採用で有能な人材を雇入れる上では中途採用者に不利にならない制度設計が求められる傾向にある。また、定年後再雇用の拡大により、生涯現役で働き続けるというスタイルが徐々に広まりつつあるため、退職一時金によって定年退職後の生活保障の依存度も徐々に低下し、むしろ退職金の前払いニーズも高まっている。

(4) 小 括

　このように退職金制度は、日本の社会経済情勢の展開に応じて生成・発展をしてきており、特に高度経済成長期以降は終身雇用・年功序列の人事制度と相まって、定年まで労働者に働き続けてもらうことを目標としたインセンティブとして機能していた。しかし、人事制度自体がジョブ型・役割等級の人事制度へ移行しつつあり、退職金の算定方式も退職時の基本給に勤続年数によって決まる乗率を掛け合わせる方式から、年度ごとの成果や能力・役割の評価によってポイントを確定して付与し、積みあがったポイントをもとに退職金を算出して支給するという方式に変更される事例も生じている。年度ごとの成果や能力・役割の評価によってポイントが確定し、労働者にポイントが付与されて累積ポイント数が明示されるようになってくると、それはま

6　他方自ら単独で退職金制度を準備できない中小企業等は、社外積立ての退職金制度として中小企業退職金共済制度（中小企業退職金共済法）を利用している実態もある（水町・前掲注5）642頁）。

7　短時間労働者及び有期雇用労働者の雇用管理の改善等に関する法律（平成5年法律第76号。以下「短時間・有期雇用労働法」という）8条及び9条並びに労働者派遣事業の適正な運営の確保及び派遣労働者の保護等に関する法律（昭和60年法律第88号。以下「労働者派遣法」という）30条の3及び30条の4、厚生労働省告示第430号（同一労働同一賃金ガイドライン）参照。

8　柴田彰＝加藤守和『ジョブ型人事制度の教科書——日本企業のための制度構築とその運用法』（日本能率協会マネジメントセンター、2021年）14頁から21頁参照。

さに労働の対償たる賃金をポイント換算して後払いにしているようなものであり、退職金の支給・不支給を使用者の裁量によって左右できるのかという点には賃金の全額払い原則の趣旨に照らし、大いに疑問がわく[9]。

3　現在何が問題となっているのか

では、そもそも懲戒解雇されたような場合に退職金が不支給・減額となるという発想は何に由来するものなのか。

懲戒解雇の場合に限らず、日本では、退職事由によって退職金の支給率に差があるのが通常であり（たとえば会社都合退職と自己都合退職で支給率に差があるなど[10]）、懲戒解雇の場合には退職金を支給しないと定められていることも多い。また、退職後何年かの間に同業他社に就職し、あるいは同業の会社を創設しないという義務（競業避止義務）を労働者に課して、違反者から退職金の一部を返還させるという制度も普及していると指摘されている[11]。

これらは、戦前の退職積立金及退職手当法からの伝統であり、同法が発想の基礎になっていると指摘できるだろう[12]。すなわち、退職積立金及退職手当法では、労働者が勤続3年以上で自己都合にて退職した場合（同29条2項）は、普通退職金を2分の1まで減額して支給できる旨の規定が存在したほか、労働者に懲戒解雇に相当する重大な違反や非行その他不都合な行為があり、そのために解雇する場合には退職金を支給しなくても良い旨の定めがあった（同法施行規則27条、28条）。もっとも懲戒解雇事由については法定されており、①重要な経歴の詐称、②営業秘密の漏洩、③故意の事業設備・器具の破壊、④正当な理由のない無断欠勤（継続14日以上）、⑤その他①から④に準じる程度の背信行為が挙げられていた。加えて、それ以外にも、勤続年数（3年未満、

9　野川・前掲注5）615頁も仮に退職金が賃金の後払い的な性格を有しているとすれば、懲戒解雇者や競業避止義務違反者に対する退職金の不支給・減額制度は、整合がなく、いわば積み立てた賃金を没収するようなものであり、賃金全額払い原則の趣旨にも反するのでないかとの疑問を呈し、競業避止義務違反についても損害賠償法理により解決可能であることを指摘する。

10　水町・前掲注5）637-638頁。

11　野川・前掲注5）615頁。

12　安西愈『賃金・賞与・退職金の法律実務』（中央経済社、1981年）351-354頁。

3年以上10年未満）と解雇理由如何で退職金を不支給にすることができるとされていた。なお事業主の事業の都合（会社都合）での解雇の場合には、労働者の失業、生活不安の救済等の趣旨から、勤続年数に応じ、退職金に特別手当の加算が必要であることも定められていた（同法26条）。

こうした戦前の退職積立金及退職手当法からの伝統は、同法が廃止された後も慣行として引き継がれた。今日、厚生労働省が公表しているモデル就業規則の中でも、次のような形で就業規則の条項例として示されている[13]。

> （退職金の支給）
> 第54条　勤続〇年以上の労働者が退職し又は解雇されたときは、この章に定めるところにより退職金を支給する。ただし、自己都合による退職者で、勤続〇年未満の者には退職金を支給しない。また、第67条第2項により懲戒解雇された者には、退職金の全部又は一部を支給しないことがある。

判例においても、競業他社への就職を理由とする退職金の不支給・減額条項の有効性が争われることがあり、最高裁では、同業他社へ就職したときは自己都合退職の2分の1の乗率にて退職金が計算されるという就業規則・退職金規則の条項があり、元従業員が同業他社に就職したという事案において、退職手当が功労報償的性格を併せ有することから、退職金半額条項も合理性がないとはいえないとしたものがある[14]。また、非違行為を行った労働者を懲戒解雇した場合の退職金の不支給・減額規定の合理性を争う事案も多数存在する。この点については懲戒解雇が有効であれば当該退職金請求権が全く認められないとする裁判例がある一方、退職金の賃金後払い的性格に鑑み、退職金不支給・減額条項が適用される場合を労働者に著しく信義に反する行為があった場合に限定して解釈し、退職金の割合的支給を認めるものも多い[15]。

13　厚生労働省労働基準局監督課「モデル就業規則（令和4年11月版）」（ワード版）
　　〈https://view.officeapps.live.com/op/view.aspx?src=https%3A%2F%2Fwww.mhlw.go.jp%2Fcontent%2F001018414.doc&wdOrigin=BROWSELINK〉。
14　三晃社事件・最二小判昭和52・8・9労経速958号25頁。

私は、こうした判例の考え方は、1960年代初め頃までの日本企業の退職金規程を調査分析して、実証的な見地から自己都合退職金相当部分の不支給の理論的根拠を考察した長西論文（前掲注1））95頁以下が裁判例の判断枠組みの形成に一定の影響を与えているのではないかと推測している。長西論文は、司法研究報告書として発表されたものである。同報告書は、最高裁判所事務総局、司法研修所が発行する司法上の重要テーマに関する研究成果をまとめた報告書である。同報告書において長西論文は、自己都合退職金相当部分について賃金後払い的性格があることを重視しつつも、労働者の企業に対する貢献評価は、当該労働者の労働関係終了時を基点とし、その労働関係が存続した全期間に遡り、これを通じて総合的になされるべきものであると説いた。そして、懲戒解雇事由に該当する行為が、過去における労働者の貢献をすべて無に帰するほどの背信行為であった場合には、結局、過去の貢献と現在の背信行為とがそれぞれ企業の生産性向上に及ぼす結果を比較考量した場合、当該労働者の従前の貢献、すなわち企業にもたらした功績は、現在における背信行為によりすべて減殺されるような事例がありうるとした。その反面、過去における貢献の程度が大なるものと評価される場合、又は、背信行為自体が極めて小さい場合等には、比較考量の結果、貢献の程度に応じた自己都合退職金相当部分を支給する必要が生じ、懲戒処分の原因となった行為が過去の業績に影響を及ぼさない範囲の割合に応じて、自己都合退職金相当部分の全部ないし一部を支給しなければならないとした[16]。

　そして、長西論文では当時の多くの退職金規程において、情状により、自己都合退職金相当部分の範囲内でその一部を減額のうえ支給することがある旨規定していることはこれを裏書きするものであるとも述べている。ここで重要なのは、現在、多くの裁判例が採用している、"懲戒解雇された労働者

15　裁判例の紹介と分析は、佐々木宗啓ほか編著『類型別 労働関係訴訟の実務〔改訂版〕Ⅱ』（青林書院、2021年）588-598頁を参照されたい。
16　佐々木宗啓ほか・前掲注15）592頁から593頁では、退職金不支給・減額措置の当否の判断において考慮すべきポイントは、①労働者の行為それ自体が有する背信性の強弱のほか、②退職金の性格の中に功労報償の要素が占める度合い、③使用者が被った損害の大きさ、被害回復の容易性、④労働者のそれまでの功労の大小、⑤これまでに退職金が不支給・減額となった事案の有無内容などが考慮される、と指摘されている。

に対しても、過去の功労を抹消するものか、あるいは減殺するものかを検討し、減殺の程度に応じて割合的に退職金請求権が発生する"という考え方は、上述のような1960年初め頃までの企業の退職金規程に関する実証的な研究と分析の成果として生み出されたものであると推測できるという点にある。これは、社会情勢の変化や退職金規程の制度設計が変化すれば、実態に即して退職金の法的性質の理解も変化し、さらには、賃金後払い的性格の程度（たとえば、履行を終えた労務について、人事考課査定を経た報酬の後払いとみるか）に応じて退職金請求権の発生のメカニズムと不支給・減額の理論的根拠も変わり得ることを意味する。

4　どう考えるか

(1)　退職金請求権の法的構成（主に受給権の発生時期）

退職金については、労働基準法89条3号の2において、退職手当制度を定める場合には、適用される労働者の範囲、退職手当の決定、計算及び支払の方法並びに退職手当の支払時期に関する事項を定めることが求められている。これは行政解釈によると、退職手当を、労働契約等に基づき予め支給条件が明確であり、その**受給権が在職中の労働全体に対する対償として具体化する債権と位置付け**、支払形態が一時金であるか年金であるかを問わず、社外積立型でも本号に該当するものとしたと説明されている[17]。

また、一般論としては、確かに、退職金は、賃金後払い的性格をもつと同時に功労報償的性格をも併せ持つので、退職金の不支給・減額条項を直ちに公序（民法90条）違反として無効と解することはできないだろう。加えて、賃金全額払原則（労基法24条1項）との関係でも、同原則は賃金請求権の発生を前提とする原則であり、支給要件を満たさない場合はそもそも請求権が発生していないので、退職金の不支給・減額には適用されないと解される[18]。

17　厚生労働省労働基準局編『労働基準法〔令和3年版〕（下）』（労務行政、2022年）1006頁。
18　土田道夫『労働契約法〔第2版〕』（有斐閣、2016年）280-282頁。

(2) 功労報償的性格が希薄で賃金後払い的性格が濃厚な場合も同じなのか

　しかし、翻って、少なくとも退職金の自己都合退職金相当部分は、労働者の在職中において、すでに勤続年数の経過に従い、計算上は潜在的な形成がなされているはずである。そして、これが労働契約関係の終了という事態の発生に伴い、その累積額が一時に具体的形態をもって現実化される。さらに、潜在的といっても、労働者が自己の意思で退職したならばいつでも現実化し具体化する権利であるという意味では相当程度具体的権利性を有するとみることができる。しかも、会計基準における退職給付会計では、その年にすべての従業員が退職したと仮定した場合の総額を債務（現在価格で計算した引当金）として処理することとされている[19]。これは退職金が賃金の後払いであり、かつ毎年所定の退職金額にそのつど請求権が対応しているとの想定が反映している。

　にもかかわらず、懲戒解雇の場合に退職金を支給しないという考え方が成り立つ理論的根拠は、退職金が退職時を基準として全労働期間を通じて評価される労働者の企業に対する消極的貢献の対価[20]であり、過去の業績や功労といった消極的貢献を無にする場合にはその程度に応じて対価支給の有無や

19　監査法人トーマツ編『退職給付会計の実践〔新版〕』（清文社、2001年）5-18頁及び巻末資料では、退職給付会計に関する実務指針をもとに、退職給付債務の計算方法が解説されているところ、ポイント制退職金制度の場合、そのポイントの増加が各期の労働の対価を合理的に反映していると認められる場合には、ポイント基準（退職給付見込額のうち、全勤務期間におけるポイントに対する各期のポイントの増加分の割合に基づいた額を各期の発生額とする方法）を用いることが紹介されている。

20　長西・前掲注1）88-90頁では、労働者が労務を提供し、これに対して使用者が対価を支払うという単純な債権関係ではなく、労使間の人的結合関係を保持しながら、労働者も使用者の生産性向上に協力し、労働者が企業において大過なく（懲戒解雇事由等に該当することなく）勤続することによって、そこに企業に対する消極的貢献が果たされているとみることが前提となっており、この点に退職金の功労報償的性格も組み込まれているとする。これは退職金には長年の労働者の貢献に対する使用者の謝意が組み込まれていることを指摘するものと読める。そして、野川・前掲注5）616頁は、退職金の支給額が勤続年数と共に増額され、かつ高齢になるほど増額率も高くなるのは、功労報償的性格に由来し、長期にわたり会社に貢献したことへの謝意を反映するものであるとした上で、労働者がそのような功労を一挙に抹消させるような非違行為を犯すとか、会社で培った能力や人脈を他の会社の利益に用いるような行為に及ぶことは、培われた信頼関係の破壊に直結し、報償を支給する趣旨に反することになるという点が、退職金の減額・不支給を特に違法とまではいえないとの理解を導く発想の起点になっていることを指摘する。

程度が変わり得るという点にあるのだろう。

　しかし、このように考えると、退職金制度の制度設計如何によっては、結論が変わりうるはずである。すなわち、労働者の全勤続期間を通じて評価をするのではなく、毎年、その勤務成果や一定期間の勤続による貢献を数値化して、ポイントとして付与し、特に退職時においても、遡って付与されたポイントの再評価や再設定が予定されておらず、積みあがったポイントに従って退職金が支給されるという場合、それは賃金の一部積立と何ら変わることがないはずである。また、ポイント式退職金制度により算出される退職金は、長西論文が想定している、退職時までに懲戒解雇事由に該当するようなことをせずに使用者の生産性向上に協働して協力したという企業に対する消極的貢献に対する対価などというものではない。むしろ現実に提供された労務内容を一定の査定基準に基づき評価して算出された対価であって、懲戒解雇の場合に退職金を不支給・減額とする法的根拠の説明はポイント式退職金には妥当せず、労働基準法24条の全額払い原則に違反する（又は全額払い原則の趣旨に反する）可能性が高いと見るのが自然である。

　こうした観点からすると、功労報償的性格が希薄で賃金後払い的性格が濃厚な退職金制度が採用されている場合には、それに応じて、減額・不支給条項については厳格な（容易に合理性を認めない）判断がなされるべきであり[21]、過去の功労の抹消によって減額・不支給とすることには合理性がなく、その旨を定める就業規則規定は無効であるとする見解が説得力を持つ[22][23]。このように解釈することで、戦前の退職積立金及退職手当法から潜在的に刷り込まれていた退職金に対する漠然とした御恩と奉公的なイメージから脱却し、退職金は年功序列・終身雇用を前提とした長期勤続のインセンティブ策であるという幻想にも惑わされることなく、制度設計を踏まえて契約社会に適合する退職金制度の法的理解を定着させることができる。

21　荒木尚志『労働法〔第4版〕』（有斐閣、2020年）148頁。
22　水町・前掲注5）641頁。
23　販売実績点数に応じて機械的に額が算出される退職慰労金につき功労報償的性格を否定し、これを不支給とする規定の効力を否定した事例として中部ロワイヤル事件・名古屋地判平成6・6・3労判680号92頁。

(3) 設例で指摘した裁判例についての評価

　そうすると設例であげた、みずほ銀行事件東京高判で判示されている、退職金のうち、特別退職金については任意的恩給的給付であると解する余地があるものの[24]、基本退職金及び業績退職金については支給基準や支給要件が本件退職金規程に明確に定められているので、労基法上の「賃金」に該当することは明白である。「賃金」という労働者の最も重要な権利に該当するものを、使用者の裁量によってこれを自由に奪うことを許しかねない解釈は、労働基準法24条に定める賃金全額払の原則の趣旨（使用者が一方的に賃金を控除することを禁止し、労働者に賃金全額を確実に受領させることによってその経済生活の安定を図る[25]）にも合致しないものと言わざるを得ない。仮に、設例の退職金制度について、ポイント式退職金制度という制度設計を踏まえても、なお功労報償的性格が排除されているとは言い難いと見たとしても、同事件の第一審の判決のように賃金後払い的性格の強さを踏まえて割合的な退職金の支給が認容されるべきであった[26]。

　また、退職金が他の法分野において、具体的な財産価値をもつ賃金債権であると評価されていることとの平仄からも、設例のように退職金の賃金後払い的性格を経済的機能の説明に過ぎないとみることには問題がある。この点は、伊藤評釈（前掲注3））が、「他の法制度においては、「将来の」退職金について支給の蓋然性が高いという理由で、「現在の」財産に換算してこれを評価するという実務が定着している。例えば、①離婚時の財産分与においては、将来取得しうる退職金は、離婚の際には具体化していなくとも、一定の

---

[24] 特別退職金については、支給基準や支給要件が本件退職金規程に明確に定められておらず、在職中の功労が特に顕著であるとき等の場合に特別退職金を支給することがある、と定めるのみである。

[25] 日新製鋼事件・最二小判平成2・11・26民集44巻8号1085号。

[26] 懲戒解雇が有効であっても割合的に退職金の支給を認めたものとしては、私生活上の非行による懲戒解雇事例として、小田急電鉄（退職金請求）事件・東京高判平成15・12・11労判867号5頁（3割支給）がある。懲戒解雇が有効とされた事案で、本件と同じく、ポイント式退職金制度のもとで賃金後払い的性格が強いことを踏まえて割合的な退職金支給が認容されたものとしてはジェイティービー事件・札幌地判平成20・5・19判例秘書 L06350238（3割支給）、エイブル保証事件・東京地判令和3・4・2LEX/DB:25590523、日本郵便（懲戒解雇・退職金）事件・札幌高裁令和3・9・10LEX/DB:25593025（3割支給）等がある。

勤続期間がある以上、将来の退職時に退職金の支給を受けることができる資格はすでに生じており、これを財産分与の際に清算の対象とすることができると解されていること[27]、②破産手続においては、退職金が賃金の後払いとしての性質をもつことを前提とすれば、破産手続開始決定時において破産者がもつ退職金債権は、開始決定前の労働の対価とみなされる範囲で破産者に帰属し、かつ、退職という将来の事実によって現実化する権利と考えられるから、破産法34条2項でいう将来の請求権に該当するとして、差押禁止の範囲に含まれる部分を除いて（民事執行法152条2項により退職金の4分の3は差押え禁止）、破産財団に属すると解されていること[28]などである[29]。このように、退職金が「賃金」という労働者の既得権としての性質を持つとの評価も可能であることからすれば、退職金の支給、不支給について会社の合理的な裁量に委ねていると解する控訴審判決には、疑問を呈さざるを得ない。」と指摘するとおりである[30]。したがって設例で取り上げたポイント式退職金はその構成要素に照らして、まさに労働の対償性が極めて強く、賃金そのものと言っても過言ではないから、労働基準法24条の全額払い原則そのものの適用又は、少なくとも同原則の趣旨に照らし、退職金不支給・減額条項は無効、若しくは当該条項の合理性（労契法7条）が否定されるというべきである。

(4) 賃金後払い的性格の強い退職金制度との関係で非違行為による不都合回避のための方策は？

こうした考え方に対しては、懲戒解雇がなされるような場合は、使用者に多大な損害を及ぼすことも多いことから現実を無視しているといった批判もあろう。しかし、退職金の不支給や減額は、実質的には退職金と使用者の労

---

[27] 島津一郎・阿部徹編『新版 注釈民法㉒ 親族(2) 離婚—763条〜771条』（有斐閣、2008年）215頁。
[28] 伊藤眞『破産法・民事再生法〔第4版〕』（有斐閣、2018年）255-257頁。
[29] 企業会計においては、就業規則等の定めに基づく退職一時金等の退職給付制度を採用している会社にあっては、従業員との関係で法的債務を負っていることになるため、退職給付引当金の計上が必要であるとされている。会社計算規則6条2項1号、退職給付に関する会計基準（企業会計基準第26号）、中小企業の会計に関する指針（最終改正令和3年8月3日）53項参照。
[30] 伊藤・前掲注3）73頁。

働者に対する損害賠償との相殺であり、そうした相殺は労働基準法24条1項但書の賃金控除協定と就業規則等に基づく退職時の合意ルールを整備[31]することで不都合を回避することが可能である。かえって損害額を明確にしないまま退職金で充当するのは不公正であるし、退職金の持つ生活保障機能に照らしても問題がある[32]。懲戒解雇された労働者に必要以上に過酷な仕打ちを重ね、生活破壊をもたらす措置を正当化することは身分社会の封建的残滓にとらわれているとの誹りすらうけるのではないだろうか。また、競業避止義務違反との関係では、使用者において予防法務[33]を徹底することで、不正競争防止法の「営業秘密」保護のほか、労働契約上の信義則(労働契約法3条4項)に反するような不正競争行為や在職中の非違行為については、損害賠償法理(民法415条、709条)により対応できるのではないかと思われる。

5 まとめ

これまで考察してきたように、成果や役割と連動する形で、退職金額を算出するような制度設計としている場合には、退職金という名目ではあるものの、既に労働を完了し、人事評価(査定)も経て、その能力、成果、貢献を評価し、労働の対償として支払うべき金額が確定したものを、後日支払うとしているに過ぎないと見るのが素直である。こうした場合には、その制度設計の実態に対応して、退職金の不支給・減額条項の合理性自体が否定されうるというべきであろう。そして、こうした考え方は退職金だけではなく、支給日在籍条項が設けられている賞与の不支給の問題や営業成績に応じて支払われた歩合給を事後の成約の解消等の事情で事後返還させるような条項の合理性を検討する上でもあてはまると思われる。終身雇用が崩れつつある現代

---

31 日新製鋼事件・最判平成2・11・26・前掲注25)が判示した、労働者が真に自由な意思で、退職金債権と相殺適状にある債務との合意相殺に同意したと認めるに足る合理的理由の客観的存在を基礎づけるようなルールの整備を想定することになる。
32 大内伸哉『人事労働法——いかにして法の理念を企業に浸透させるか』(弘文堂、2021年)169頁。
33 法的な争いや訴訟などを未然に防ぐための業務を指し、具体的には、コンプライアンスの遵守状況を定期的にチェックすることや、人事労務管理における重要な文書(就業規則、誓約書等)などが予防法務に含まれる。

の雇用社会において、退職金を人質にして、競業他社への転職を制限したり、盗人においい銭とならぬよう功労報償的性格を強調した恩恵的性格の強い退職金制度を設けるというのは、時代遅れと言わざるを得ない。退職金制度については、印象論や身分社会時代の因習にとらわれず、契約内容（制度設計）と運用実態を真正面から見据え、事案ごとに賃金性を正しく理解し、これを法的解釈に反映することが強く求められている。

第Ⅲ部

業務命令を問い直す

　日本的雇用の特徴の1つは、長期的雇用慣行であるといわれる。長期的雇用慣行を下支えしてきたのは、使用者に職務の内容や勤務場所を決める権限を広く認めてきた雇用慣行にある。転居を伴う配置転換は、家族に対する影響も大きいにもかかわらず、そうした労働者の不利益については配転の有効性判断においても重視されず、また、勤務場所も使用者に大きな権限が委ねられてきた

　しかし、共働き世帯が一般化した時代において、転居を伴う配置転換を使用者が一方的に実施していいのだろうか。また、コロナ禍によって、在宅勤務が可能なのに出社しなければいけないのか、ワクチンの接種強制は可能かといった論点も法的課題として浮き彫りになった。本章では、こうした論点を通じて、業務命令のあり方について問い直す。

（國武英生）

第1章　転勤命令を受けた夫とその妻のこと
―― ジェンダー平等と日本型福祉社会を問い直す

緒方桂子

1　はじめに

以下の相談にはどのような問題が含まれているか、考えてみよう。

【相談】私の夫のことで相談があります。私の夫は4年制大学を卒業して民間企業であるY社の総合職コースで働いています。私は地元であるA市内の保育園で保育士として働いています。家族は夫のほかに、2歳になる娘と70歳の義母（夫の母親）がおり、2年前、娘の誕生を機にA市内にローンを組んで建てた戸建ての住宅に4人で暮らしています。

先日、夫は会社から他県のB市への転勤を命じられました。A市から遠く離れたB市に毎日通勤することはできませんので、私たち家族は夫とともに転居するか、夫だけ単身赴任をするしかありません。転勤命令を拒否すれば懲戒解雇される可能性も高いそうです。

私は保育士としてやりがいをもって仕事をしており、近いうちに主任に昇進するだろうといわれています。ですから、私は今の仕事を辞めて夫の転勤についていくつもりはありません。しかし、夫が単身赴任してしまうと、私は仕事をしながら、幼い娘と足元がおぼつかなくなってきた義母の世話をひとりで引き受けなければならなくなります。それはとても困難なことです。私は、そして家族は、夫に対する転勤命令に対していったいどうすれば良いのでしょうか。

共働きの妻から寄せられた上記相談には、次のような問題が含まれている。列挙してみよう。①Y社は夫に対して一方的な転勤命令を命じることができるか、②夫の家庭の状況は転勤命令の適法性判断にどのような影響を与えるか、③夫に対する転勤命令と妻のキャリア形成の利益との関係をどのように考えるべきか、④夫の転勤により妻に生じるより重い家族ケア（育児、介護、看護）の負担と妻の労働との関係をどのように考えるべきか。

通常、法的な視点から問題となるのは①及び②である。しかし、①が肯定され、②について転勤命令が適法であるということになれば（その可能性は高い）、妻は自らのキャリア形成（③）や家族ケアとの両立（④）という問題に直面することになる。③や④の問題は、夫に対する転勤命令の適法性に関わる議論のなかでは浮かびあがってこない。しかし、現実的でかつ深刻な問題である。ここには、日本社会のなかで「妻」がどのように位置づけられているか、そして家族ケアの負担は個人の生き方との関係でどのように位置づけられるべきかという、ジェンダー平等及び家族ケアに関わる問いが潜んでいる。その問いに真剣に向き合おうとするならば、配転・転勤をめぐる法状況、そして転勤に関わる日本社会のあり方を問い直すことは不可避である。

本稿では、転勤命令をめぐる判例理論を整理して問題を抽出し（2）、問題解決の視点を提示する（3）。本稿で扱う問題は人事異動のひとつである配置転換（配転）に関わる問題であるが、労働者とその家族、とりわけ家族ケア責任との関係を考えるという視点から、転居を伴う配置転換（転勤）を検討の対象とする。

2　転勤命令をめぐる法理論の現在と再生産される不平等

(1) 東亜ペイント事件最高裁判決の衝撃

東亜ペイント事件は日本における転勤をめぐる法理論について論じる際に看過することのできない裁判例である。

同事件は、全国に営業所をもつY社に大卒で採用され営業を担当していた労働者Xが、神戸営業所から名古屋営業所への転勤を命じられたところ、これを拒否したため懲戒解雇されたという事案である。懲戒処分の合理的理由

の存否に関わり、①転勤命令の法的根拠、及び、②転勤命令権の濫用の有無が主たる争点となった。

第1審及び原審[1]は、XY間で勤務場所を限定する旨の合意を認めることができず、またY社就業規則に「業務の都合により、社員の異動を命ずることができる」旨の定めがあることを理由に、Y社には従業員の承諾がなくともこれを一方的に転勤させることができる権利（転勤命令権）があるとした。しかし、Xに代え他の従業員を名古屋営業所に転勤させることも可能である一方で、Xが名古屋営業所に転勤した場合にはその母親、妻、子供と別居を余儀なくされ相当な犠牲が強いられるとして、本件転勤命令は人事権（転勤命令権）の濫用にあたり無効と判断した（原審）。

ところがY社の上告を受けた最高裁[2]は次のように述べ原審の判断を破棄し差し戻した。すなわち、上記①の点については原審の判断を踏襲したが、上記②の点について、「当該転勤命令につき業務上の必要性が存しない場合又は業務上の必要性が存する場合であっても、当該転勤命令が他の不当な動機・目的をもってなされたものであるとき若しくは労働者に対し通常甘受すべき程度を著しく超える不利益を負わせるものであるとき等、特段の事情が存する場合でない限りは、当該転勤命令は権利の濫用になるものではな」く、本件については「転勤がXに与える家庭生活上の不利益は、転勤に伴い通常甘受すべき程度のものというべきである」から、結論として、本件転勤命令は権利の濫用には当たらないとした。

本判決は転勤命令の法的根拠と命令権の濫用の有無に関する判断枠組みを示した最初の最高裁判決であり、その後の裁判実務に非常に強い影響力を持つ。本判決の結論は、Xの私生活、特に家族生活に生じる不都合を「通常甘受すべき程度を著しく超える不利益」ではないと評価し、当該転勤命令に従わない労働者に対する懲戒解雇を肯定することに結びつくものであったから[3]、同様の状況にある労働者（典型的には大卒で総合職など幅広いジョブローテーションが予定されるポジションにある労働者）には家族との生活を断念し会社の命令に従うことを強要するに等しいものであった。本判決に対しては、単身赴

1　大阪地判昭57・10・25労判399号43頁及び大阪高判昭59・8・21労判477号15頁。
2　最判昭61・7・14労判477号6頁。

任が広範に普及・拡大していた当時の労使関係の現実への配慮が強く働いたものと評価されているが[4]、本判決のなかに単身赴任後の自宅に残された他の家族へのまなざしはない。

(2) 裁判例にみる「通常甘受すべき程度を著しく超える不利益」の意味

東亜ペイント事件最高裁以降、配転・転勤の有効性を争う事案のうち、特に家族生活との兼ね合いが問題となる事案では、主に、同判決が権利濫用性判断の要素として挙げた「通常甘受すべき程度を著しく超える不利益」の該当性が争われている。

ところで、「通常甘受すべき程度を著しく超える不利益」とはいったい何だろうか。それに該当すれば権利濫用法理により転勤命令は無効になるという。そもそも権利濫用法理は外見上権利の行使のようにみえるが具体的な場合に即してみると権利の社会性に反し権利の行使と是認することができない行為に対する法的規制のことを指す[5]。そうであれば、転勤命令における「権利の社会性」に反する行為とはいったい何を指すのであろうか。あるいは、同法理によって保護されようとしている労働者の法益はいったい何であろうか。

私は最近この点についていくつかの裁判例を取りあげて分析を行い、次のように結論づけた[6]。すなわち、転勤命令に関する権利濫用法理が「通常甘受すべき程度を著しく超える不利益」を許さないことで保護しようとしている労働者の法益は、当該労働者の家族機能の維持であると解される。ここでいう家族機能とは、情愛の授受、生殖、養育、介護、看護、人格形成等を指

3　なお、本件は差戻審の大阪高裁で全面解決の和解が成立（1992年2月17日）し、Xは懲戒解雇を撤回され、職場復帰を果たしている。Y社は、本件配転命令に対する遺憾の意を表明して解決金を支払った（片岡昇＝萬井隆令＝西谷敏『労使紛争と法』〔有斐閣、1995年〕38頁参照）。最高裁における敗訴判決にも関わらず本事件が原告労働者の全面勝利的和解に至った理由は、広範な労働者の連帯による運動の高揚にあったとされる。西本徹＝関戸一考＝細見茂＝豊川義明「東亜ペイント争議一八年の闘いの軌跡」労旬1288号（1992年）31頁以下も参照。

4　片岡ほか・前掲注3）37頁。

5　我妻栄『新訂民法総則（民法講義Ⅰ）』（岩波書店、1965年）35頁。

6　緒方桂子「東亜ペイント事件最高裁判決再考——『通常甘受すべき程度を著しく超える不利益』と家族」沼田雅之ほか編著『社会法をとりまく環境の変化と課題』（旬報社、2023年）191頁以下。

す。家族は社会を構成する単位であるから、その機能の維持は社会的、公共的な要請でもあるという点で権利濫用法理の目的に合致する。もちろん、家族機能は、家族構成員の成長や喪失等さまざまな事情によって自然に少しずつ変動していくものであるし、ある程度の外的・内的な状況の変化に対応する柔軟性も持っている。しかし、使用者による一方的な転勤命令権の行使により、その家族の持つ状況への柔軟性の限界を超えて家族機能が破壊されることがあれば、社会的に許すべきではない。それが転勤命令権に関する権利濫用禁止法理の意義であると考えられる[7]。

　こういった観点から見た場合、転勤命令を受けた労働者の状況が「通常甘受すべき程度を著しく超える不利益」に該当するか否かは、①転勤命令前の当該労働者の家族の状況、②その状況における当該労働者の家族としての役割、③転勤命令によって当該労働者の家族としての役割に変化があるか否か、変化がある場合に生じる不利益の内容・程度はどのようなものかという観点から判断されると分析できる[8]。つまり、家族の状況の深刻度に加え、それに対する当該労働者の寄与度が審査の対象となると考えられる。

　ところが、こういった審査のあり方は大きな問題を孕む。当該労働者（たとえば夫）の家族ケアへの関わりが小さければ（たとえば当該夫の配偶者である妻が家族ケアの大部分を負っている場合等）、家族の状況の深刻度が高くても当該労働者に対する転勤命令の権利濫用性が認められにくくなるのである[9]。このことは、2001年に導入された育児介護休業法26条のもとでも同様である。同条は、使用者に対し、転勤を命じようとする労働者の子の養育または家族の介護状況について配慮を求めるものである。しかし、当該労働者が、他の家族構成員（たとえば妻）に家族ケアの大部分を委ねているならば、人事管理上の配慮を求めることは考えないだろうし、使用者も気にしないだろう。ここ

7　このことを強く印象づける裁判例としてネスレ日本［配転本訴］事件・神戸地姫路支判平17・5・9労判895号5頁、大阪高判平18・4・14労判915号60頁。

8　緒方・前掲注6）205頁。

9　このことを強く印象づける裁判例としてケンウッド事件・最判平12・1・28労判774号7頁及び帝国臓器製薬（単身赴任）事件・最判平11・9・17労判768号16頁。いずれの事案もまだ保育園に通う子供の送迎を誰かが行わなければならない状況が問題となったが、その役割の大部分を配偶者や第三者に委ねていた労働者に対する配転命令は有効と判断された。

では、男性稼ぎ主モデル[10]と呼ばれる日本社会における家族のあり方の特徴が強く現れている。そしてそれは使用者の転勤命令権を広く承認することを通じて、日本社会のなかに再生産されている。

(3) 再生産される不平等

　男性稼ぎ主モデルの再生産は、労働の現場におけるさまざまな不平等の原因ないし遠因となっている。主たる稼ぎ主でないと位置づけられるもしくはそのように自らを認識する労働者（その大部分が女性）は家族ケア責任の大部分を負い、その両立のために、転勤を通じたキャリア形成が期待される人事コースを回避したり（いわゆる「一般職」を選択する・地域限定採用に応募する等）、転勤が予定されない非正規雇用労働（パートタイム労働、有期契約労働、派遣労働）を選択する傾向にある。

　労働者のそういった選択は、当該労働者の賃金等の労働条件に強いマイナスの影響を及ぼす。そのマイナスの影響は基本的に違法な性格をもつものではない。たしかに、法は、女性であることを理由とする賃金差別を禁止し（労基法4条）、また、非正規雇用労働者と正規雇用労働者の労働条件に差が設けられる場合、その差は不合理なものであってはならないとする（パート有期法8条、労働者派遣法30条の3）。しかし、使用者が転勤の有無を主たる区分の基準とするコース別雇用管理制度を採用することも、各コース間で労働条件に差を設けることも違法ではない[11]。また、非正規労働者の労働条件が正規労働者に比して低い場合にも、転勤の有無は当該格差を肯定する合理的かつ有力な理由と位置づけられている[12]。つまり、家族ケアという家族としての重要な役割を担う労働者が転勤を回避する働き方を選択することは、自らの職業人生において低い労働条件の下で就業するという事態に陥ることとほ

10　福祉国家／レジームないし生活保障システムの型の1つで、夫が家計収入の主たる稼ぎ手であり、妻が家事や育児・介護をおもに担うと想定される（大沢真理編『承認と包摂へ　ジェンダー社会科学の可能性第2巻』〔岩波書店、2011年〕217頁〔大沢真理〕）。

11　コース別雇用管理に関し事業主が留意すべき指針として、平25・12・24厚労省告示384号「コース等で区分した雇用管理を行うに当たって事業主が留意すべき事項に関する指針」参照。もっとも、使用者は、コース別雇用管理が一方の性に対する差別（間接差別）となることのないようにしなければならない（均等法7条及び平8・10・10厚労告614号）。

ぽイコールとなりかねない状況が生じている。

　一方、冒頭の【相談】の妻のように、転勤命令を受けた労働者の配偶者は、家族ケアの責任を負いつつ、自らも労働者としてそのキャリアの維持向上を追求しようとするかもしれない。2000年に入る頃、日本では、「夫は仕事、妻は家庭」ではなく、「夫は仕事、妻は家庭と仕事」という新たな性別役割分業（「新・性別役割分業」）の現象が見られることが指摘された[13]。しかし、状況は現在も大きく変わっていない。そのような働き方は当該労働者の過重労働を引き起こし、心身の健康を危うくする危険性が高い。あるいはその負担の大きさゆえに当該労働者は、結局、離職を選択してしまう可能性もある。

　このように家族内の家族ケア責任の偏りはその責任を負う労働者の生き方を狭める危険がある。そして、そういった労働者の大部分は女性である。ここには無視できないジェンダー格差がある。このような状況のなかで、法は労働者の苦しみにいったいどのように向き合えばよいのだろうか。

3　問い直しの視点

(1)　法解釈を通じた解決可能性はあるか

　使用者の発する転勤命令はその対象となった労働者Ａのみならず、当該労働者の家族である労働者Ｂの働き方に強いマイナスの影響を与える。この問題を現行法の解釈によって解決しようとするならば、労働者Ａに対する転勤

12　たとえばパート有期法8条は、労働条件格差の不合理性判断に際して、「当該職務の内容及び配置の変更の範囲」（「変更の範囲」）を考慮要素のひとつとして挙げる。判例として、有期契約労働者と正社員との業務がおおむね共通するとしても、売店業務に専従していた前者と業務の必要がある場合には配置転換等を命じられる後者では変更の範囲に一定の相違があり、前者について退職金を支給しないという労働条件の相違は不合理とは認められないとしたメトロコマース事件・最判令2・10・13労判1229号90頁、就業規則上人事異動を命じられる可能性があった正職員に支給される賞与が、例外的な場合を除き業務命令によって配置転換されることのないアルバイト職員に支給されないことは不合理な労働条件の相違ではないとした大阪医科薬科大学事件・最判令2・10・13労判1229号77頁がある。

13　たとえば、厚生労働省『平成10年版厚生白書』（1998年）72頁、内閣府『平成12年版男女共同参画白書』（2000年）70頁。この頃からすでに、「新・性別役割分業」は妻に二重の役割を担わせることになるために、旧来の「性別役割分業」よりも妻に大きな負担を強いることが懸念されている。

を抑制するしかない。それには大きくふたつの方向がある。

　ひとつは、使用者の転勤命令権を否定する、あるいはそれが発生する場合を制限的に解する考え方である。そこでは労働契約締結時に明示されるべき「就業の場所及び従事すべき業務」（労基法15条1項、労基則5条1項1号の2）が重要な意味を持つ。

　この考え方は、当該明示項目について抽象的・包括的にしか明示されなかった場合[14]、あるいは、転勤命令が行使されるときの条件、内容、頻度等は可能な限り明確化されるべきでそれがなされていない場合には[15]、包括的な転勤命令権を認める合意がなされたと解さず、契約締結時の諸事情に照らし具体的に就業の場所等が認定されるとする。

　もうひとつの考え方は、使用者が転勤命令権を有することを前提に、その権利行使を厳しく制限する、あるいは、使用者に高度の配慮義務を認めるとする考え方である。そこでは、業務上の必要性を厳しく解し、使用者に対して単身赴任がもたらす不利益を回避・軽減するための措置（配慮）を求めるとする考え方[16]や、使用者が労働者の生活に大きな影響を与える配転を命じる場合には、その内容について説明・意向調査を行う義務及び協議義務があり、配転に伴う不利益が大きいと認められる場合にはそれを軽減する不利益軽減義務または配転自体を回避する配転回避努力義務があるとする考え方[17]が示されている。法的根拠として挙げられるのは育介休法26条及び労契法3条3項である。

　ところで、最近、転勤命令権に関わって法の動きがある。ひとつは、「まち・ひと・しごと創生総合戦略（2015改訂版）」（平27・12・24閣議決定）[18]に基づく「転勤に関する雇用管理のポイント（仮称）」策定に向けた研究会（座長：佐藤博樹〔中央大学教授〕）の設置とその報告書[19]に基づいて策定された厚労省

14　西谷敏『労働法〔第3版〕』（日本評論社、2020年）254頁。
15　長谷川聡「配転――東亜ペイント事件」沼田雅之ほか編著『労働法における最高裁判例の再検討』（旬報社、2022年）253頁以下。
16　土田道夫『労働契約法〔第2版〕』（有斐閣、2016年）426頁。
17　両角道代「『仕事と家庭の分離』と『仕事と家庭の調和』」菅野和夫先生古稀記念論集『労働法学の展望』（有斐閣、2013年）441頁以下。
18　https://www.chisou.go.jp/sousei/info/pdf/h27-12-24-siryou2.pdf（最終閲覧日2023.11.29）

雇用均等・児童家庭局「転勤に関する雇用管理のヒントと手法」（平29・3・30。以下、「ヒント」と呼ぶ。）[20]の公表である。また、規制改革実施計画（令元6・21閣議決定）[21]に対応するために設置された「多様化する労働契約のルールに関する検討会」とその成果である「多様化する労働契約のルールに関する検討会報告書」[22]でも転勤に関し言及された。そしてそれを踏まえて、2023年3月、労働基準法施行規則及び労働時間等の設定の改善に関する特別措置法施行規則の一部を改正する省令（厚労省令第39号）が公布・告示され、労基則が定める労働契約締結時に明示すべき事項に「就業の場所及び従事すべき業務の変更の範囲」が追加された（労基則5条1項1の3号。省令の施行は2024年4月1日）[23]。

　今般の労基則の改正は、前述した2つの見解のうち転勤命令権の発生を制限する見解にとって特に重要な意味を持つ。たしかに、労基則は、使用者が当該義務を守らず転勤に関する事項について明示しない場合について罰則を予定するのみで（同120条1項）、契約上の効力との関係については何も述べていない。しかし明示義務を果たさない使用者が、自らにより有利な転勤命令権を得ると解するのは背理であるから、転勤命令権の発生を否定するなど当該権利を制限する方向での契約上の効力を伴うと解すべきである。その意味で改正労基則の規定は労働契約上の転勤命令権の発生そのものを制限する解釈の展開可能性を一歩進めるものと解される。もっともその場合には明示の程度が重要であることはいうまでもない。この点については、少なくとも、労働者が自己のキャリア形成等についてある程度の中長期的な見通しを持つことができる程度の明示がなされる必要がある[24]。

　また、ヒントでは、転勤を打診する段階での労働者の事情や意向を把握す

19　https://www.mhlw.go.jp/stf/shingi2/0000160196.html （最終閲覧日2023.11.29）
20　https://www.mhlw.go.jp/file/04-Houdouhappyou-11903000-Koyoukintoujidoukateikyoku-Shokugyoukateiryouritsuka/0000160191.pdf （最終閲覧日2023.11.29）
21　https://www8.cao.go.jp/kisei-kaikaku/suishin/publication/190621/keikaku.pdf （最終閲覧日2023.11.29）
22　https://www.mhlw.go.jp/content/11201000/000936727.pdf （最終閲覧日2023.11.29）
23　https://www.mhlw.go.jp/content/11200000/001080102.pdf （最終閲覧日2023.11.29）
24　この点に関して「ヒント」5頁が参考になる。

る仕組みや、育児や介護など一定の事由について期間や回数等を限った形で労働者の申告により転勤を免除する制度なども提案されている。上記ヒントは、それ自体は法的効力を持つものではないが、使用者が労働契約上負う配慮義務（労契法3条4項）の内容として、あるいは、そういった配慮を行わずに転勤命令が出された場合、当該事実は権利濫用性判断のなかで使用者側に不利な事実のカタログとして扱われるべきであろう。

(2) 個人としての自由の尊重と日本型福祉社会の克服

長らく、東亜ペイント事件最判の影響下にあった日本社会の実務や法理論が動き始めたことは積極的に評価すべきである。その背景には、家庭生活など多様な事情を抱える労働者について企業側の事情で一方的に転勤させることが大きな困難を伴うとの認識が広まってきたこと、労働力人口の減少に伴う労働力確保という社会の要請が高まっていることが挙げられる。また、労働契約法の無期転換ルール（労契法18条）の施行もあいまって、勤務地限定正社員など多様な正社員制度の導入を行う企業が増加する傾向にあることも転勤の問題に取り組む契機となっている[25]。もちろん、その前提として、家族ケア等を理由に「転勤配慮の要望」を出すなどして明確な意思表示を行う労働者の割合が男女ともに増えていることも見逃せない[26]。今般の労基則改正やヒントは、転勤をめぐる企業と労働者との関係を少しずつ変えていく可能性がある。そして、その過程のなかで、ジェンダー平等が少しずつ実現されていく可能性もある。

しかし、それでも冒頭の【相談】に法が十分に対応することができるか疑問が残る。転勤に高度の業務上の必要性があり、【相談】の夫の私生活上の事情を考慮してもなおやむをえないという事態はありうるからである。夫が、命令違反を理由に懲戒解雇を受けて失職し──さらに懲戒解雇を理由に退職

---

25 「『転勤に関する雇用管理のポイント（仮称）』策定に向けた研究会報告書」（前掲・注19）1頁参照。

26 （独）労働政策研究・研修機構『企業の転勤の実態に関する調査』（2017年）参照（https://www.jil.go.jp/institute/research/2017/174.html（最終閲覧日2023.11.29））。「転勤に関する雇用管理のポイント（仮称）」策定に向けた研究会の検討及び「ヒント」はこの調査結果をベースにしている。

金の支給が制限される可能性もある——家族の生活そのものを危険にさらすよりもマシであるとして転勤に応じるならば、妻の困難は続くことになる。

　このように考えてくると、ここにはなお大きく2つの問題があることに気がつく。ひとつは、転勤命令に応じることができない労働者に対する処遇として、法的にも実務的にも、懲戒解雇ないし普通解雇（以下、両者を指して「懲戒解雇等」という）を行うことが容認されていることの適否、そして、核家族化や共働き家庭の増加、高齢化の進展などにより、家族が担う家族構成員に対するケアの負担がもはや家族機能が持つ許容範囲を超えてしまっている可能性である。

　前者の問題に関して、たしかに労働者の職務命令違反行為は企業にとって組織としての活動を困難にする重大な事態である。しかし、労働者が転勤命令に応じられないことは、懲戒解雇等の労使関係における究極の手段が正当化されるほどに強く非難されるべき事柄だろうか。また、本章は主に家族ケアを理由に転勤が困難である場合を念頭に置いて論じているが、そもそも転勤は労働者の地域や社会とのつながりといった生活基盤を奪うという面ももつ。そうしたときに、家族ケア以外の理由（たとえば地域のボランティア活動）を理由に転勤を拒否することは認められるだろうか。認められないとしたら何故なのか。育介休法26条の存在、そして社会の意識の高まりにより、家族ケアを理由とする転勤拒否は今後より積極的に肯定されていく可能性はある。しかし家族ケア以外の理由による転勤の拒否もまた、ひとりの自律した個人である労働者の生き方として認められて然るべきではないか。

　このように考えるならば、転勤拒否と懲戒解雇等とを切り離し[27]、最終的に失職への脅威をもって転勤を強要するものではなく、双方が譲歩できる可能性を探り着地点を見出すことを可能にするような立法的な対応の必要性に気づかされる。そのような立法な対応は、憲法13条が労働者に保障する個人の尊重及び幸福追求権に根拠づけられよう。立法に際しては、憲法22条、29条が使用者に保障する財産権行使、経済活動の自由とも調和するような内容

27　「ヒント」においてこのことについて言及はない点は非常に残念である。転勤を命令権の行使として考える以上、その拒否が典型的な懲戒事由である「職務命令違反」に該当するという問題を克服できないと考えたためかもしれない。

であることが求められるが、なにより労使間のルールとして明確性を持つものであることが求められる[28]。

他方、労働者ないし家族の負う家族ケアの負担に関わる後者の問題は、日本の社会保障制度にも関わる問題である。たしかに、家族はその家族構成員を自らケアするという自助機能を持つが、その機能にも限界がある[29]。【相談】の妻が直面しているのは、家族のもつ自助機能を超える可能性のあるケア負担への不安であるともいえる。

先進資本主義諸国における社会保障制度は、第二次世界大戦後の急速な経済成長のもとで進展した家族の変化・変容を受けて、家族が担うことが予定されていた「自助機能」を補完する方向で発展した。しかし、日本の場合、オイルショック後の社会保障費削減の要請に基づき、家族は〈社会保障によ

---

[28] 2005年以降労政審労働条件分科会において労働契約法制定に向けた審議が行われたが、その審議の過程で転勤に関する法規定を置くことが議論されている（平18.6.13労働政策審議会労働条件分科会「労働契約法制及び労働時間法制の在り方について（案）」）。そこでは、「転勤については、その配置転換の必要性の有無、使用者に他の不当な動機があるか否か、労働者の被る不利益の程度等の事情を考慮し、その権利を濫用するものであってはならないものとする。」といった内容が想定されていた（荒木尚志＝菅野和夫＝山川隆一『詳説 労働契約法〔第2版〕』（弘文堂、2014年）所収資料370頁参照）。方向性としては東亜ペイント事件最判が示した枠組みを踏襲するものであったが、いずれにせよ、この構想は途中で潰えている。

筆者が構想している立法はこれとは異なり、たとえば「使用者は、その雇用する労働者の配置の変更で就業の場所の変更を伴うもの（以下、「転勤」という。）をしようとする場合において、対象となる労働者が転勤に応じることに支障がある旨の申出をした場合、使用者は転勤を行ってはならない。ただし、当該申出に応じることが事業の正常な運営を妨げる場合においては、使用者はその事由を書面で通知し、使用者及び労働者は転勤時期の変更その他の措置に関し誠意をもって協議しなければならない。」といったものを想定している。私は、そもそも転勤の問題は、命令に従うか否かの二者択一の問題ではなく、労使間の利益調整の問題であると考えており、そのための協議の機会を法的に保障することが重要であると考えている。そして、この場合、労働者が転勤に応じることに支障がある旨申し出ない場合、使用者からの協議の求めに応じない場合並びに誠実に協議に応じない場合には懲戒処分の対象となる可能があるだろうが、最終的に労使間で折り合いがつかない場合の懲戒（解雇）処分の可能性は排除されることになる。

[29] 最近、就学中の子が家族構成員のケアを行い、そのことで自らの成長や学業に困難を抱える事態に陥っていることが問題となっており、こども家庭庁が中心となって予算を組み、支援体制の強化を開始している（例として、こども家庭庁「令和5年度予算」https://www.cfa.go.jp/assets/contents/node/basic_page/field_ref_resources/e0eb9d18-d7da-43cc-a4e3-51d34ec335c1/98c645de/20230401_policies_young-carer_08.pdf （最終閲覧日2023.11.29））。このいわゆる「ヤングケアラー」問題は、自助機能の限界を超えた家族がなおもケア負担を負わざるをえない状況のなかで発露した問題であるといえる。

る援助の対象としての家族〉から、〈社会保障の抑制の支え手としての家族〉〈社会保障の担い手としての家族〉へと転換した。このように、家族のもつ自助的な無償の生活保障機能が「社会供給システム」の一環として社会的にビルトインされていることを「日本型福祉社会」と呼ぶ[30]。

　日本型福祉社会の存在および問題点の指摘は1980年代後半から90年代前半においてなされたが、「自助」の強調（「公助」は補完にすぎないとの位置づけ）はむしろ拡大している。しかし、日本の家族の多くが、この「日本型福祉社会」にいつまで耐えられるかは疑問である。共働き家族の増加、そして少子高齢化が進展する日本社会において、家族のケア負担が軽減するような展望を見出すことは困難である。むしろ家族の負担は増すばかりであろう。ケアの問題に関しては、今後より一層、社会保障制度を通じた国家という「公」による多様な援助や介入が求められる[31]。

　このように考えてくるならば、【相談】をした妻の苦しみは、本章で述べた転勤に対するさまざまな法的対応に加え、家族の自助機能にその多くを頼る「日本型福祉社会」からの脱却があってこそ解消されるといえるだろう。

30　たとえば、原田純孝「日本型福祉と家族政策」上野千鶴子ほか編『シリーズ変貌する家族6　家族に侵入する社会』（岩波書店、1992年）48頁。

31　今後の日本社会及び労働法学を展望する際には、「日本型福祉社会」からの脱却を図ることが重要であることを論じたものとして、緒方桂子「ケアワークをめぐる労働者と家族と国家」法律時報95巻9号（2023年）16頁以下参照。そこでは有償ケアワークの働き方の改善を含む、大きな枠組みのなかで議論することの必要性について論じている。

第2章　在宅勤務できるのに出社しなくてはならないのか
―― 勤務場所の決定・変更の法理を問い直す

岡本舞子

はじめに

　在宅勤務[1]は、従来から行われてきた勤務形態であるが、コロナ禍で広く実施された。コロナ禍を経て、出社に戻す企業もあるが、在宅勤務に対する労働者のニーズは高くなっている[2]。そこで、在宅勤務は法的にどのように実施されうるのか、およびそこからの出社命令や在宅勤務の終了は、法的にどのように行われうるのかについて、疑問を持つ労働者もいると思われる。例えば、次のような疑問が生じうる。

> 入社時から基本的に在宅勤務をしていたのに、出社を命じられた。保育所への送迎などもあり、往復3時間の通勤は負担が大きく、とても通勤できない。出社しなければならないのだろうか。

1　在宅勤務は、テレワークの一形態である。厚生労働省の「テレワークの適切な導入及び実施の推進のためのガイドライン」（令和3年3月25日）によれば、テレワークとは、「情報通信技術を利用して行う事業場外労働」と定義される。テレワークは、勤務場所に応じて、①自宅で行う在宅勤務、②労働者の属するメインのオフィス以外に設けられたオフィスで勤務するサテライトオフィス勤務、③PC等を利用し臨機応変に選択した場所で働くモバイル勤務に分けられるが、本稿は、その中の在宅勤務を検討対象とする。また、テレワークは、就労形態により、雇用型と自営型に分けられるが、本稿は、雇用型を検討対象とする。

2　テレワークに関する調査であるが、国土交通省「令和4年度テレワーク人口実態調査」によれば、雇用型テレワーカーの86.9％が、テレワークの継続意向を持つ。その理由は、「時間の有効活用」（40.3％）、「通勤の負担軽減」（33.0％）、「個人事情等」（26.7％）の順に多い。

（アイ・ディ・エイチ事件・東京地判令和4・11・16労判1287号52頁参照）

　この疑問に答えるためには、以下のような問いを検討する必要がある。在宅勤務と出社しての勤務（出社勤務）との違いや在宅勤務の特殊性はあるか。それを考慮した上で、在宅勤務の実施が法的にどのように実現されうるのか。すなわち、在宅勤務の実施について、従来の勤務場所の決定・変更の法理と同様の枠組みで考えることができるのか、異なる考慮や枠組みが必要か。本稿では、従来の勤務場所の決定・変更の法理と日本的雇用慣行との関係を踏まえつつ、これらの問いについて検討する。

　もっとも、在宅勤務の態様は多様であるため、最初に在宅勤務の基本的な分類を確認し、検討対象を明確化する（1）。その上で、在宅勤務と出社勤務との違いや在宅勤務の特殊性を考慮するために、在宅勤務のメリット・デメリットについて確認する（2）。これを踏まえて、在宅勤務が法的にどのように実現されうるのかを検討するが、使用者が在宅勤務を命じることができるか（3）、労働者が在宅勤務を請求することができるか（4）を検討し、5で、労働者と使用者の合意による在宅勤務の実施について検討する。本稿では、これらの検討を通じて、在宅勤務について、日本的雇用慣行の下で形成された従来の勤務場所の決定・変更の法理の限界や新たな考慮と制度的枠組みの必要性について明らかにする。

1　在宅勤務の分類

　コロナ禍の緊急事態宣言下のような緊急時の場合には、労働者の通勤時および出社時の感染リスクの低減のため、労働者の健康確保や、外出抑制下での使用者の事業継続の観点で、在宅勤務の必要性が高まるという特殊な状況が存在し、使用者および労働者が、在宅勤務を選択せざるを得ないような状況が存在したと考えられる[3]。そうした緊急時においては、在宅勤務の実施に関して平常時とは異なる考慮が求められる可能性がある[4]。しかし、本稿は、そうした緊急時を除く、いわゆる平常時における在宅勤務の実施を検討対象とする。

在宅勤務は、その頻度により、常に在宅勤務で就労する①「常時在宅勤務」と在宅勤務と出社勤務を組み合わせて行う②「一部在宅勤務」に大別される。一部在宅勤務では、在宅勤務の頻度は様々であり、ａ定期的に継続的に在宅勤務と出社勤務が混在しながら就労する場合（例えば、週３日出社勤務、週２日在宅勤務など）と、ｂ不定期に在宅勤務の必要性や希望に応じて単発的に在宅勤務を実施する場合とに分けられる。ここで、法的には、在宅勤務への拘束性の程度は様々であり、主として在宅勤務の合意による固定が問題になる場合と在宅勤務の一時的な許容が問題になる場合とがありうる[5]。本稿では、基本的にそのすべてを対象とするが、必要に応じてそれらを区別して検討する。

　在宅勤務の実施を求める要因や目的も多様である。使用者側においては、時間と場所の有効活用による生産性の向上のためや、大雨などによる通勤困難時の事業継続のために日常的に一部在宅勤務を実施するという場合、ワーク・ライフ・バランスの向上や通勤困難者への配慮のために実施する場合等がある。労働者側においては、仕事と生活の調和、育児、介護、妊娠中、生理中、疾病、その他の健康上の理由、障害といった様々な事情により在宅勤務の実施を希望することがある。労働者側の事情の一部に関しては、法律上の権利・義務や判例法理との関係で、在宅勤務請求権の法的根拠付けの検討が異なりうる。本稿では、基本的に、一般的な労働者を中心に検討する。労

---

[3] 緊急時テレワークについて、企業にテレワークの実施について選択の余地があまりないという特徴が指摘される（山川和義「緊急時テレワークの法的課題」季労271号〔2020年〕47頁、51頁）。また、労働者側においても、COVID-19流行前には自身の状況を勘案し、メリットがデメリットを上回るとの判断のもと在宅勤務を選択できた労働者も、COVID-19流行下では、従来であれば在宅勤務を選択しないような状況の労働者も在宅勤務せざるを得なかったため、デメリットや課題が顕在化したと指摘されており（大河原眞「在宅勤務の健康影響――COVID-19流行下の影響と、これからにむけて」産業保健法学会誌1巻2号〔2022年〕10頁、12頁参照）、緊急時テレワークについては労使双方において選択の余地が狭くなるという特徴がある。

[4] 「COVID-19拡大対策のようなパンデミックや予期せぬ災害時に行われる緊急時のテレワーク」について検討するものとして、山川・前掲注3）47頁以下参照。テレワークの恒常的実施と緊急事態宣言等の緊急時におけるテレワークの緊急実施を区別して論じるものとして、土田道夫「新型コロナ危機と労働法・雇用社会(1)」法曹時報73巻5号（2021年）1頁、40-46頁参照。

[5] ドイツにおける在宅勤務（Homeoffice）の合意の段階付けに関する論述（Frank Bayreuther, Dogmatik und Gestaltung der Homeoffice-Vereinbarung, NZA 2021, S. 1593）に示唆を得ている。

働者の有する特別な事情ごとの詳細な検討はできないが、育児に関しては、次で述べるように在宅勤務のメリットが指摘されており[6]、2024年の育介法改正により、子が3歳になるまでのテレワークの実施が努力義務とされるなど、育児と仕事の両立のための一つの選択肢として注目されることから、下記「5　合意による在宅勤務の実施」においては、育児に関連する判決を中心に参照した。

2　在宅勤務のメリット・デメリット

労働者にとって、一般に、在宅勤務により、通勤が不要になることで通勤による疲労の軽減や、家事などの時間の捻出等、仕事と生活の調和においてメリットがあるといわれる[7]。育児と仕事の両立に関しても、家庭の事情で短時間勤務を行う労働者がテレワークを組み合わせることでフルタイム就労が可能になりうるとの指摘もある[8]。継続的に常時在宅勤務をする場合、使用者の事業所に場所的に拘束されないため、使用者の事業所から遠隔地に居住しても就労できるというメリットもある。

他方で、在宅勤務では、コミュニケーション不足といった問題[9]が生じるため、円滑な業務遂行や職業能力形成、健康への影響も懸念される。また、自宅を勤務場所とすることにより、仕事と私生活の区分が曖昧になるというデメリットがある。それにより、プライバシーの侵害、長時間労働を生じやすいことや健康への影響も指摘されるほか、在宅勤務により育児や家事との両立がかえって困難になることもありうる[10]。

使用者にとっても、在宅勤務は、オフィスにかかる費用の削減、生産性の

6　厚生労働省「今後の仕事と育児・介護の両立支援に関する研究会報告書」（2023年6月19日）（以下、「報告書」）（14-17頁参照）。

7　河野奈月「テレワークと労働者の私生活の保護」法時92巻12号〔2020年〕80頁。前掲注2）も参照。

8　前掲注6）報告書14-15頁参照。

9　内閣府「第6回　新型コロナウイルス感染症の影響下における生活意識・行動の変化に関する調査」によれば、就業者へのアンケート調査（2023年3月）で、テレワークで不便な点として、「社内での気軽な相談・報告が困難」（36.0％）、「画面を通じた情報のみによるコミュニケーション不足やストレス」（30.2％）が上位となっている。

向上、在宅勤務のニーズを持つ労働者にとっての魅力が増す等のメリットがある反面、在宅勤務を可能にするための設備の整備、情報セキュリティ対策、在宅勤務における労働者への健康配慮、労働時間管理に関する制度整備、在宅勤務実施のための通信費等の費用負担といった対応が必要になる。

在宅勤務の実施においては、メリットを考慮するだけでなく、デメリットへの対応や配慮も必要となる。

3　使用者の在宅勤務命令

上述の在宅勤務のメリット・デメリットを踏まえた上で、在宅勤務の実施について、まずは、使用者が在宅勤務を命じることができるかについて検討する。

(1)　規定説と個別同意説

先行研究は、在宅勤務について明確な就業規則規定がある場合には、使用者が労働者に在宅勤務を命じることができると解する見解（規定説）[11]と、在宅勤務は、労働者の個別同意がある場合にのみ実施されうると解する見解（個別同意説）[12]に大別される[13]。両説ともに、通常の労働契約や配転命令権では、使用者の管理する施設における就労が前提とされているため、通常の配転命令権によって、在宅勤務を命じることはできないと解する点では共通している。しかし、規定説は、在宅勤務を命じることを「勤務場所の変更」と

10　在宅勤務の両義性について、浅倉むつ子「コロナ禍と女性労働——対応策にジェンダー視点は反映されているか」労旬1975＝1976号（2021年）44頁、49頁参照。
11　森戸英幸「テレワーク・家内労働・在宅ワークの法政策」法時75巻5号（2003年）25頁、26頁、竹内（奥野）寿「在宅勤務とワーク・ライフ・バランス」ジュリ1383号（2009年）83頁、86頁、水町勇一郎「コロナ危機と労働法」中央労働時報1264号（2020年）16頁、25頁、土田・前掲注4）42頁、石﨑由希子「『新しい日常』としてのテレワーク」ジュリ1548号（2020年）48頁、50頁等。
12　河野・前掲注7）83頁、山川和義「テレワークの意義と可能性」和田肇編『コロナ禍に立ち向かう働き方と法』（日本評論社、2021年）83頁、96頁、細川良「新型コロナウイルス禍におけるテレワークの普及とその課題」労旬1975＝1976号（2021年）29頁、31頁等。
13　学説の整理について、石﨑由希子「雇用型テレワークに係る労働法上の課題」季労274号（2021年）14頁、21-22頁や土田・前掲注4）40-41頁等を参照した。

捉えて、配転と同様に、就業規則に明示の根拠があれば、在宅勤務を命じることができると解するのに対し、個別同意説は、労働者の私生活の保護（憲法13条参照）やプライバシー、私的領域の保護の観点から、個別同意が必要と解する。

(2) 配転法理の基礎とその変化

規定説は、在宅勤務命令権について、配転命令権と同様に、明確な就業規則規定があれば、根拠づけられ得ると解する[14]。そこで、配転命令権に関する判例法理とそれに関する変化を概観した上で、在宅勤務命令権について、配転と同様に解することができるかを検討したい[15]。

配転法理の基礎となった東亜ペイント事件（最二小判昭和61・7・14労判477号6頁）では、労働協約および就業規則に会社が業務上の都合により従業員に転勤を命じることができる旨の定めがあり、転勤の実態もあり、勤務地限定合意がなかった場合に、会社が個別的同意なしに当該労働者の勤務場所を決定し、これに転勤を命じる権限を有するとして配転命令権を根拠づけた。同判決は、当事者の意思を基礎としていると解されるものの、使用者に広い配転命令権を認め、権利濫用法理によりそれを制限するという判断枠組みを用い、それがその後の裁判例に定着した。こうした判断枠組みは、日本的雇用慣行（特に終身雇用制の下での労働力の柔軟な配置）に適合的なものとして捉えられてきた[16]。

しかし、勤務地限定正社員や社内公募制度の登場など、配転をめぐる実態

---

14 ただし、その上で、権利濫用判断を慎重に行うべきとする見解がある（竹内・前掲注11）86頁、土田・前掲注4）42頁）。また、使用者は、労働者から在宅勤務が困難との申出あった場合、支障の解消や緩和に向けた検討をする配慮義務を負い、調整を行わなかった場合には、テレワーク命令権自体が否定されると解する見解（石﨑・前掲注11）50頁）や従業員の利益に配慮した合理的な内容のテレワーク規定の整備が不十分であれば、就業規則変更の合理性（労契法10条）が否定され、テレワーク命令権自体が否定されると解する見解（土田・前掲注4）42-43頁）のように、留保を付ける見解もある。
15 先行研究で、長期雇用慣行の下で一般的に行われてきた配転との対比において、在宅勤務は、現状において一般化して通常想定されるものとは言い難い点で異なるとの指摘がある（細川・前掲注12）31頁）。
16 土田道夫「日本的雇用慣行と労働契約」日本労働法学会誌73号（1989年）31頁、38頁等参照。

は多様化してきた。また様々な事情を有する労働者にとって勤務場所の意義の個別性が増しており、裁判例もそれをとりわけ濫用法理の中で考慮してきた。例えば、裁判例においては、配転命令権の濫用法理において、育児や介護と仕事の調和への配慮（育介法26条)[17]や仕事と生活の調和への配慮（労契法3条3項)[18]、労働者の健康状態への配慮[19]が考慮されている。

また、勤務地限定合意の認定も、裁判例は容易に認めない傾向にあるが[20]、労働者が、家庭の事情や家族の病気に関する事情で転勤に応じられない旨を申し出ていた場合に勤務地限定合意を認めるもの[21]や、近時の裁判例では、勤務地限定合意は認めないものの、転勤可能性について信義則上の説明義務を根拠付け、十分な説明のない場合に説明義務違反による不法行為に基づく損害賠償請求を認容する例[22]もある。こうした裁判例には、個別の労働者にとっての勤務場所の意義を考慮し、個別の労働者の意思を十分に踏まえた勤務場所に関する合意の認定や信義則上の説明義務を導く法理の萌芽が見られる[23]。

配転法理は、その枠組みを維持しつつも、個別の労働者にとっての勤務場所の意義や個別の労働者の意思を一定の範囲で尊重しようとする変化が見られるといえる。

さらに、2024年4月から労基法15条1項に基づく労働契約締結時の労働条

17　ネスレ日本（配転拒否）事件・大阪高判平成18・4・14労判915号60頁。
18　配転の内示の事案であるが、一般財団法人あんしん財団事件・東京高判平成31・3・14労判1205号28頁。
19　鳥取県・米子市事件・鳥取地判平成16・3・30労判877号74頁。
20　面接時に、労働者が転勤の有無を問い、面接担当者から転勤はない旨の回答を受けていた場合でも、勤務地限定合意があったとは認められず、就業規則に基づき配転命令権が認められた例がある（チェース・マンハッタン銀行事件・大阪地決平成3・4・12労判588号6頁）。
21　新日本通信事件・大阪地判平成9・3・24労判715号42頁（家庭の事情）。日本レストランシステム事件・大阪高判平成17・1・25労判890号27頁では、労働者の子が、難病のため、主治医による定期的な観察、治療が不可欠であり、主治医の変更も容易でなく、容態の急変時にかかりつけの病院で治療を受けるため、通院可能な場所を離れることが困難といった事情があった。
22　シロノクリニック事件・東京地判平成31・3・8労経速2389号23頁。
23　近時の裁判例では、契約締結過程における当事者の具体的行為や当事者における想定を綿密に検討して、労働契約成立時の合意による内容決定を具体化するものがあるとの指摘について、本書67-68・82-83頁［新屋敷恵美子］参照。

件明示義務の内容に、就業場所の変更の範囲の明示が追加されたが、そうした明示義務の拡充にも、個別の労働者にとっての勤務場所に関する予測可能性を高めようとする趣旨が見られる。

(3) 在宅勤務命令

では、在宅勤務命令権について、配転命令権と同様に、在宅勤務を命じることがある旨の就業規則規定があれば、在宅勤務命令権が根拠づけられうると解することができるだろうか。

マガジンプランニング事件（京都地判平成23・7・4労旬1752号83頁）は、使用者が、労働者が働いていた事務所の建物を第三者から賃借せず、労働者に自宅を事務所として勤務するよう命じた事案であり、この自宅事務所勤務命令の有効性が副次的に争点となった[24]。同判決は、自宅事務所勤務の場合、自宅で業務を行うための設備設置やスペースの確保、取引先との郵便等のやり取りで、私的なものと仕事に関するものとの分別・管理が必要になり、必然的に家族を巻き込むことになるといった点で、「私生活に対して影響を与える度合いが強い」ため、自宅を事務所として使用する場合、「労働者の個別の合意か、就業規則上の明確な定めが必要」と解し、就業規則の配転命令権の定めでは自宅を事務所として使用することまで定めている趣旨とは言い難いとした。そして、自宅事務所勤務命令が労働者の業務内容の遂行に与える影響（取引先訪問における労働者の労力の増加や対応の困難性、労働者の取引先との関係への影響やそれによる労働者の収入への不利益な影響）への配慮の不実施や、労働者に不利益を甘受させるほどの必要性がないことから、当該命令を無効と解した。ここでは、自宅事務所勤務命令について、私生活への強い影響を考慮し、通常の配転命令権では不十分と解されているが、就業規則の明確な定めがあれば使用者が自宅事務所勤務命令を発しうると解するようにも読める。

しかし、在宅勤務について、同判決が指摘するように在宅勤務の私生活への影響は大きく、自宅を勤務場所とすることにより、労働者のプライバシーが侵害される可能性も考慮すると、在宅勤務の実施について労働者がそれを

---

24 塩見卓也「民法628条にもとづく損害賠償請求」労旬1752号（2011年）24頁も参照。

受け入れるかどうかは、個別の労働者にとっての在宅勤務の意義や個別の労働者の意思が重視されるべき場面といえる。配転をめぐる個別の労働者の意思の考慮といった変化を見ても、在宅勤務について、就業規則の規定のみで使用者の命令権が根拠づけられうると解することには疑問がある。

もっとも、個別同意説に対しては、テレワークに関する規定の合理性の有無にかかわらず、労働者の同意のみによりテレワークでの労働義務が生じ、テレワークに伴う不利益の規制が困難になりうるとの指摘がある[25]。たしかに、在宅勤務を実施する際には、労働者の意思の尊重が重要であるが、それに加えて、労働者の健康確保や設備の整備、情報セキュリティに関する対応等、在宅勤務による不利益を回避するための対応が求められ、事前に在宅勤務の実施に関する制度的枠組みを整備しておくことも重要になる。そこで、これについては、立法的対応も検討する必要があると思われる[26]。

4　労働者の在宅勤務請求

次に、労働者が在宅勤務を請求できるかについて、従来の勤務場所の決定・変更に関する労働者の請求の根拠付けと対比しつつ検討したい。

(1)　従来の勤務場所の決定・変更についての労働者の請求

勤務場所の決定について、一般に、労働契約で勤務地限定合意がなされることは少なく、前述のように配転命令権が広く認められてきたが、反対に、労働者が勤務場所を決定・変更できるとする合意がなされる、または就業規則でそのような規定が設けられることは少なかった。そのため、労働者の勤務場所の決定・変更請求は、それが特に労働契約の内容となっていない限り、一般に認められてこなかったと解される。

しかし、特別な事情を有する労働者については、法律上の権利・義務に基

---

[25] 土田・前掲注4）44頁。
[26] 例えば、裁量労働制のように、制度導入における労使の参加と最低限の規定項目を求め、適用時に労働者の個別同意を求めるといった段階的枠組みは、在宅勤務についても検討する余地があると思われる。

づいて勤務場所の変更の請求が実現されうる場面がある。例えば、妊娠中の軽易業務転換請求（労基法65条3項）に基づき、妊娠中の労働者の請求による勤務場所の変更が行われることがある[27]。

障害者については、使用者が、障害者の申出に基づくあるいは障害者の意向を尊重した障害の特性に配慮した必要な措置を講じる義務を負っており（障害者雇用促進法36条の2〜36条の4）、そのような合理的配慮義務に基づき、障害者の申出による勤務場所の決定・変更が行われる場合があり得るが、障害者による勤務場所の決定・変更の請求の実現が、法的に根拠づけられるかは不確定である[28]。

他方で、育児や介護を行う労働者については、育介法26条が勤務場所の変更時の使用者の配慮義務を定めるが、これは配転命令権の濫用判断で考慮されうるものの、そこから労働者の請求による勤務場所の変更が根拠づけられるとは解されていない。

つまり、勤務場所の決定について、勤務地限定合意がなされることは少なく、労働者が勤務場所の決定・変更の権利を持つとする規定や合意も一般的ではない。しかし、労働者が特別な事情を有する場合には、一部、勤務場所の変更の請求が実現されうる場合があるといえる。

(2) **在宅勤務請求**

先行研究では、労使の自主的判断で導入された在宅勤務制度において労働者に在宅勤務請求が認められていない限り、あるいは、在宅勤務での就労が合意されていない限り、労働者は在宅勤務を請求することができないと解する見解が多数である[29]。これは、従来の勤務場所の決定・変更についての労働者の請求に関する考え方と基本的に同様である。

また、特別な事情を有する労働者については、障害者に対する合理的配慮

27　例えば、広島中央保健生活協同組合事件・最一小判平成26・10・23民集68巻8号1270頁では、理学療法士である労働者の妊娠中の軽易業務転換請求に基づいて、病院外での訪問リハビリ業務から病院内のリハビリ業務への変更が行われた。

28　障害者が申し出た勤務場所の決定・変更が困難な場合に、使用者が代替措置を提案することもあり得るし、合理的配慮義務は、過大な負担を及ぼさない範囲に限られる。

義務に基づいて、在宅勤務の請求が認められ得る可能性を指摘するものがあるが[30]、これについても従来の法理を在宅勤務について応用するものと捉えられる。

もっとも、在宅勤務の場合には、コミュニケーション不足や健康上の不利益が生じうる可能性もあることを考慮すると、慎重な考慮が求められる。また、その実施のためには、設備の整備など、在宅勤務を可能にする諸条件を満たす必要があるため、使用者の了承なしで、労働者の請求により在宅勤務を実現することは困難であると解される。ここでは、特別な事情を有する労働者についても、従来の勤務場所の決定・変更法理だけでは、労働者の在宅勤務請求を認めることが困難であり得るという限界がある。

5　合意による在宅勤務の実施

(1)　はじめに

上記3・4より、在宅勤務の実施は、使用者の一方的命令により行われえず、労働者の個別同意が必要であり、労働者の請求は、特別な事情を持たない一般的な労働者については、労働契約上の根拠を必要とすると解される。特別な事情を有する労働者については、法律や判例法理に基づいて、在宅勤務を請求しうる場合が考えられるものの、実際に在宅勤務を行うためには、諸条件を整える必要があり、通常、使用者がそれを了承する場合に、在宅勤務が実施されることになると考えられる。そうすると、在宅勤務の実施は、基本的に労働者と使用者が了承する場合に行われうるといえる。

そこで、在宅勤務が合意により実施された際に、当事者が、在宅勤務の継

29　森戸・前掲注11) 26頁、竹内・前掲注11) 85頁、河野・前掲注7) 80頁、石﨑・前掲注11) 49頁、土田・前掲注4) 45頁、佐々木達也「5．メンタルヘルス不調者のテレワークでの復職をめぐる現状と課題の整理(2)テレワークによる復職への対応における法的留意点」産業医学ジャーナル46巻2号（2023年）28頁参照。ただし、通信技術の発達により、出勤の必然性が後退し、他方で仕事と生活の調和への配慮（労契法3条3項）が求められることを考慮し、「労働者の生活上の理由に基づくテレワークの選択について、使用者がその実施をはかるべきと解する余地も、今後は生じうる」と指摘する見解もある（細川良「テレワークの拡大と働く『場所』・『時間』」法学教室486号〔2021年〕33頁、37頁）。

30　石﨑・前掲注13) 23頁、佐々木・前掲注29) 30頁。

続や固定、期間に関して、どのように合意するかが重要になる。例えば、常時在宅勤務の継続的な実施を合意する場合もあれば、特定の原因に基づき一時的に在宅勤務を行うことを合意する場合もあり、在宅勤務への拘束性は様々であり得る。では、従来の勤務地限定合意に関する裁判例の判断と対比しつつ、在宅勤務の合意がどのように解釈されうるかについて検討する。

(2) **勤務地限定合意**

上述のように、従来、勤務場所の決定に関して、裁判例は、勤務地限定合意の認定に消極的であるが、勤務地限定合意を認めた少数の裁判例を見ると、採用面接で、家庭の事情、あるいは、子の病気のために転勤できないといった家庭の事情による場所的制約を労働者が積極的に申し出ており、使用者がそれを了解していた場合に、勤務地限定合意を認めている[31]。

また、勤務地限定合意を認めなかった裁判例でも、契約締結にあたり、保育園の送迎のため特定の事業所での勤務を希望する旨を繰り返し伝え、使用者がそれを認識しており、また、契約締結に当たっての労働者の高額の研修受講費負担を考慮し、労働者にとって雇用契約の継続が重要な関心事であることは使用者も認識できた事情の下、使用者は雇用契約締結に先立ち、勤務継続に支障となりうる事情を説明する信義則上の義務を負うと解され、他の事業所への転勤可能性や希望する勤務地以外で長期間勤務しなければならない可能性について十分な説明をしていないとして、信義則上の説明義務違反による不法行為に基づく損害賠償請求を認容した例がある[32]。ここでも、契約締結時に、家庭の事情等による勤務場所に関する制約について労働者が積極的に申し出ていることが重視されている。

これらの事案では、労働者が家庭の事情等から勤務場所について特別な希望を表明しており、それが勤務地限定合意や勤務場所の変更に関する説明義務の根拠づけにおいて考慮されている。

---

31 前掲新日本通信事件、前掲日本レストランシステム事件。
32 前掲注22)シロノクリニック事件。

(3) 在宅勤務の合意

在宅勤務については、出社勤務と異なり、通勤が不要となるため、労働者が職場から遠隔地に居住する場合や家庭の事情等で通勤や労働時間に制約がある場合であっても、就労が可能になりうる点で、労働者にメリットがあり、在宅勤務という労働条件が、就労自体を可能にするか否かを分ける重要な条件となりうる。特に、固定的な常時在宅勤務については、在宅勤務が不可能とされると、就労自体が困難になる場合があり得る。そのため、労働者が在宅勤務に特別の希望を有することを表明していた場合には、勤務地限定合意の裁判例に照らしても、それを重視し、在宅勤務の合意を解釈する必要があると思われる[33]。

実際に、転職サイトに常時在宅勤務を希望する旨登録していたデザイナーが、使用者からスカウトメールを受け、面接時に、使用者から自宅勤務で問題なく、在宅勤務が基本であるが、何かあったときには出社できることが条件である旨説明され、契約書には就業場所が本社事務所と記載されていたが、入社して継続的に在宅勤務を行い、出社したのは初日のほか1日だけで、使用者もそれに異論を唱えていなかったという事案で、契約書の記載にかかわらず、労働契約において就業場所は原則自宅で、使用者は業務上の必要がある場合に限り、出勤を求めることができるものと解された[34]。こうした解釈は、契約書の記載に拘泥せず、在宅勤務に関する労働者の希望の表明や実態を重視した判断と解される。特に常時在宅勤務や定期的・継続的な一部在宅勤務に関しては、労働者が在宅勤務に特別の希望を表明している場合、それを踏まえて合意を解釈する必要があり、どのような場合に在宅勤務が終了となるかについて信義則上の説明義務が根拠づけられる場合がありうると解される[35]。

---

33 さらに、労働者による在宅勤務の希望が、特別な事情により理由付けられている場合には、労働者の意思の考慮の要請がより強くなると考えられる。労契法3条3項も参照。
34 アイ・ディ・エイチ事件・東京地判令和4・11・16労判1287号52頁。この事案では、労働者に出勤が命じられた当時、労働者が、妊娠中で、保育園の送迎等もあるため、往復3時間の通勤が困難であり、出勤命令後、労務を提供しなかった。同判決では、出勤命令の業務上の必要性が否定され、出勤命令が無効と判断された。
35 前掲注22)シロノクリニック事件参照。

他方で、特定の要因に基づき一時的に在宅勤務が許容される場合、将来にわたって在宅勤務が固定されるわけではない[36]。一時的な在宅勤務の実施については、①期限が付される場合が考えられるほか、②在宅勤務の実施が特定の要因を要件とする場合には、要因がなくなるまで在宅勤務が実施されるという場合や、③在宅勤務を実施するが、一定の要件の下で出社命令権や在宅勤務の終了を決定する権利を使用者が留保して合意する場合も考えられる。こうした場合にも、在宅勤務に関する労働者の希望の表明を考慮する必要があるが、他方で、使用者における出社命令の必要性やそれに関する利益との適切な調整が必要になる。例えば、在宅勤務により業務遂行に支障が出る場合や、情報セキュリティ上の問題が生じたような場合には、出社命令の必要性が根拠づけられうると考えられる。

むすびにかえて

　本稿では、特に、いわゆる平常時における在宅勤務の実施について、従来の勤務場所の決定・変更の法理が妥当するか否か、新たな考慮や制度的枠組みが必要なのかについて検討した。在宅勤務は、自宅を勤務場所にするという特殊性から、私生活への影響が大きいため、その実施について、労働者の意思の尊重が求められ、他方で、在宅勤務を可能にする設備や在宅勤務による不利益を回避するための対応が必要となるため、使用者の制度整備なしで、労働者の意思のみで在宅勤務を実施することは困難である。そこで、在宅勤務の実施において当事者の合意が重要になると解されるが、従来、勤務場所に関する多様な合意について裁判例が十分に展開してきたわけではなく、合意による在宅勤務の実施と許容される変更可能性については、なお検討を要する。このように、在宅勤務の普及により、勤務場所の決定・変更をめぐり新たな課題が生じている。

36　Vgl. Bayreuther (Fn. 5), S. 1595.

第3章　職場における
　　　ワクチン接種強制は可能か
──職場における労働者の健康保護のあり方を問い直す

後藤　究

1　はじめに

　我々は、過去数年間にわたり、新型コロナウイルス感染症のパンデミックがもたらした混乱の中で生活してきた。その中で社会的関心を集めたトピックの1つとして、「職場におけるワクチン接種強制」の問題を挙げることができる。この間、少なからぬ職場において、「ワクチンを打たない場合には、何らかの不利益的な取り扱いを課す」という形で、いわば間接的にワクチン接種を強制するような対応がとられてきたことが推測される。

　一例として、日本弁護士連合会（日弁連）が、2021年10月1日・2日の2日間にわたり、「新型コロナウイルス・ワクチン予防接種に係る人権・差別問題ホットライン」（以下、「ホットライン」）を開設したところ、このホットラインには、間接的なワクチン接種強制に悩まされてきた労働者等からの相談が合計で100件近く寄せられたようである[1]。この相談事例を抜粋すると、次の通りである。

①看護師からの相談
「『ワクチン接種しないなら、医療法人の方針で退職してもらう』と言われ、

---

[1] 日弁連のHP上の資料を参照（https://www.nichibenren.or.jp/library/pdf/activity/human_shinsai/covid19/211001_covidvaccine.pdf）（最終閲覧日：2024年8月2日）。

退職した。……同様の理由で退職した他の看護師もいる」。
②会社員からの相談
「接客業……のため会社から接種を強要される……ので、仕事を辞めることを決めた。自分がいなくなった後、わざわざ消毒するなどの嫌がらせを受けているので、もうこれ以上、働けない……」。
③障害者施設従業員からの相談
「非接種の従業員の出社禁止・配転が検討されているが、妥当か」。
④製造業パートからの相談
「未接種者に対する懲戒として11月1日で解雇される」。

パンデミックのような状況下では、なるべく多くの者がワクチンを接種することが、感染症の発症・重症化リスクの軽減、延いては、医療崩壊等の重大な事態の発生防止に資するとも考えられよう。例えば、厚生労働省HP（新型コロナウイルスに関するQ&A（労働者の方向け））においても、このような認識の下で、次のようにして医療従事者等への接種が奨励されている。曰く、「医療従事者等に係るワクチン接種については、業務の特性として、新型コロナウイルスへのばく露の機会が極めて多く、医療従事者等の感染、発症及び重症化リスクの軽減は、医療提供体制の確保のために必要です」と[2]。

しかし他方で、不利益的措置を媒介とする間接的な形であれ、ワクチン接種を強制することは、労働者によっては重大な不利益をもたらすものともいえる。例えば、間接的なワクチン接種強制によって、個々人が持つ生命・健康や職業選択・遂行の自由あるいは労働権といった法益が侵害されることは想像に難くないことであろう[3]。更には、接種強制を受ける労働者が、自らが信じる世界観あるいは宗教上の理由からワクチンを接種しない・接種できないという事情を抱えている場合には、間接的な接種強制はその者の思想・

---

[2] https://www.mhlw.go.jp/stf/seisakunitsuite/bunya/kenkou_iryou/dengue_fever_qa_00018.html（最終閲覧日：2024年8月2日）。もっとも、これはワクチン接種による健康被害が労災保険給付の対象になるか否かという文脈での説明であり、かつ、接種が「必要」であると述べるに留まることには注意を要する。その他の説明の中で、「接種については、通常、労働者の自由意思に基づくものである」ことが繰り返し述べられているように、接種を強制化しようとするものではない。

良心の自由や信教の自由に対する侵害行為とも評価し得るだろう[4]。

　そこで、以下、本稿においては、新型コロナウイルスのような新興感染症によるパンデミックが生じた際に、上述した「ホットライン」の相談事例で紹介されているような、「ワクチンを打たない場合には、何らかの不利益的な取り扱いを課す」という形での間接的ワクチン接種強制が許容されるのか否かを、若干ながらも検討していくこととしたい（3）。

　もっとも、本書の企画趣旨は「日本的雇用を問い直す」ことである。もとより、筆者自身の能力からみて企画趣旨に適切に応えられるかには自信が無いものの、可能な限り、「日本的雇用」との関連性を意識した検討作業を進めていきたい。より具体的には、上記のような「間接的ワクチン接種強制が許容されるのか」との問いについての検討を進めていく前に、そもそも、一部の職場で間接的ワクチン接種強制問題が発生した原因（遠因）として、日本的雇用慣行の何らかの影響が考えられるのではないか、との仮説を示してみることとしたい（2）。

---

[3] 例えば、近時のドイツ連邦憲法裁判所決定（BverfG, Beschluss v. 27.04.2022-1 BVR 2649/21, BVerfGE 161, 299）は、医療・介護従事者がワクチン接種証明書又は快復証明書（Impf- und Genesenennachweis）等を提出しない場合には、勤務先である医療・介護施設等への立ち入りやそこでの就業を禁じる措置（Betretungs- oder Tätigkeitsverbot）を講じることを規定していた時限立法（感染症予防法（Infektionsschutzgesetz）旧20a条）の合憲性を判断する中で、かかる規制は直接的にワクチン接種を強制するものではなく、医療・介護従事者個人は「ワクチンを接種するか・しないか」の決定を行うことができるものの、未接種の場合の上記不利益的措置が存することによって、憲法上保障される身体の不可侵性が侵害されることになると指摘する（ただし、連邦憲法裁判所は、結論として、かかる侵害が正当化されることを指摘している）。感染症予防法旧20a条及び上記事案については、山本陽大「職場における感染症拡大防止をめぐる法政策—コロナ禍におけるドイツ労働法の形成と展開」JILPTディスカッションペーパー（2023年）28頁以下を参照されたい。なお、旧20a条は、コロナ禍における時限的措置であり、2022年12月31日の有効期限満了により、既に失効している。

[4] 特に諸外国においては、信仰や自身の有する世界観上の理由から、ワクチン接種を忌避する者も少なくないようである。こうした諸外国の事情については、大林啓吾『感染症と憲法』（青林書院、2021年）101頁以下や中窪裕也「コロナワクチン接種の義務づけを命じる連邦の労働安全衛生基準の効力」季刊労働法278号（2022年）81頁以下等を参照。

2 問題の遠因としての日本的雇用慣行？

　間接的ワクチン接種強制をめぐる問題が存したことは、コロナ禍の他国においても共通しており、かかる問題が生じたこと自体は日本固有の事情というわけではなさそうである。ただし、そうであるとすれば、そもそも、「職場における間接的ワクチン接種強制の問題を『日本的雇用（慣行）』に引き付けて論じることが適切なのであろうか？」との疑問も生じてくる。

　しかし、問題発生の「契機」のレベルで比較すると、諸外国と我が国では重要な相違が存し、かつ、その契機にこそ、日本的雇用慣行がもたらす少なからぬ影響を見て取ることができるように思われる。

　すなわち、諸外国（例えば、ドイツ[5]）で職場におけるワクチン接種強制の問題が論じられた基礎には、そのような接種強制について定めた「法規制」が存在したことを指摘できる。これに対して、日本の場合には、新型コロナウイルスワクチンを含め、予防接種の強制実施について定めた法律は存在しない。予防接種法8条・9条は国の「接種勧奨」と国民に対して予防接種を受ける旨の「努力義務」を規定するにとどまる。政府や厚生労働省も、ワクチン接種の強制はできず、あくまで国民が自らの判断で接種を受けるべきであり、未接種者に対する不利益取扱いは適切ではないとの見解を示している[6]。

　このように、日本の場合には、ワクチン接種強制を定めた法規制が存在しないにも関わらず、別の何らかの原因（遠因）があるために、ワクチン接種強制の問題が生じたのではないかと考えられる。

　では、その「別の原因（遠因）」として、具体的に何を想定できるのであろうか。あくまで仮説の域を超えない考察ではあるが、従前の日本企業においては、労働者の生命・健康に関する権利・利益を相対的に軽視する傾向が存

---

[5]　ドイツの規制については、山本・前掲注3）28頁以下を参照されたい。
[6]　政府見解として、衆議院答弁書（内閣衆質204第35号令和3年2月19日）を参照。また、厚生労働省の見解として、新型コロナワクチンQ&A（https://www.mhlw.go.jp/stf/seisakunitsuite/bunya/vaccine_qa.html）を参照（最終閲覧日：2024年8月2日）。

したものと思われる。こうした意識は、今なお、少なからぬ企業・職場の中に存在しており、間接的ワクチン接種強制問題を生み出す遠因としても機能したのではないだろうか。

　今や死語と化した感も否めないが、例えば、「24時間戦えますか」とか、「企業戦士・モーレツ社員」といったようなフレーズの下で、生命・健康を犠牲にしてでも、企業のために粉骨砕身で働く労働者像を美化しようとする風潮があったことは確かであろう。過去の裁判例の中でも、生命・健康への危険が予想される環境下において、企業が働き手に対して業務従事を要求したケースが見受けられるが[7]、これらのケースにおいては、生命・健康を犠牲にしてでも、企業に対する忠誠を尽くすことを働き手に求めようとする企業の意識が如実に表れているものと思われる。また、他の事案に目を転じてみると、例えば、使用者がHIV抗体検査やB型肝炎ウイルス検査を労働者本人の同意なく行ったケース等においても[8]、企業内において、労働者の健康情報が十分に尊重・配慮されることなく、軽視されてきた実態を確認できるのではないだろうか。

3　間接的ワクチン接種強制は許されるのか？

　以上のような問題発生の原因（遠因）に関する考察を踏まえつつ、ここからは、「職場における間接的ワクチン接種強制が許容されるのか」との問題を検討していくこととしたい。

　もっとも、既に上記「ガイドライン」の相談事例が示唆するように、間接的ワクチン接種強制と一言で表現しても、その内実は多様である。すなわち、ワクチンを接種しないことに対する不利益措置として懲戒処分を科す、あるいは、未接種者を解雇する事例があれば、他方で、配転や無給での出社禁止、退職勧奨といった措置を講ずる事例も想定できるだろう。しかしながら、こ

7　電電公社千代田丸事件・最三小判昭和43・12・24判例タイムズ230号191頁、NHK（フランス語担当者）事件・東京地判平成27・11・16労判1134号57頁。
8　警視庁HIV検査事件・東京地判平成15・5・28労判852号11頁、B金融公庫事件・東京地判平成15・6・20労判854号5頁等を参照。

うした不利益措置の性格の違いを意識しつつ、本稿において、これら全ての措置の適法性を検討することは、紙幅の関係はもとより、筆者の能力的にも不可能である。

　もっとも、様々な不利益措置の適法性を検討する際には、その前提として、果たして、使用者が、業務命令として、労働者に対してワクチン接種を命ずることができるのか否かが問題となるように思われる。そこで、以下においては、かかる前提問題としての義務づけの可否についての検討を行うこととし、かかる前提作業を踏まえた上での個別具体的な不利益措置の適法性の検討については、今後の課題とさせていただきたい[9]。

(1) **健康診断受診義務とのアナロジー？**

　使用者は、業務命令として、労働者に対してワクチン接種を命ずることができるのか。かかる問題に関連する従前の事案として、例えば、①電電公社帯広局事件（最一小判昭和61・3・13労判470号6頁）や②愛知県教育委員会（減給処分）事件（最一小判平成13・4・26判タ1063号113頁）がある。

　それぞれの事案を簡単に整理しておくと、前者①の事案において、最高裁は、法定外健診の受診義務を定めた就業規則の合理性を肯定したうえで、これに違反した労働者（電電公社職員）に対する戒告処分を有効と判断している。より具体的には、❶当該事案で問題となった就業規則上の健康管理規程には、電電公社職員の義務として、健康管理上必要な事項に関する健康管理従事者の指示を誠実に遵守する義務、健康管理が必要であると認められる「要管理者」は健康回復に努め、健康回復を目的とする健康管理従事者の指示に従う義務等が定められていたところ、これらの義務「内容は、公社職員が労働契約上その労働力の処分を公社に委ねている趣旨に照らし、いずれも合理的なものというべきであるから……健康管理上の義務は、公社と公社職員との間

---

[9] 個別具体的な不利益措置の適法性を詳細に論じるものとして、加納淳子「新型コロナウイルス感染症ワクチン接種に関する労務的Q&A」NBL1198号（2021年）39頁以下、岩出誠「コロナ禍での労働法の諸課題」日本産業保健法学会誌第1巻第1号（2022年）169頁以下、吉田肇「日本において生じた新興感染症にかかる労務問題と法」日本産業保健法学会誌第1巻第2号（2022年）68頁以下、米津孝司「新型コロナワクチンをめぐる職場の法的問題」白門849号（2022年）52頁以下等を参照されたい。

の労働契約の内容となっている」としたうえで、❷「要管理者は、労働契約上、その内容の合理性ないし相当性が肯定できる限度において……精密検診を受診すべき旨の健康管理従事者の指示に従う……義務を負担している」と判示している。

　また、後者②の事案は、結核の有無をチェックするための胸部エックス線検査の受診を命じられた労働者（学校教員）がこの義務に従わなかったとして、当該労働者に科された減給処分（3ヵ月間、給料及びこれに対する調整手当の合計額の1割を減ずる旨の減給処分）を有効と判断している。この事案において、最高裁は、❶学校保健法や労働安全衛生法及び結核予防法の規定に基づき、市町村立中学校の設置者である市町村は、毎年定期に、胸部エックス線間接撮影を含む、学校職員の健康診断を行わなければならず、また、市町村立中学校の教諭その他の職員は、かかる健康診断を受けなければならないと解されること、❷結核予防法が定める教職員の定期健康診断は、教職員個人の保護に加えて、結核が社会的にも害を及ぼすものであるため、学校における集団を防衛する見地から、これを行うべきとされているものであること等を踏まえ、「これらによると……職務上の上司である当該中学校の校長は……教諭その他の職員に対し、職務上の命令として、結核の有無に関するエックス線検査を受診することを命ずることができる」と判示している。

　もっとも、これら①・②の事案は、あくまで、法定外健診や胸部エックス線検査の受診義務を肯定したものであって、これらをワクチン接種の義務づけの問題と同列に置くことはできないであろう[10]。すなわち、法定外健診や胸部エックス線検査は、身体への侵襲を伴わないか、伴うとしても、その侵襲の程度は限定的である[11]。しかし他方で、ワクチン接種の場合には接種後に副反応が生じうること、また、重大な副反応として、死亡という結果がもたらされる可能性も否定できないことからすれば、身体への侵襲の程度は上

10　同旨として、吉田・前掲注9）70頁も参照。これに対し、三柴丈典「日本産業保健法学会の設立とワクチン接種に関する見解」NBL1205号（2021年）1頁は、医療職等の社会的インフラ従事者への間接接種強制は避けられないと述べる文脈において、「日本の就業規則の有効性に関する判例（上記①の判例：筆者付記）が、健康管理についても経営者の裁量を重視してきたこと……も踏まえるべきだろう」と指摘する。

記健診・検査以上に著しいものといえる。前者①の事案に引き付けて言えば、そもそも、「労働者は労働契約上その労働力の処分を会社に委ねている」との前提認識自体が、労働力と不可分の関係にある労働者の生命・健康に対する配慮に欠ける判示ともいえるが、それはさておき、仮に、そのような前提認識に立つとしても、前述したような身体への重大な侵襲をもたらしうるワクチン接種についてまで、労働者が会社に対して処分権を認めたものと理解することは困難であろう。

また、後者②の事案については、学校保健法や労働安全衛生法及び結核予防法において教職員のエックス線検査受診義務が規定されていると解され、かつ、これにつき、代替可能な検査が無いとの前提認識の下で、労働者の胸部エックス線検査受診義務が肯定されていることには留意を要するだろう。他方で、ワクチン接種の場合には、前述の通り、接種を強制的に義務付ける法規定は存在せず、かつ、発症・重症化リスクの軽減といった正当な目的があるにしても、通常は、当該目的を達成し得る他の代替手段（例：マスク着用、換気、消毒、ソーシャルディスタンス、PCR検査の徹底等）が存すると考えられることからすれば、やはり後者②とは事案を異にするというべきであろう[12]。

(2) 「集団防衛」、「脆弱性」を有する者の保護の見地からの正当化？

もっとも、感染した場合の重症化リスクの高い、「脆弱性」を有する者を多数抱えた職場も存する。患者や高齢の施設利用者を抱えた医療・介護業界の職場がその典型例である。こうした職場においては、一見すると、上記②の事案が示すところの「集団を防衛する見地」ないしは脆弱性を有する者を

---

11 もっとも、胸部エックス線検査については、レントゲン照射装置による放射線暴露という意味での身体への侵襲を伴うことは否定できないものの、この点、上記②の事案の最高裁判決は、原審の適法に確定した事実関係として、エックス線検査に使用されたと推認されるレントゲン照射装置による放射線暴露（実効線量）は0.03ミリシーベルト程度であって、当時、国際放射線防護委員会（ICRP）が放射線による被ばくについて勧告していた線量当量限度に比較しても非常にわずかであり、この検査の被ばくによる健康被害については考慮するまでもないと考えられている、と指摘している。

12 吉田・前掲注9）70頁もまた、「PCR検査等の代替手段もあることを踏まえれば、業務命令で接種を命じることは、原則として社会通念上も相当とは認められず、権利濫用にあたり、無効とされる可能性が高い」と指摘する。

防衛する見地から、ワクチン接種を義務付ける必要性が高いようにも思われる[13]。また、特別な社会的接触関係に入った当事者間に生じる義務としての安全配慮義務は、労働契約関係の有無に関わらず観念されうるものであり、一般論としては、医療・介護業界の事業者も施設収容者との間で特別な社会的接触関係に入った当事者として、収容者の生命・健康に配慮すべき義務を負うことは否定できない[14]。

しかし、仮にそうであるとしても、例えば、上記のような事業者が負うことになる安全配慮義務の具体的な内容として、雇用する医療・介護従事者に対してワクチン接種を命ずることまでもが要請されるのかについては疑問が残ろう。そもそも、ワクチン接種が接種者本人の発症・重症化リスクを軽減することに資するとしても、ウイルス感染自体の防止や拡散防止効果に乏しい（ワクチン接種者のウイルス感染やウイルス拡散の確率が未接種者と同程度である）ならば、接種を義務付けることが必ずしも「脆弱性」を有する者の保護に資するというわけではない、あるいは、その保護の目的を達成するための手段としては適切とは言えないものとも思われる。また、「脆弱性」を有する者の保護についても、当該目的を達成し得る代替手段（例：マスク着用、換気、消毒、ソーシャルディスタンス、PCR検査の徹底等）は存しうる。更には、ワクチン接種義務の合理性を判断する際には、「集団を防衛する見地」ないしは脆弱性を有する者を防衛する見地のみならず、接種を義務付けられる者の法益をも慎重に衡量すべきであろう。接種を義務付けられる者の生命・健康に関する自己決定権が対抗利益として考慮されるべきであるのはもちろんのこと、

---

13 例えば、前述の通り、ドイツ法の下では、時限立法である感染症予防法旧20a条が医療・介護従事者等に対して間接的なワクチン接種を義務付けていたところ（mittelbare Impfpflicht）、かかる義務付けによって意図されていたのは、医療・介護施設等に収容されている脆弱な（vulnerable）者たちの保護であった。すなわち、旧20a条の立法時点においては、ワクチンを接種した者は未接種者よりもウイルス感染の確率が低く、また、医療・介護施設といったような「保護を要する環境」においてウイルスを拡散させる機会も少なくなると考えられていたようであり、このような考えから、当該規制を通じたウイルス伝染の防止（Übertragungsschutz）が意図されていたようである（Vgl. *Amhaouach/Kießling*, NJW 2022, S.2799）。

14 医療・介護施設が施設利用者に対して安全配慮義務を負うことについては、例えば、大津地判平成12・10・16判例タイムズ1107号277頁、さいたま地判平成30・6・27判例時報2419号56頁を参照。

例えば、医学上の禁忌や信仰等を理由として接種を望まない・接種できない者がいる場合、かかる事情を抱えた者に対する例外的取扱いを考慮することなく、一律的に接種義務を定めることは法益衡量のあり方として妥当性を欠くものと思われる。

このように考えると、たとえ、「脆弱性」を有する者を多数抱えた職場であっても、使用者は、業務命令として、労働者に対してワクチン接種を命ずることはできないと解するべきではないかと思われる。異なる文脈ではあるが、過去の裁判例においても、「もともと、生命身体に特別の犠牲を課すとすれば、それは違憲違法な行為であって、許されないものであるというべきであり、生命身体はいかに補償を伴ってもこれを公共のために用いることはできない」との見解が示されている[15]。かかる裁判例の趣旨をも踏まえるならば、脆弱性を有する者の保護という公共的目的があるにしても、生命身体に特別の犠牲をもたらしうるワクチン接種を労働者に義務付けることに対しては慎重であるべきとも思われる。

(3) 補足：外国法との比較から

以上のような見解を裏付ける際には、外国法の議論動向も参考になりうるかもしれない。一例として、ここでは、近時のドイツの下級審裁判例の動向を垣間見ることとしたい。

前述の通り（前掲・注3）を参照されたい）、ドイツにおいては、感染症予防法旧20a条が、医療・介護施設等で働く労働者に対し、自らが働く医療・介護施設等の管理者へ①新型コロナウイルスワクチンの接種証明書、②快復証明書または③医学上の禁忌等によりワクチンを接種できない旨の医師による証明書のいずれかを提出すべき義務を定めていた。

より具体的には、旧20a条によれば、❶2022年3月16日以降において、初めて医療・介護施設等で働こうとする者（新規採用者：Neueingestellte）については、就労開始前に上記①～③の証明書のいずれかを提出しなければならず（3項1文）、この証明書を提出しない場合には、その者を医療・介護施設

---

15 東京高判平成4・12・18判例時報1445号3頁。

等で雇用してはならず（3項4文）、また、その者は医療・介護施設等で就業してはならないとされていた（3項5文）。しかし他方で、❷2022年3月15日以前から医療・介護施設等で働いていた者（在籍労働者：Bestandsarbeitnehmer）については、同日までに上記①〜③の証明書のいずれかを提出しなければならず（2項1文）、同日までに証明書が提出されない場合には、医療・介護施設等の管理者は、遅滞なく、所轄の保健局（Gesundheitsamt）に対して当該事実を報告し、また、当該労働者の個人情報（personenbezogene Angaben）を提出しなければならないとされていたものの（2項2文）、上記❶の新規採用者の場合とは異なり、使用者が直ちに就業禁止措置を講じられるかどうかは不明確であった。すなわち、旧20a条5項3文においては、❷の在籍労働者のうち、管轄する保健局から一定期間内に証明書の提出を命じられたにも関わらず、証明書を提出しなかった者については、「管轄する保健局」が医療・介護施設等への立ち入り禁止やそこでの就業禁止を命じることが「できる」と規定されており、保健局による命令が発出されていないにも関わらず、使用者が業務命令権として、上記証明書を提出しない在籍労働者に対して就業禁止を命じうるのか否かは不明確であった。

　かかる法状況の下で、従前から医療・介護施設等で勤務していたものの、2022年3月15日までにワクチン接種証明書等の証明書を提出しなかったことを理由として、保健局の上記命令の発出が無いにも関わらず、使用者から一方的に無給での就業禁止を命じられた在籍労働者らが、かかる措置の違法性を主張し、当該就業禁止期間中の賃金支払を求める訴訟を各地で提起している[16]。

　その一例として、第二審である州労働裁判所（LAG）判決を見ていくと、2023年2月3日のLAGバーデンヴュルテンベルクの判決は[17]、保健局の上

16　なお、これらの訴訟における当事者の主張を見る限り、かかる就業禁止措置を講じた使用者の中には、保健局の命令は無くとも、①使用者は、事業場内における労働者の秩序・行動に関する指揮命令権を有する旨を規定する営業規則（GewO）106条2文に基づき、労働者に対して労働安全衛生上の措置を実施することができる、②感染症予防法旧20a条の立法者意思や、医療・介護施設等の収容者に対して自らが負う保護義務に基づけば、ウイルス拡散を防止するために、ワクチン接種者又は快復者のみを就業させる旨の業務命令を発することができる、との前提認識を持つ者も少なくなかったようである。

記命令が無いにも関わらず、使用者は一方的に就業禁止を命じることはできないとして、就業禁止命令を受けた労働者の請求を認容する判断を下している。同裁判所は、基本的に、第一審であるシュトゥットガルト労働裁判所の判決を引用する形で判断を示しているところ、この第一審判決は、①感染症予防法旧20a条についての文理・歴史的・体系的・目的論的解釈の結果として、保健局の命令が無い場合には使用者は就業禁止を命じることができないと指摘している。その上で、かかる見解を補強するものとして、同裁判所は②感染症予防法旧20a条の合憲性を判断した連邦憲法裁判所決定（前掲・注3））においては、「同条の立法者は、2022年3月15日以前から医療・介護施設等で勤務していた労働者については、保健局による裁量の下での個別的判断（ermessensgeleitete Einzelfallentscheidung des Gesundheitsamts）の結果としてのみ、就業禁止を命ずることを認めるべきと考えていた」旨の指摘があることや、③従前の連邦労働裁判所（BAG）判例（BAG 18.3.2009-5 AZR 192/08, BAGE 130, 29）によれば、法律によって使用者の就業禁止命令権を定める際には、その要件・効果の面で明確な規定を設けることが求められるところ、感染症予防法旧20a条は、❷の在籍労働者に対する就業禁止命令につき、そのような明確性の要請を満たしていないことを指摘している。

　紙幅の関係上、判旨を詳しく紹介することはできないものの、かかる前提理解を踏まえつつ、第一審（及びこれを引用する第二審）は、保健局による命令無くして、使用者によって一方的に発出されたワクチン未接種者に対する就業禁止命令は「契約の構造（Vertragsgefüge）、すなわち、労働者の主たる給付義務に対する特に重大な侵害（ein besonders gravierender Eingriff）に当た」り、「かかる極端な措置は、営業規則106条に規定される使用者の指揮命令権を明確に超える。……指揮命令によって、使用者は労働関係の主たる給付義務を一方的に中断させることはできない」としている。更に、第一審は、信義則（ドイツ民法典242条）上、コロナ禍において、ワクチン接種証明を提示しない労働者の労務を受領することを甘受できない（unzumutbar）とする使用者の主張についても、次のように述べて、これを退けている。曰く、

17　LAG Baden-Württemberg, Urt. v. 3.2.2023 - 7 Sa 67/22, NZA-RR 2023, 180（ArbG Stuttgart, Urt. v. 12.10.2022 - 15 Ca 2557/22）.

「確かに、……当該就業禁止措置が意図する脆弱性を有する者の保護については、高い価値（ein hoher Stellenwert）が認められる。しかし、このことから、ドイツ民法典242条という『非常用大錨／頼みの綱（Notanker）』を通じて、パンデミックを理由に、以下のような労働法上の基本原理、すなわち、『該当する法律・行政機関による規制、又は集団的協定や個別の労働契約上の規定に基づくことなく、労働者に対して、無給の就業禁止を命ずることは原則できない』との労働法上の基本原理を放棄することが正当化されるわけではない。特に、第一に、……この間の専門家の判断として、ワクチンを接種した労働者もウイルスに感染し、ウイルスを拡散させることがあり、介護施設においてクラスター感染が起こりうることには争いが無いことや、第二に、既存のその他の措置、特に、PCR検査やマスク着用義務によって、既に、脆弱性を有する者への高度な保護が与えられることからすれば、なおさら、上記のような労働法上の基本原理の放棄は正当化されないと考えられる」と。

4　まとめに代えて

　以上の本稿における小考からすれば、新型コロナウイルス感染症のような新興感染症によるパンデミックが生じた場合であっても、原則として、使用者は労働者に対して当該感染症に対するワクチン接種を義務付けることはできず、労働者の生命・身体に関する自己決定権が最大限尊重されるべきといえよう。そして、かかる理解は、医療・介護業界等の「脆弱性」の高い施設利用者を抱えた職場であっても変わりはないものといえる。もっとも、これは、①法律上、接種義務が規定されず、②ワクチン接種義務が追求する目的を達成し得る代替手段が存し、あるいは、③ワクチン自体にウイルス拡散を防ぐ効果（ないし脆弱性を有する者の保護的効果）が乏しいといったような前提事情の下での理解でもある。

　前述したように、ワクチン接種証明を提出しなかったことを理由とする、「使用者」による就業禁止措置の違法性を扱うドイツの下級審裁判例の一部においても、上記理解に近しい判断が示されており、第二審レベルの他の事案においても、かかる就業禁止措置を違法とする同趣旨の判断が下されてい

る[18]。もっとも、他方で、一部の州労働裁判所は、同種のケースにつき、使用者の就業禁止命令を適法とする見解を示している[19]。その意味では、かかるケースについての最上級審（BAG）の判断が出揃うまでの間は、ドイツの裁判例の状況[20]についても流動的なものであるとの留保を付すべきであろう。

【補記】

　本稿脱稿後に接した情報として、2024年6月19日にドイツの最上級審である連邦労働裁判所（BAG）が上述したようなワクチン未接種の労働者に対する就業禁止命令の適法性に関する判断を下したことを補記しておきたい[21]。2024年8月2日現在において、上告審の判決文は未だ公表されていないものの、BAGが発信した速報記事によれば[22]、従前から高齢者施設のケアワーカーとして業務に従事していた労働者が、感染症予防法旧20a条の定めるワクチン接種等の証明書を有していなかったことを理由として、保健局の命令発出が無いにも関わらず、使用者から無給での就業禁止を命じられた事案において、BAGが当該就業禁止期間に係る労働者の賃金支払請求を棄却したとの結論が紹介されている。もっとも、速報記事は、BAGがいかなる理論構成の下でこのような結論を導き出したのかについては言及しておらず、判決文の公表が待たれるところである。

18　例えば、LAG Hamm, Urt. v. 12.01.2023 - 18 Sa 886/22も、感染症予防法旧20a条によれば、前述した「在籍労働者（Bestandsarbeitnehmer）」がワクチン接種証明書等を提示しない場合であっても、同条5項3文が規定する「保健局」による就業禁止命令無くして、使用者は当該労働者に対して無給での就業禁止を命じてはならず、かかる使用者による一方的な就業禁止措置は、使用者は公正な裁量（billiges Ermessen）の下で指揮命令権を行使すべき旨を規定する営業規則106条に反すると評価しており、更に、かかる評価においては、当該就業禁止措置について使用者が正当な利益（die berechtigten Interessen）を有するとしても、PCR検査や保護マスクの着用といったような、より穏当な手段を用いた場合にも当該利益が保護されうるのか否かが重要になる、としている。

19　Statt aller LAG Sachsen, 10.5.2022 - 3 SaGa 3/22; LAG Hessen, 11.8.2022 - 5 SaGa 728/22.

20　この間の第二審（LAG）レベルでの裁判例の状況については、差し当たり、*Bissels/Bromme*, jurisPR-ArbR 9/2024 Anm. 3を参照されたい。

21　BAG, Urt. v. 19.06.2024 – 5 AZR 167/23（Vorinstanz: LAG Düsseldorf, Urt. v. 19.04.2023- 12 Sa 621/22）.

22　BAG, Pressemitteilung Nr. 17/24.

第Ⅳ部

雇用平等を問い直す

　日本的雇用慣行は、長期安定雇用（終身雇用制）・年功型賃金・企業別組合をその特徴とすると説明されてきた。しかし、このような慣行は、大企業の正社員層に妥当するものであったと評価されている。そこには、暗黙のうちに「男性稼ぎ主モデル」が念頭におかれていたといえよう。男性が稼いで妻子を養い、女性が家事・育児・介護といった家庭責任を負うことを典型とする家族像である。その中で、女性労働者は会社の中で「使いにくい」とレッテルを貼られ、非正規労働者の多くを占めるパートタイマーは、家計補助的労働と位置づけられてきた。それゆえに、彼女／彼らの劣等処遇もあたり前とされてきたのであった。

　本章では、「男性稼ぎ主モデル」の残滓が色濃く残る社会の中で、まだまだ課題が多い女性や（女性が中心である）非正規労働者の待遇・処遇上の課題を取り上げる。そして、残るこの課題をどう見直していくか、各筆者がそれぞれ独自の視点から検討する。

（沼田雅之）

第 1 章 均衡・均等処遇規定で、正規・非正規間の労働条件格差は縮小するのか？
──日本的処遇のあり方について問い直す

沼田雅之

1　はじめに

　2018年7月、政府は「働き方改革関連法」を成立させた。この「働き方改革」の柱の一つが、「同一労働同一賃金」である。具体的には、パート有期雇用労働法8条（均衡処遇規定とされる）・同法9条（均等処遇規定とされる）と、労働者派遣法に新設された同趣旨の規定（労働者派遣法30条の3第1項と同条第2項）のことを指す。この「同一労働同一賃金」のもととなった閣議決定文書によれば、「正規か、非正規かといった雇用の形態にかかわらない均等・均衡待遇を確保する。そして、同一労働同一賃金の実現に踏み込む。」「同一労働同一賃金の実現に向けて、我が国の雇用慣行には十分に留意しつつ、躊躇なく法改正の準備を進める。」[1]とされていた。後に検討するように、「同一労働同一賃金」の実現は、日本的雇用慣行と大きく対立する概念である。なぜなら、世界基準の同一労働同一賃金とは、「職務が同一なら賃金額も同一を支払う、という考え方」[2]だからである。とくに日本の正社員に対する処遇は、このような考え方で決定されていない[3]からでもある。はたして、

1　「日本一億総活躍プラン」（2016年6月2日閣議決定）7-8頁。
2　遠藤公嗣「社会経済からみた『同一（価値）労働同一賃金』と法律家の言説」季刊労働者の権利315号（2016年）32頁。
3　日本の賃金制度に関しては、さし当たり、金子良事『日本の賃金を歴史から考える』（旬報社、2013年）を参照のこと。また、この特集において、賃金については、本書97頁以下［山下昇］で検討されている。

政府のいう「同一労働同一賃金」は、「働き方改革関連法」によって実現したのであろうか。

このような問題意識からすれば、次のような疑問が生じよう。

> 　私は、会社にパートタイマーとして採用されて以降、経理部に配属され、就労を継続してきました。すでに、就労開始から4年が経過しています。契約期間は1年間で、これまで4回更新してきました。仕事の内容は、経理事務全般です。業務の都合上、決算期前には正社員と同様に残業があります。
> 　一方、同じ職場の正社員は、平時から残業がありますが、それ以外の業務内容はほとんど変わりません。また、正社員は配置転換によって多様な業務を経験することになっていますが、経理業務の特殊性から、経理部配属の正社員に異動が命じられることは滅多にありません。
> 　私は、経理部配属の正社員と同様に、責任感をもって業務を行ってきました。しかし、私に適用されている労働条件は時給制であり、欠勤すればその分の給料が減額されます。これに対して正社員は固定月給制度が適用され、欠勤しても基本給が減額されず、家族手当等の諸手当が支払われ、賞与や退職金も支払われることになっています。このような労働条件の違いは、法的に問題ないのでしょうか。

なお、派遣労働者の均衡・均等処遇規定の問題に関しては、紙幅の関係で取り上げない。

2　日本的雇用慣行と非正規労働者

日本的雇用慣行とは、一般的には、長期安定雇用（終身雇用）、年功賃金、企業別組合といった特徴があるとされてきた。これらの慣行は、日本市場に絶対的なものではなく、伝統的な大企業を典型として確立されてきたシステムである[4]。この伝統的な大企業の正社員は、日本的雇用慣行のもと、次のような利益（企業との結びつきが過度に求められるという点からすれば、不利益かもし

れない。）を享受してきたといってよい。

① 労働契約の期間の定めがない。
② 所定労働時間がフルタイムである。
③ 直接雇用である（労働者派遣のような契約上の使用者ではない者の指揮命令に服して就労する雇用関係（間接雇用）ではない。）。
④ 勤続年数に応じた処遇、雇用管理の体系（勤続年数に応じた賃金体系、昇進・昇格、配置、能力開発等）となっている。
⑤ 勤務地や業務内容の限定がなく、時間外労働がある。

これらによって、伝統的な大企業は、会社コミュニティの成員（正社員）に「生活保障」（基本は長期安定雇用と年功賃金による処遇）を提供してきたのである[5]。

一方、日本的雇用慣行を中核（会社コミュニティの成員）の雇用システムだとすれば、伝統的な大企業は周辺にサブシステムを構築してきた。パートタイマーや契約社員といった「非正規雇用」や、派遣労働や請負といった「間接雇用」がそれである[6]。とくに、「非正規雇用」は古くて新しい問題であって、実際に「社外工」「臨時工」問題は、1950年代半ばには調査研究の対象とされていたのである[7]。この非正規雇用は、「生活保障」とは真逆の「雇用の調節弁」として、次のような処遇がなされてきた。

① 有期労働契約であることが多い。
② 所定労働時間が正社員より短い（パートタイマー）であることが多い。
③ 労働者派遣のように間接雇用であることもある。
④ その職務の地域労働市場における需給バランスと地域最低賃金によって大きく左右される時間給制で処遇されることが多い。
⑤ 勤務地や業務内容が限定されていることが多く、時間外労働も予定さ

---

[4] 久本憲夫「日本的雇用システムとは何か」仁田道夫＝久本憲夫編著『日本的雇用システム』（ナカニシヤ出版、2008年）10頁。
[5] 稲上毅「同一労働同一賃金論に寄せて」日本労働研究雑誌676号（2016年）78頁
[6] 久本・前掲注4）。
[7] たとえば、東京大学社会科学研究所編『技術革新と労務管理——造船業における事例研究（1956-59年）』（東京大学出版会、1972年）。

すなわち、非正規雇用で就労する非正規労働者は、①不安定な雇用、②生涯低賃金、③劣る能力開発、④貧しい集団的発言機会、⑤老後を含む複合的生活不安などに曝されやすいのである[8]。

3 非正規労働者に関する法政策の進展

(1) 非正規労働者をとりまく環境の変化

かつてのパートタイマーのように、家計補助的就労が中心であった時代には、非正規労働者らの複合的生活不安も軽減されてきた。しかし、産業構造の高度化とともに、一部の産業ではパートタイマー等の非正規労働者なくしてはビジネスすら成立しないような状況となっている。これらの産業では、もはや非正規労働者らは「中核的労働者」といっていい。また、一人で子を育てる世帯では、女性を中心に生計維持のために非正規雇用を掛け持ちで就労せざるを得ない者も多くなっている。さらに、就職氷河期に新規学卒を迎えた者の中には、正規雇用に就けずいまも非正規雇用を続けている労働者も多い。家計補助的就労が中心となっていた非正規雇用の状況は、大きく変わっているのである。

そんな中、非正規労働者をめぐる法政策も大きく転換してきた。

(2) パートタイム労働法の制定と改正

1993年5月に、「短時間労働者の雇用管理の改善等に関する法律」（パートタイム労働法）が制定された。パートタイム労働法は、パートタイム労働者が直面する課題（労働条件の格差、不明確な労働条件、不安定な雇用上の地位等）に対して、政府が指針等を通じてその改善を図ることを目的に制定されたものである。よって、制定当初のパートタイム労働法上の多くのルールは、指針等で定められていた。

このような強制力の乏しい法構造を改めるきっかけとなったのが、丸子警

8　稲上・前掲注5）。

報器事件・長野地上田支部判決[9]である。丸子警報器事件は、女性臨時社員と女性正社員の間の賃金格差が問題となった。これに対して判決は、「同一（価値）労働同一賃金の原則の基礎にある均等待遇の理念は、賃金格差の違法性判断において、ひとつの重要な判断要素として考慮されるべきものであって、その理念に反する賃金格差は、使用者に許された裁量の範囲を逸脱したものとして、公序良俗違反の違法を招来する場合があると言うべきである」。そして、「原告らの賃金が、同じ勤務年数の女性正社員の8割以下となるときは、許容される賃金格差の範囲を明らかに越え、その限度において被告の裁量が公序良俗違反として違法となると判断すべきである」と判断した。この判決は、驚きをもって迎えられたのであった。しかし、丸子警報器事件判決がいう「同一（価値）労働同一賃金の原則」が重要な判断要素となるとする考え方は、裁判例においては一般化しなかったといってよい。しかし、パートタイム労働法の改正に大きな影響を与えた。

2007年にパートタイム労働法は改正され、「正社員と同視すべきパートタイム労働者」の差別的取扱い禁止規定が新設された。これが、パートタイム有期雇用労働法9条（均等規定）に継承されている。ただし、「正社員と同視すべきパートタイム労働者」の差別的取扱い禁止規定は、いわゆる「疑似パート」的処遇の禁止を目的としていたため、その適用要件のハードルは高く、多くの非正規労働者の福音とはならなかったといってよい。実際、パートタイム労働法旧8条（その後の9条）違反とされた裁判例は少なく、知られる限り2例[10]にとどまったとされている。

なお、2007年に制定された労働契約法では、労働契約の原則として均衡考慮義務（3条2項）が法定されたことも特筆される。

(3) 2012年改正労働契約法

法律レベルでもなかなか改善されない正規労働者・非正規労働者間の処遇格差問題を大きく前進させたのが、旧労働契約法20条であった。2012年に労

9 　丸子警報器事件・長野地上田支平8・3・15労判690号32頁。
10　ニヤクコーポレーション事件・大分地判平25・12・10労判1090号44頁と一般財団法人京都市立浴場運営財団事件・京都地判平29・9・20労判1167号34頁。

働契約法が改正され、旧労働契約法20条が新設されたのであるが、これのきっかけとなったのがリーマンショックである。リーマンショックにより多くの非正規労働者の失業問題等が顕在化した。「年越し派遣村」の取組みがその典型的現象である。これをきっかけに労働契約法が改正され、旧労働契約法20条の新設のほか、雇止め法理の法定化、無期転換制度の導入が行われた。なお、2012年の労働契約法の改正は、非正規労働者のすべてを対象としたものではなく、有期契約労働者をその対象としていた。その理由は、非正規労働者は、有期労働契約で処遇されていることが多いからであると説明されていた。

旧労働契約法20条は、次のように規定されていた。「（期間の定めがあることによる不合理な労働条件の禁止）第20条　有期労働契約を締結している労働者の労働契約の内容である労働条件が、期間の定めがあることにより同一の使用者と期間の定めのない労働契約を締結している労働者の労働契約の内容である労働条件と相違する場合においては、当該労働条件の相違は、労働者の業務の内容及び当該業務に伴う責任の程度…、当該職務の内容及び配置の変更の範囲その他の事情を考慮して、不合理と認められるものであってはならない。」

この規定が新設された当初は、学説においても理念規定にすぎないと解する学説[11]もあるなど、正規・非正規労働者間の処遇格差問題を是正させる効力は乏しいとする見方もあった。しかし、旧労働契約法20条のリーディングケースであるハマキョウレクス事件において、最高裁は多くの諸手当の相違を不合理な労働条件と判断した。旧労働契約法20条は、この処遇格差問題に対して一定の社会改良的機能を果たしているといえよう。

なお、2014年にはパートタイム労働法が改正され、旧労働契約法20条と同趣旨の規定が新設された（8条）。これにより、旧労働契約法20条によって有期契約労働者に対して、パートタイム労働法8条によってパートタイム労働者に対して、不合理な労働条件で処遇することが禁止されたのである。

11　大内伸哉『労働法実務講義〔第3版〕』（日本法令、2015年）943頁。

(4) 2018年働き方改革関連法

「はじめに」でも言及したように、働き方改革関連法によって、政府がいうところの「同一労働同一賃金」が整備された。すなわち、（旧）労働契約法20条の廃止するかわりに、パートタイム労働法をパート有期雇用労働法に改め、パートタイム労働者だけではなく有期雇用労働者をもその規制対象とし、パートタイム労働法8条（均衡処遇規定）と同法9条（均等処遇規定）を旧労働契約法20条に関する判例等を参考に所与の改正を行うとともに、有期雇用労働者にも適用することとしたのである。同時に、このような規定のなかった派遣労働者についても、均衡・均等処遇規定が新設されたのであった（改正労働者派遣法）。

4 判例・裁判例の判断傾向

(1) 判断傾向の分析軸

旧労働契約法20条やこれを引き継いだとされるパート有期雇用労働法8条は、結局どういった場合に労働条件の相違が不合理と判断されるのか。旧労働契約法20条やパート有期雇用労働法8条に関する判例・裁判例も蓄積されており、一定の傾向を示すことはできないか。本章では、この疑問に応えるべく、次のような仮説をもって分析を試みるものである[12]。

ここでの仮説とは、**仮説1：比較対照（対象）となる労働者間の職務内容が同等、あるいは相違があっても大きな相違ではない場合には、労働条件相違は不合理なものと判断されやすいのではないか、仮説2：仮説1の場合でも、中核的労働条件よりは諸手当の不合理性が肯定されやすいのではないか、そして、仮説3：仮説1・2の場合でも定年再雇用の場合には、不合理性が肯定されにくいのではないか**、というものである。

本稿では、上記の仮説を確認するため、旧労働契約法20条に関する最高裁のリーディングケースであるハマキョウレックス事件最高裁判決の判決以降（2018年6月1日）の判例・裁判例を検討の対象とする。その理由は、ハマ

12　詳細は、沼田雅之「均衡処遇規制の到達点と課題」法學志林（法政大学）121巻3＝4号（2024年）314頁以下参照。

キョウレックス事件最高裁判決以前は、この問題に関する学説も大きく分かれ、これを反映して下級審裁判例の判断も事件ごとに大きなユレが生じ、安定していなかったと考えるからである。

具体的に検討した判例・裁判例は下記のとおりであるが、同一事件で上級審においても同様の判断が示されている場合は、より上級審の判例・裁判例のみを扱うこととしている。

〈検討対象の判例・裁判例〉

（最高裁判決）
・ハマキョウレックス事件・最2小判平30.6.1民集72巻2号88頁（①）
・長澤運輸事件・最2小判平30.6.1民集72巻2号202頁（②）
・大阪医科薬科大学事件・最3小判令2.10.13労判1229号77頁（③）
・メトロコマース事件・最3小判令2.10.13民集74巻7号1901頁（④）
・日本郵便（東京）事件・最1小判令2.10.15労判1229号58頁（⑤）
・日本郵便（大阪）事件・最1小判令2.10.15労判1229号67頁（⑥）
・日本郵便（佐賀）事件・最1小判令2.10.15労判1229号5頁（⑦）
・名古屋自動車学校事件・最1小判令5.7.20労判1292号5頁（⑧）

（高裁判決）
・九水運輸商事事件・福岡高判平30.9.20労判1195号88頁（⑨）
・日本郵便（休職）事件・東京高判平30.10.25労経速2386号3頁（⑩）
・産業医科大学事件・福岡高判平30.11.29労判1198号63頁（⑪）
・井関松山製造所事件・高松高判令元.7.8労判1208号25頁（⑫）
・井関松山ファクトリー事件・高松高判令元.7.8労判1208号38頁（⑬）
・同志社大学事件・大阪高判令2.1.31労経速2431号35頁（⑭）
・学校法人中央学院事件・東京高判令2.6.24労経速2429号17頁（⑮）
・トーカロ事件・東京高判令3.2.25労経速2445号3頁（⑯）
・アートコーポレーション事件・東京高判令3.3.24労判1250号76頁（⑰）
・リクルートスタッフィング事件・大阪高判令4.3.15労判1271号54頁（⑱）
・社会福祉法人紫雲会事件・東京高判令5・10・11労判1312号24頁（⑲）

第1章 均衡・均等処遇規定で、正規・非正規間の労働条件格差は縮小するのか？

(地裁判決)
・北日本放送事件・富山地判平30.12.19労経速2374号18頁 ⑳
・学究社（定年後再雇用）事件・東京地立川支判平30.1.29労判1176号5頁 ㉑
・社会福祉法人青い鳥事件・横浜地判令2.2.13労判1222号38頁 ㉒
・独立行政法人日本スポーツ振興センター事件・東京地判令3.1.21労判1249号57頁 ㉓
・科学飼料研究所事件・神戸地姫路支判令3.3.22労判1242号5頁 ㉔
・学校法人桜美林学園事件・東京地判令4.12.2労経速2512号3頁 ㉕
・日東電工事件・津地判令5.3.16労経速2519号3頁 ㉖
・日本空調衛生工事業協会事件・東京地判令5・5・16労経速2546号27頁 ㉗
・日本郵便事件・東京地判令5.7.20労判1301号13頁 ㉘
・日本郵便事件・札幌地判令5・11・22労経速2545号35頁 ㉙
・日本大学事件・東京地判令6・1・30判例集未登載 ㉚

(2) 職務の内容の異動という分析軸

ここで、本稿の仮説を検討するために、まずは「職務の内容が同等とされたもの」、「職務の内容に大きな差異はないとされたもの」、そして「職務の内容に大きな差異があるとされたもの」に分類してみる。

「職務の内容が同等とされたもの」
① ② (⑧) ⑲ ㉗
「職務の内容に大きな差異はないとされたもの」
③ ④ ⑤ ⑥ ⑦ ⑨ ⑩ ⑪ ⑫ ⑬ ㉒ ㉔ ㉖ ㉘ ㉙
「職務の内容に大きな差異があるとされたもの」
⑭ ⑮ ⑯ ⑱ ⑳ ㉑ ㉕ ㉚
「不明なもの」
⑰ ㉒

(3) 「職務の内容が同等とされたもの」の分析

「職務の内容が同等とされたもの」に分類されたもののうち、いまだ係争中の⑧を除くと、定年再雇用の有期契約労働者が原告となったものは②と⑲なる。

①では、無事故手当、作業手当、給食手当、皆勤手当、通勤手当といった諸手当の不合理性が肯定されている。一方で、住宅手当、家族手当の相違は不合理ではないとされた。

ただし、①のハマキョウレクス事件最高裁判決が、住宅手当に関する労働条件の相違を不合理とはしなかった点には疑問がある。判決の根拠は、就業規則上の「正社員は、出向を含む全国規模の広域異動の可能性」だけである。しかし、住宅手当を「従業員の住宅に要する費用を補助する趣旨で支給されるもの」とその趣旨を理解するのであれば、「出向を含む全国規模の広域異動の可能性」ではなく、「出向を含む全国規模の広域異動の」実態に着目した判断がなされなければ論理的ではない。

また、このような形式的解釈は、使用者に対して、就業規則に配転条項さえ設けていれば、不合理性判断を免れるとの誤ったメッセージを発することになる。

一方、定年再雇用のケースである②では、精勤手当と時間外手当計算の基礎の相違が不合理と判断されている。これに対し、諸手当だけをみても、住宅手当、家族手当、役付手当の相違は不合理ではないとされた。

同様に定年再雇用のケースである⑲は、年末年始休暇及び夏期休暇の各付与については不合理な労働条件相違とされたものの、期末手当、扶養手当の労働条件相違は不合理ではないとされた。同じく定年再雇用のケースである㉗も、賃金（基本給に相当）の相違は不合理ではないとされている。

ここに分類された判例では、一定の傾向をみることができよう。すなわち、比較対照（対象）となった労働者間の業務に共通する職務関連給付（無事故手当、作業手当）、皆勤を奨励したり、一定の働き方を評価したりする給付（皆勤手当、精勤手当）、職務とは関係ない福利厚生的給付（給食手当、通勤手当）に関しては、不合理性が肯定されている点である。

一方、中核的労働条件に関しては、現時点では不明であるといわなければ

ならない。ただし、定年再雇用のケースである②と⑲では、中核的労働条件の不合理性は否定されている。少なくとも、定年再雇用の場合では、処遇格差が大きくない限り[13]、中核的労働条件に関して不合理性が肯定される可能性はかなり低いと評価できよう。

(4) 「職務の内容に大きな差異はないとされたもの」の分析

「職務の内容に大きな差異はないとされたもの」に分類した判例・裁判例の中に、定年再雇用後の有期契約労働者・パートタイム労働者の労働条件相違が問題となったものはない。

① 中核的労働条件について

まず、中核的労働条件についてその不合理性を認めた判例・裁判例は1つしかない（⑪）。むしろ、不合理性が認められなかったものは6件ある（③④⑫⑬㉔㉖）。職務内容が比較的大きな相違がない場合でも中核的労働条件の相違の不合理性が認められる可能性は極めて少ないということが確認できよう。

ところで、大阪医科薬科大学事件（③）とメトロコマース事件（④）の高裁判決は、賞与あるいは退職金の労働条件相違を部分的に不合理とした。これに対して最高裁はそれらの判断を覆した。最高裁判決が、賞与や退職金といった中核的労働条件の相違を不合理な労働条件の相違ではないとした根拠は大きくいって三つある。

一つ目は、賞与や退職金の趣旨・目的の解釈にある。賞与について大阪高裁判決は、「正職員として賞与算定期間に在籍し、就労していたことそれ自体に対する対価としての性質」を重視した判断を行っていた。これに対して最高裁は、「正職員としての職務を遂行し得る人材の確保やその定着を図る」ことを重視したといえよう。退職金についても同様で、最高裁は「正社員としての職務を遂行し得る人材の確保やその定着を図るなどの目的」があ

---

[13] 名古屋自動車学校事件の名古屋高裁判決（名古屋自動車学校事件・名古屋高判令4・3・25労判1292号23頁）は、基本給で定年前の45％以下ないし48.8％以下となっており、また賞与についても定年前の平均額の40.7％ないし39.9％となっている事案で、定年後再雇用者の基本給（60％を下回る部分）・精皆勤手当・敢闘賞・賞与（一時金）（60％を下回る部分）の相違を不合理な労働条件相違と判断している。

るとしたのである。

　ただし、退職金に関する解釈については、反対意見が付されており、宇賀克也裁判官の反対意見では、「正社員に対する退職金は、継続的な勤務等に対する功労報償という性質を含むものであり、このような性質は、契約社員Bにも当てはまる」として、原審の東京高裁判決を支持している。

　二つ目は、従来正社員（正職員）が配置されていた職場で、非正規社員（職員）に置き換え中という過渡期の状態である点が重視された点である。つまり、組織再編過程の途上という事情が重視されたいえよう。かりに組織再編等に起因する事情が判決の結論を左右したとしても、それは専ら使用者側の事情である。そもそも、企業合併等に際し、使用者は、就業規則の変更などを通じ、労働条件を統一することは可能である。たとえば、本件においても売店専業正社員をメトロコマース社内の一般的な正社員に職務内容等を合わせることは可能であったはずである。それを放置しておいた責任は使用者側が負うべきであり、「はじめはそうだとわかっていたことでも、長期の関係が継続すれば納得できな」いと感じている非正規労働者に押しつける問題ではないはずである[14]。

　三つ目は、非正規社員（職員）から正社員（職員）への登用制度があることが考慮された点にある。しかし、この点にも疑問が多い。そもそも、こういった登用制度を重視する考えは、「正社員並みの処遇を望むのなら正社員になれ」ということを強要するものである。当然であるが労働者が抱える事情はさまざまである。たとえば、家庭の事情等によってフルタイム労働ができない労働者も多いだろう。労働者間の処遇格差問題への対応は、まずもって職務の内容の異同等を考慮した労働条件の「均衡」が図られるべきである[15]。

② 諸手当について

　これに対して諸手当は様相が異なる。職務関連給付の相違が問題となったものは少ないものの、「皆勤を奨励したり、一定の働き方を評価したりする給付」や「福利厚生的給付」に関して争われたものは一定数ある。そして、

---

[14] 沼田雅之「最高裁五判決雑感―退職金の不合理性判断を中心に」労旬1974号（2020年）32頁。
[15] 沼田雅之「平等取扱法理発展のための基礎的対話―平等取扱義務に対する素朴な疑問」労旬1999+2000号（2022年）53-54頁。

「皆勤を奨励したり、一定の働き方を評価したりする給付」の不合理性が否定されたものは皆無であり、「福利厚生的給付」に関しても不合理性が認められたものが多数（③④⑤⑥⑦⑨⑩⑫⑬㉓㉖）である。

「職務の内容が同等とされたもの」の分析とも相まって検討すると、**仮説1「比較対照（対象）となる労働者間の職務内容が同等、あるいは相違があっても大きな相違ではない場合には、労働条件相違は不合理なものと判断されやすい。」**と**仮説2「仮説1の場合でも、中核的労働条件よりは諸手当の不合理性が肯定されやすい。」**は一応肯定することができよう。ただし、住宅手当など、「配置の変更の範囲」との関連が問題となる給付の場合は、その相違によって不合理性が否定される場合もある。

(5) 「職務の内容に大きな差異があるとされたもの」の分析

「職務の内容に大きな差異があるとされたもの」に分類した判例・裁判例の中に、定年再雇用後の有期契約労働者・パートタイム労働者の労働条件相違が問題となったものは2件ある（⑳・㉑）。また、派遣労働者と派遣会社の社員間の労働条件相違が問題となった事案も1件ある（⑱）。

まずは、これら3件を除いて検討しよう。これらの裁判例では、中核的労働条件はもとより、諸手当に関しても不合理とされたものはまったくない。

念のため、定年再雇用の事案である⑳・㉑と、派遣労働者の事案である⑱についても確認してみるが、やはり、中核的労働条件だけでなく、諸手当についても不合理性は認められていない。

そうすると、**仮説1「比較対照（対象）となる労働者間の職務内容が同等、あるいは相違があっても大きな相違ではない場合には、労働条件相違は不合理なものと判断されやすい。」**と、**仮説2「仮説1の場合でも、中核的労働条件よりは諸手当の不合理性が肯定されやすい。」**が、反対側から確認できたとも評価できよう。むしろ、「職務の内容に大きな相違がある場合は、中核的労働条件はもちろんのこと、諸手当に関しても不合理性は認められにくい」ということがいえると結論づけられる。

(6) 定年再雇用に関する仮説の検証

仮説3「①・②の場合でも定年再雇用の場合には、不合理性が肯定されにくい。」ことは確認できたのであろうか。

名古屋自動車学校事件（⑧）が係争中であることもあり、仮説3を検証するには事案が少ない（5件）といわなければならない。とはいえ、長澤運輸事件最高裁判決を考慮すると、諸手当の場合を除き、労働条件相違の不合理性が肯定される場合は少ないと予想できる[16]。

5　正社員間、非正規社員間の労働条件相違について

ここまでは、「通常の労働者」（多くは正規労働者）と有期契約労働者・パートタイム労働者間の労働条件相違の問題を検討してきた。しかし、正規労働者相互間、あるいは非正規労働者相互間の労働条件相違の問題はパート有期雇用労働法上直ちに問題にならない[17]。

しかし、正規労働者労働者相互間、あるいは非正規労働者相互間の労働条件相違に不満を抱く労働者も一定数いると思われる。とくに、無期転換制度を利用し、有期契約労働者から無期契約労働者に転換した後も、なお従来の労働条件が維持されているような場合[18]が典型例である。

16　名古屋自動車学校事件最高裁判決（名古屋自動車学校事件・最1小判令5・7・20労判1292号5頁）は、基本給と賞与（一時金）に関してのみ上告審として審理し、基本給については、「職務の内容に応じて額が定められる職務給としての性質をも有するものとみる余地がある」。他方で、「その基本給は、職務遂行能力に応じて額が定められる職能給としての性質を有するものとみる余地もある」が、「事実関係からは、正職員に対して、上記のように様々な性質を有する可能性がある基本給を支給することとされた目的を確定すること」ができない。また、「嘱託職員の基本給は、正職員の基本給とは異なる性質や支給の目的を有するものとみるべきである」。また、「原審は、…労使交渉につき、その結果に着目するにとどまり、…見直しの要求等に対する上告人の回答やこれに対する上記労働組合等の反応の有無及び内容といった具体的な経緯を勘案していない」として、名古屋高裁判決を破棄し、差し戻した。
17　施行通達（「短時間労働者及び有期雇用労働者の雇用管理の改善等に関する法律の施行について」（平31・1・30基発0130第1号ほか）第1　2(3)）は、「通常の労働者」について「いわゆる正規型の労働者及び事業主と期間の定めのない労働契約を締結しているフルタイム労働者」としている。一方で、「『正規型』の労働者が事業所や特定の業務には存在しない場合も出てきており、ケースに応じて個別に判断をすべきもの」ともしている。場合によっては、一般的に非正規労働者に区分される労働者についても、パート有期雇用労働法上の比較対象労働者となりうる。

この点、井関松山製造所事件・高松高裁判決が参考になる。判決は、会社側の無期転換以前の労働条件相違が不合理な労働条件だとしても、無期転換後の労働者については旧労働契約法20条は適用されないとの主張に対して、「無期転換就業規則は、一審原告らが無期転換する前に定められていることを考慮しても、当該定めについて合理的なものであることを要する」として、労働契約法7条を根拠にその労働条件相違を不合理と判断した。労働契約法3条2項の均衡処遇原則規定は、パートタイム労働者・有期契約労働者といった区別なくすべての労働者に適用されること、判決のとおり労働契約法7条や労働契約法10条による合理性審査においては労働契約法3条2項の原則は当然に考慮されるべきことからすれば、基本的に高松高裁判決は支持されるべきである。

また、労働契約関係における信義則上の付随義務として使用者に平等取扱義務があることを認め、賃金処遇にかかる平等取扱義務としての均等均衡処遇義務を措定すべきとする注目すべき学説[19]があることも指摘しておきたい。

6 「問い」に関する回答

(1) パート有期雇用労働法9条が適用される場合

パートタイマーと正社員の業務の内容違いはほとんどなく、かつ経理部配属の正社員は実質的にも配置転換もないということであれば、両者間の相違は残業の有無になろう。この残業義務の違いが相対的なものであれば、パート有期雇用労働法9条の適用も視野に入る[20]。この場合、「基本給、賞与その他の待遇のそれぞれについて、差別的取扱いをしてはならない。」とされていることから、労働条件の相違はすべて差別的取扱いとされることになる。

---

18 無期転換制度を定める労働契約法18条は、労働契約期間の定めを除き、転換前後の労働条件は基本的に同一で構わないとしている。
19 毛塚勝利「労働法における差別禁止と平等取扱——雇用差別法理の基礎理論的考察」山田省三＝石井保雄編著『角田邦重先生古稀記念 労働者人格権の研究〔下巻〕』（信山社、2011年）23-24頁。

(2) パート有期雇用労働法8条が適用される場合

　残業の有無に実質的にみても違いがあり、両者間の「職務の内容」に違いがある場合と判断される場合には、パート有期雇用労働法9条は適用されず、同法8条の「不合理な待遇の禁止」が適用されるか否かの問題となる。

　相談者と同じ職場の正社員の「職務の内容」は同等、もしくは近似しており、配置の変更の範囲も実質的には同等とされるケースに該当することから、諸手当を中心に、不合理な労働条件の相違と判断される可能性が高い。ただし、個別の労働条件ごとにその趣旨・目的から不合理性が判断される。

　まず諸手当の相違であるが、それを合理化できる事情を使用者側が立証できない限り、不合理な労働条件とされる可能性が高い。

　一方、基本給の相違については、どのように不合理性の判断がなされるかについては現時点で不明というほかはない。とはいえ、たとえば正社員に固定月給制度が適用され、パートタイマーに時給制が適用されるという制度の違いが、それぞれどういう趣旨・目的に基づいているのかが問われることになろう。名古屋自動車学校事件・最高裁判決も、「基本給及び賞与の性質やこれらを支給することとされた目的を踏まえて同条所定の諸事情を考慮することにより、当該労働条件の相違が不合理と評価することができるものであるか否かを検討すべきものである」と判断している。また、パート有期雇用労働法14条2項に基づき、これらの処遇を決定するに当たって考慮した事項について、説明を求めることも選択肢になる[21]。

　賞与や退職金も、基本給と同様に考えられる。ただし、「正職員としての

20　「短時間労働者及び有期雇用労働者の雇用管理の改善等に関する法律の施行について」(平31・1・30基発0130第1号)は、「通常の労働者」について、「法が業務の種類ごとに短時間労働者を定義していることから、『通常』の判断についても業務の種類ごとに行うものであること」としており、この場合は経理業務に従事する正社員が「通常の労働者」となる。また、比較対象となる正社員と「責任の程度を比較する際には、所定外労働も考慮すべき要素の一つであるが、これについては、例えば、通常の労働者には所定外労働を命ずる可能性があり、短時間・有期雇用労働者にはない、といった形式的な判断ではなく、実態として業務に伴う所定外労働が必要となっているかどうか等を見て、判断することとなること。」としている。

21　パート有期雇用労働法14条2項は、「短時間・有期雇用労働者と通常の労働者との間の待遇の相違の内容及び理由…について、当該短時間・有期雇用労働者に説明しなければならない。」としており、同条3項は、説明を求めた労働者に対する不利益取扱いを禁じている。

職務を遂行し得る人材の確保やその定着を図るなどの目的から、正職員に対して賞与を支給することとした」（大阪医科薬科大学事件）とか、「正社員としての職務を遂行し得る人材の確保やその定着を図るなどの目的から、様々な部署等で継続的に就労することが期待される正社員に対し退職金を支給することとした」（メトロコマース事件）というように、いわゆる「有為人材論」によってその趣旨・目的が認定されると、不合理性が認められる可能性は少なくなる。一方で、「組織再編過程の途上」の過渡的な配置であったり、「正社員登用制度」が存在しないといった場合には、大阪医科薬科大学事件やメトロコマース事件と異なる事情であり、評価肯定事実となる。

(3) 無期転換後の労働条件に変化がない場合

相談者の通算契約期間は4年となっていることから、無期転換制度の適用が視野に入る。かりに、有期労働契約を締結している間に労働条件の相違について問題としなかったとしても、なお労働契約法7条等の合理性審査が及ぶことになるので、労働条件相違の不合理性を問題にすることは不可能ではない。前述のとおり、無期転換前の労働条件相違が不合理なものと判断された事案で、無期転換後もその労働条件が維持された場合でも、その不合理性が認められた事案があるからである。

たとえば、労働条件が無期転換前後でまった同じ場合には、その根拠となる就業規則の制定・改定時期により、労働契約法7条か労働契約法10条による合理性審査の対象となりうる。この場合、結局は有期労働契約を締結していた無期転換以前の時点における不合理性（パート有期雇用労働法8条）の審査の問題となろう。よって、「パート有期雇用労働法8条が適用される場合」と同様にその不合理性が検討されることになろう。

第2章 私傷病時の短時間・有期雇用労働者の生活保障は、如何なる主体が担うべきか？
——私傷病休暇・休職時の雇用保障・所得保障のあり方を問い直す

北岡大介

1 はじめに——私傷病欠勤・休職制度をめぐる素朴な疑問

　長い職業生活において、時に労働者が私傷病に罹患し、仕事を休まざるを得ない事態が生じうる。私傷病による労務提供不能に対し、多くの企業は就業規則等において、正社員等を対象とした私傷病休暇・休職制度を定め、社員の在籍年数等に応じ、1年から2年超などの長期にわたる休職制度等を適用してきた。私傷病休暇・休職制度の導入企業割合につき、近時の各種アンケート調査[1]を見ると、調査回答数の9割を超えており、概ね我が国において定着した制度といえる。私傷病休暇・休職制度の法的意義としては「期間中の従業員の労働関係を維持しながら、労務への従事を免除するものであり、業務外の傷病により労務提供できない従業員に対して…退職を猶予してその間傷病の回復を待つことによって、労働者を退職から保護する制度」[2]と解されている。私傷病休暇・休職期間における労働者への「雇用保障」である。
　また私傷病による欠勤は、労働者（債務者）の疾病に基づく労務不提供であるため、民法536条1項に基づき、使用者は反対給付たる賃金支払の履行

1　一例として、労務行政研究所「私傷病欠勤・休職制度の最新実態【前編】」労政時報3937号（2024年）16頁以下。同調査は上場企業等を対象としたものであるが、私傷病欠勤は84.5％、休職は99.7％の企業が制度化している。
2　私傷病休職制度の趣旨を判示した一例として北産機工事件（札幌地判平成11.9.21労判769号20頁）など。

を拒むことができると解されるところ、無収入となれば、労働者とその家族の生活が窮する恐れが高い。これに対し、企業の中には、私傷病休暇・休職期間中、様々な賃金保障を就業規則等に基づき行う場合があるほか、健康保険法99条に基づく傷病手当金が重要な役割を果たしてきた。使用者による賃金等支給と社会保険制度の組合せによる、私傷病休暇・休職期間中の労働者への「所得保障」である。

このように充実した私傷病休暇・休職制度が適用される正社員等については、欠勤期間中の「雇用保障」「所得保障」がなされ、「生活保障」[3]が相当程度講じられうるが、他方で私傷病休暇・休職制度自体は、使用者に当該制度の整備を法令上義務づけるものではなく、わずかに労基法上、就業規則の相対的必要記載事項（同89条）に「休職制度」を定める法的規制に留まってきた。つまりは私傷病休暇・休職制度を設けるか否か、また設ける場合、どのような適用対象者に対し、如何なる要件・保障内容とするか等の制度設計自体は、労使自治に委ねていたものである。このため私傷病休暇・休職制度が全社的に存せず、あるいは企業内で、同制度の適用対象者を「正社員」のみとし、契約社員等は適用対象外とする例も多々存してきたところ、非正規雇用労働者の私傷病休暇・休職に際し、以下の課題が実務上生じている。

> Y社人事担当者からの相談
> 当社は従業員80人規模の製造業であるところ、創業当初から正社員を対象に私傷病休暇・休職制度が設けられており、在籍5年以上の社員には、6ヶ月の私傷病休暇を認め、その間の賃金全額を保障するほか、最長2年の私傷病休職を認めています（その間の所得保障は傷病手当金のほか、共済組合から付加給付として賃金2割相当）。

3　島田陽一早大名誉教授は「生活保障」法につき、「従来の労働法と社会保障法の領域を横断するような社会問題に対処するため、これらの二つの法領域の連携の必要性を理論的に基礎付ける概念として用い」ておられる（島田陽一「生活保障法の理論的課題」菊地馨実・竹内（奥野）寿ほか編『働く社会の変容と生活保障の法　島田陽一先生古希記念論集』（旬報社、2023）2頁以下。本稿も同問題意識の下、私傷病休職者に対する「雇用保障」と「所得保障」という労働法と社会保障法の連携を念頭に「生活保障」を用いるものである。

194　第Ⅳ部　雇用平等を問い直す

> その一方で、当社では契約社員（1年間）が多数就労し、契約更新がなされる例も多いところ、同契約社員を対象とした就業規則等には、私傷病休暇・休職制度は設けられておりません。そのような中、初回契約であり、更新実績のない契約社員Ａ（週3日勤務・週所定労働時間18時間、なお他社で週12時間兼業）さんから、契約期間終了前2ヶ月の時点で、メンタル不調（私傷病）を理由に3ヶ月間の療養を要する旨の診断書提出を受けました。Ａさんからは、療養中および寛解後の職場復帰までの雇用継続の希望を受け、個別対応も検討しているのですが、一部管理職からはＡさんが職場で非協調的であることを理由に契約期間中の解雇を主張するものがいます。また個別対応に応じるとしても、正社員と同様に2年6ヶ月近くの私傷病休暇・休職期間付与は困難であり、対応に苦慮しています。

　上記課題を検討するにあたり、そもそも企業の私傷病休暇・休職制度は一体如何なる沿革を辿り、形成されてきたのか。日本的雇用との関わりを意識しながら同制度沿革を明らかにするとともに、上記設問に係る現代的課題につき、私傷病休暇・休職の権利性、均衡処遇、さらに社会保障制度との関わり含め検討するのが本稿の目的である。

2　私傷病休暇・休職制度および傷病手当金の沿革と展開

(1)　私傷病休職制度の起源と沿革

　我が国における私傷病休暇・休職制度は企業独自の制度として形成発展してきた[4]。まず明治期において、いち早く工業化が進展した大手製造業の一部は、ホワイトカラー労働者たる「職員」を対象にした「職員休職規定」の整備を行っている。一例として久原鉱業株式会社（ENEOSホールディングスの前身）は戦前から以下の職員休職規定を整備・運用してきたものとされる。

4　鶴巻敏夫「休職制度と帰休制度」大河内一男ほか編『現代労働問題講座1―雇用と雇用政策』270頁以下（有斐閣、1966年）。

> 会社は、都合により又は本人病気の為め使用人に休職を命ずることがある。
> 期間　雇員、職員の別によりて1年乃至2年間とする。
> 給与　職員　1年目は俸給全額、2年目は俸給半額、雇員　1年目は全額、以後に及ばずして解雇。

　上記規定のとおり、職員等を対象に、「本人病気」の場合、1～2年間の休職を命じるとともに、その間の所得保障として1年目は給与全額、2年目はその半額を会社が別途負担することとしており、手厚い保障がなされていたことが窺える。他方で生産業務等に従事する「職工」には当該制度は設けられず、「営業の伸縮」等を理由とした解雇等への異議申し出を行わないことを誓約書として提出させる例も見られた。社会学者の間宏は職員と職工との相違につき、「職員は主君と運命をともにする封建時代の武士に相当し、工員は、中間、少者などのたんなる傭人にすぎなかった」[5]ことが、その理由であると指摘する。前田達男金沢大名誉教授は同分析を引用しながら、戦前の病気休職制度を次のとおり振り返っている[6]。「戦前において休職制度について語りうるのは、終身雇用が慣行的に確立していた官吏、職員の一部についてにすぎなかった」、「休職という・・制度が終身雇用・企業内労使関係制度と歴史を共にしてきたことが分かるし、階級的存在たる労働者を"従業員"として企業内にIntegrateする温情的・強権的な"施設"として機能していることが明らかとなる」。

(2) 戦後の私傷病休職制度の見直し

　昭和20年8月の終戦以降、企業民主化の流れの下、戦前の企業において色濃く見られた「社工員身分制撤廃」に向けた動きが労働運動等において進められるようになった。その結果、多くの企業において、労働組合による労働協約締結等を通じ、工員の待遇を、職員のそれまでと同様に引上げることとなり、「休暇をはじめ、休職の取扱いもまた工員へ職員と同じように認めら

5　間宏『日本労務管理史研究——経営家族主義の形成と展開』146頁（ダイヤモンド社、1964年）
6　前田達男「休職」本多淳亮ほか編『労働契約の研究——本多淳亮先生還暦記念』226頁以下（法律文化社、1986年）

れる」ようになる[7]。

　私傷病休職期間については、戦後長らく「結核性疾病」と「その他の疾病」を区別し、前者の休職期間を長めに設定（一例として、通常の私傷病休職は「1年」、結核性疾病による休職は「2年」）していた[8]が、保健衛生水準の進展に伴う結核の減少等により、私傷病休職においても、次第に疾病による区分を解消し、休職期間が統一（在籍年数等による相違を設ける例は多い）されるようになる[9]。

　その一方、正社員たる「ホワイトカラー社員」「技術・生産系社員」に該当しない、パート・契約社員等の非正規雇用労働者については、適用される就業規則等を異にしており、上記の私傷病休暇・休職制度が適用されない状況が見られる。

(3)　私傷病休職期間中の所得保障と傷病手当金

　前記のとおり、明治から昭和にかけて、一部大手企業では「職員」のみを対象に、私傷病休職制度を設け、雇用保障を図るとともに、会社独自に一定の賃金保障を行っていたところ、その後、我が国においても社会保険制度が創設・充実し、傷病休職に対し、所得保障を行う施策が創設されることとなる[10]。それが大正15年7月の健康保険法に基づく傷病手当金制度の創設であり、昭和2年1月から施行された。当初、同健康保険制度は、製造業における職工のみを対象に適用され、業務上外ふくめ傷病期間中の傷病手当金を支給することとした。その一方、職員については、健康保険法が適用されず分離状況が続いたところ、同分離が解消されるのが、昭和14年4月の職員健康保険法の施行であり、同職員に対しても、同様に傷病期間中の傷病手当金が

7　鶴巻・前掲注3）274頁。
8　関西経営者協会事務局「私傷病に対する保障の実態」を見ると、昭和43年4月調査資料第265号では、私傷病欠勤期間は、勤続年数や病名による差はなく、概ね3～6ヶ月である一方、休職期間は結核と非結核の病名ごとに差を設けており、規模1000人超の製造業企業における勤続20年以上の場合、前者は平均31.3ヶ月、後者は21.8ヶ月との調査結果が示されていた。
9　労務行政研究所・前掲注1）26頁では2024年の「欠勤・休職期間の決め方」が図表13で示されているが、これによれば、休職期間について「疾病の種類ごとに定める」企業割合は3.7%等に過ぎず、6割超の企業が勤続年数別に定めている。
10　『平成29年度版健康保険法の解釈と運用』（法研関西、2017年）752頁等。

制度化されるようになった。そして昭和17年改正をもって、職員健康保険法と健康保険法が統合され、職員・職工問わず、私傷病休職中の被保険者に対して、健康保険法上、要件を満たせば支給対象となり、今日に至っている。

その後の傷病手当金の改正点として、まず健康保険法における傷病手当金額の見直しがある。創設時、同額は標準報酬日額の6割と定められていたが、平成15年4月から賞与相当分を勘案し、標準報酬日額の3分の2と改正され現在に至っている。また傷病手当金の給付期間は、制度発足時は、一般の傷病6ヶ月であり、その後、これに加え結核は1年6ヶ月とされてきたが、昭和52年改正で開始から1年6ヶ月に統一された。さらに令和4年1月には「治療と仕事の両立の観点」から見直しがなされており、通算1年6ヶ月支給に改正されている。

(4) 日本型雇用と私傷病休暇休職制度との関係

以上のとおり、私傷病休暇休職制度は今や多くの企業において定着してきたが、その源流である明治期の職員等を対象とした休職制度を見ると、その制度趣旨としては、終身雇用を前提とする正社員層に対する福利厚生施策の1つであることが分かる。明治期においては、この対象となるのが「職員」等に限定されていたが、戦後は「職工」たる正社員の生産職等にも拡大されることとなる。この私傷病休暇休職制度の多くは、まず一定期間中の雇用保障を行うものであるが、休暇・休職期間中の所得保障は、健康保険法に基づく傷病手当金と会社独自の賃金保障（共済会によるもの含む）が相まって行い、対象となる社員層に一定の生活保障がなされてきたものと位置づけられるところ、近時は設問のとおり、様々な現代的課題に直面している。

3 私傷病休職時の新たな課題について

(1) 私傷病休職制度の福利厚生的運用に伴う課題

私傷病休暇・休職制度は日本型雇用慣行の1つとして形成・発展した経緯があり、福利厚生施策の1つと捉えられることからか、企業によっては、企業秩序を乱し、会社貢献も乏しいと評価されうる社員層に対して、同制度適

用を回避しようとする例もまま見られる。その一例として挙げうるのが、日本ヒューレット・パッカード事件（最二小判平成24年4月27日労判1055号5頁）である。同事件は、職場等で加害者集団が雇った者から様々な嫌がらせを受けていると主張し、欠勤を続けた社員に対し、会社側は同嫌がらせが事実無根であるとし、諭旨退職処分としたことの有効性が争われた事案である。最高裁は「精神的な不調のために欠勤を続けていると認められる労働者に対しては、精神的な不調が解消されない限り引き続き出動しないことが予想されるところであるから、使用者であるYとしては、その欠勤の原因や経緯が上記のとおりである以上、精神科医による健康診断を実施するなどした上で（記録によれば、Yの就業規則には、必要と認めるときに従業員に対し臨時に健康診断を行うことができる旨の定めがあることがうかがわれる）、その診断結果等に応じて、必要な場合は治療を勧めた上で休職処分を検討し、その後の経過を見るなどの対応を採るべきであ」ったとし、諭旨退職の懲戒処分を無効とする原審判断（東京高判平成23年1月26日労判1025号5頁）を是認した。

　前記の事案では、裁判所が解雇権濫用法理等をもって、企業側の私傷病休職制度の運用に対し一定の規制を行っているが、同種事案の中には法的紛争に至らず、本来、当該制度を利用しえた労働者が泣き寝入りする事態が生じうる。私傷病休暇・休職制度を会社の福利厚生施策としてのみ捉えることの重要な実務課題と指摘しうる。

(2) 非正規雇用と私傷病休職制度

　また私傷病休職制度の適用対象者が正社員等に限定されている実態が広くみられる。非正規雇用労働者に対する私傷病休職制度の適用状況に係る各種調査結果を見ても、主に期間の定めのない正社員層を対象に制度設計がなされており、期間の定めのある非正規雇用を対象とした同制度の導入例はなお多くない。JILPTによるメンタルヘルス、私傷病などの治療と職業生活の両立支援に係る調査においても、非正規社員への同制度導入例は約45％に留まり、休職制度を利用した者の割合も顕著に少ない[11]。また前記調査上、病

11　郡司正人ほか「メンタルヘルス、私傷病などの治療と職業生活の両立支援に関する調査（JILPT調査シリーズNo.112）」66頁以下（労働政策研究・研修機構、2013年）。

気休職制度がない会社におけるメンタル不調時の非正規社員の就労継続も1割未満との結果が示されている[12]。

(3) 同一労働同一賃金（均衡処遇）から見た私傷病休暇・休職制度

前記のとおり、非正規雇用を対象とした私傷病休職制度が制度化されていない企業は多いが、「有期」などの雇用形態を理由とした不合理な待遇に当たるとすれば、パート・有期雇用法8条（旧労契法20条）違反となる。私傷病休暇・休職制度も、いわゆる同一労働同一賃金上、問題となりうるところ、厚労省が指針として定めた同一労働同一賃金ガイドライン（厚労省告示第430号）では「病気休職」に係る次の記述が見られる。

> 短時間労働者（有期雇用労働者である場合を除く。）には、通常の労働者と同一の病気休職の取得を認めなければならない。また、有期雇用労働者にも、労働契約が終了するまでの期間を踏まえて、病気休職の取得を認めなければならない。
>
> （問題とならない例）
> 　A社においては、労働契約の期間が1年である有期雇用労働者であるXについて、病気休職の期間は労働契約の期間が終了する日までとしている。

同ガイドライン上は、有期労働契約の期間が満了した場合、病気休暇の付与は、必ずしも要しない。他方で同ガイドラインでは、法定外年休・休暇付与について、勤続年数に応じて認めている場合、有期雇用労働者等にも同一の付与をしなければならないとする（勤続期間の通算においても、有期労働契約の初回から通算を求める）。それでは設問事例においても、正社員に対して適用される私傷病休暇・休職制度は契約社員Aさんに対し同様に適用されるべきであり、当該適用を行わない場合、民事損害賠償請求等の法的救済の対象となるのであろうか。

労働契約法20条（※その後、パート・有期雇用法8条に移行）施行後、「病気休

---

[12] 郡司ほか・前掲注10) 72頁。

暇」「私傷病欠勤中の賃金保障」が同条の均衡処遇義務違反にあたるか否かが争われたものとして以下裁判例がある。まず大阪医科薬科大学事件（最3小判令和2年10月13日労判1229号77頁以下）は、正社員を対象に制度化されてきた私傷病休職中の賃金保障が非正規社員にも適用されるか否かが争点とされた。上告審は私傷病による欠勤中の賃金（同社は正社員の私傷病休職に際し、給料6ヶ月分及び休職給（休職期間中において標準給与の2割）支給につき、「正職員が長期にわたり継続して就労し、又は将来にわたって継続して就労することが期待されることに照らし、正職員の生活保障を図るとともに、その雇用を維持し確保するという目的」とした上で次のとおり判示する。

「職務の内容等に係る事情に加えて、アルバイト職員は…長期雇用を前提とした勤務を予定しているものとはいい難いことにも照らせば…上記のように雇用を維持し確保することを前提とする制度の趣旨が直ちに妥当するものとはいえない。また、原告は…その勤続期間相当の長期間に及んでいたとはいい難く…労働条件の相違があることは、不合理であると評価することができるものとはいえない」とし、原告の請求を斥けた。

これに対して日本郵便（東京）（最1小判令和2年10月15日労判1229号5頁以下）も病気休暇が均衡処遇上の争点となったところ、同最判は、正社員に対する有給の病気休暇の趣旨目的につき、「正社員が長期にわたり継続して勤務することが期待されることから、その生活保障を図り、私傷病の療養に専念させることを通じて、その継続的な雇用を確保するという目的…使用者の経営判断として尊重し得るものと解される」とする。その上で本件原告たる時給制契約社員も相応に継続的な勤務が見込まれることから、正社員と職務内容、人材活用の仕組み等に相応の相違があること等を考慮しても、「私傷病による病気休暇の日数につき相違を設けることはともかく、これを有給とするか無給とするかにつき労働条件の相違を設けることは、不合理であると評価することができる」と結論づけ、原告の請求を一部認容した。なお日本郵便（東京）事件における原告労働者は、勤続期間10年以上の実績を有する契約社員であり、「相応に継続的な勤務が見込まれる」事案に該当しうる。

⑷ 非正規雇用労働者に対する私傷病休暇・休職制度上の課題

　以上の裁判例は、私傷病休暇・休職制度自体の趣旨・目的が正社員の継続的雇用の確保にあるとの理解の上で、「相応に継続的な勤務」が見込まれる非正規雇用社員に対する私傷病休職制度につき、パート有期雇用法8条に基づく均衡処遇が求められるとするが、非正規雇用に対する私傷病休暇・休職を考える上で、以下の疑問が残る。

　まず「相応に継続的な勤務が見込まれない」非正規雇用労働者、とりわけ設問事例のように、初回契約時、更新実績がないパート社員等には、労働契約上の特段の根拠がなければ、契約期間満了後の雇用保障・所得保障を何ら主張しえないのだろうか。水町勇一郎教授は判例評釈において、概ね両最高裁判決を支持する一方、「もっとも、病気休暇・傷病休職には、解雇を猶予することによって安心して療養に専念させ健康回復を図るという趣旨があり、この観点からすれば、短期の有期契約労働者にも相応の期間の休暇・休職を保障すべきではないかとも考えられる。この点の検証も必要である」と指摘される[13]。私傷病からの健康回復の確保の観点からは、設問事例のAさんについても、一定の期間に係る雇用保障を要するものといえるが、この点をいかに考えるべきであろうか。

　また「相応に継続的な勤務が見込まれる」非正規雇用労働者については、上記裁判例を前提とすれば、正社員の私傷病休暇・休職制度適用につき均衡処遇上の考慮を要することとなるが、雇用保障期間と所得保障の水準が課題となりうる。前述のとおり、日本郵便（東京）最判も病気休暇の付与につき、均衡処遇違反と判断しつつも、付与月数の相違自体はただちに否定していない。長期雇用を前提とする正社員については、2年近くの私傷病欠勤・休暇期間およびその間の所得保障（傷病手当金含め）がなされるとして、非正規雇用労働者にどの程度の期間、当該保障がなされるべきか、均衡処遇の観点のみからは、必ずしも明らかとはいえない。

13　水町勇一郎「不合理をどう判断するか？——最高裁5判決解説」労働判例1228号（2020年）21頁以下。

(5) 難治性疾患の増加と再発への対応

さらに私傷病休暇・休職制度を取り巻く新たな課題として、難治性疾患の増加と再発の問題がある。近時の疾病構造の変化、医療技術の進展に伴い、長期間の治療を要し、症状に波がある疾患類型、とりわけにメンタル不調を理由とした私傷病休職等の増加が顕著であるところ、大きな課題であるのが、寛解判断の困難性と寛解後再発である。JIL 調査においても、私傷病休職のうち、その他の身体疾患の場合は 8 割近くが「ほとんど再発はない」と回答する一方、「メンタルヘルスの場合」には実に半数超が復帰後の再発の繰り返しが生じている[14]。

前記 2(2)のとおり、現状の私傷病休職制度の多くは、疾病名による休職期間の相違を設けておらず、私傷病による治療期間および治癒判断は一定期間内に医師診断によって概ね確定しうることを前提としてきた。このため私傷病休暇・休職期間は「休職から〇ヶ月」のとおり、私傷病による欠勤・休職始期から一定期間と定めているところ、難治性疾患における再発の繰り返しが増加する中、同様の制度設計で良いか改めて問われうる。その際、障害者雇用促進法に基づく合理的配慮とともに、職場における「治療と仕事の両立支援」の観点からの対応も企業に求められており、課題が山積している[15]。

4 どう考えるか

(1) 私傷病休職における生活保障の在り方の再構成と権利保障

これまで私傷病休暇・休職制度の目的は、長期雇用を前提とする正社員層の雇用保障にあり、前記最高裁判決においても同様の理解を判示する[16]が、新たな課題への対応に際し、改めて私傷病休暇・休職を労働者個々人の生活保障の視点から捉え直すことが求められる。同問題意識を早くから示してい

---

14 郡司ほか・前掲注10) 76頁以下。
15 石﨑由希子「『治療と仕事の両立』に向けた法政策と今後の課題」ジュリスト1526号（2018年）81頁以下。
16 日本郵便（東京）最高裁判決（最 1 小判令和 2 年10月15日）は、私傷病休職制度が「正社員が長期にわたり継続して勤務することが期待されることから、その生活保障を図り、私傷病の療養に専念させることを通じて、その継続的な雇用を確保するという目的」と判示する。

たのが、野田進九州大名誉教授であり、私傷病休暇・休職につき、「病気に罹った労働者が種々の保障のもとで安んじて勤務しないことのできる、労働者の『権利』という側面」の重要性を示し、同休暇・休職が「いかなる契約法上のメカニズム」によるものかを明らかにすることの意義、とりわけ「病気休職という『制度』の存在しない企業」における実際上の課題を強調される[17]。

　労働者の生活保障の観点から同休暇・休職を再考するにあたり、法的根拠がまず問題となるが、一試論として、憲法27条1項の勤労権（労働権）を根拠規範に挙げられる。鎌田耕一東洋大名誉教授は勤労権を「個人がその生涯にわたって自由に選択した職業に就き、それによりやりがいのある充実した職業生活を送ることができるように…国が求職者の状態に対応して雇用を促進するための様々な政策的措置を講じるよう求める権利」とされる[18]。その上で、鎌田名誉教授は、勤労権の法的性格として、国又は企業に対して、特定の内容の実現を求める直接的根拠にはならないとしても、労働者と使用者との関係においては、「個々の法規又は一般条項を通じて、労使間の権利義務関係を規律するという意味で、なお、権利性を有する」とされる[19]。同観点から改めて私傷病時の雇用保障のあり方を鑑みると、労働者が「私傷病に罹患するも安心して治療に専念し、治癒後の職場復帰を目指す」ことは、勤労権そのものから導き出されうる労働者の期待権であり、使用者への具体的な給付請求権まで直ちに観念することはできないとしても、さしあたりは私傷病に罹患した労働者に対する雇止め法理または解雇権濫用法理等の適用に際し、一考慮要素とすることが考えられる。設問事例に則して以下検討する。

(2)　**私傷病時における有期雇用労働者への雇用保障の在り方**

　まず設問事例では、契約更新実績のない契約社員Aさんが私傷病に罹患し、治療と職場復帰のため、しばらくの間、雇用維持した上で労務提供の免除を求めているものである。これに対して、一部管理職が主張する契約中途解雇

17　野田進『「休暇」労働法の研究』（日本評論社、1999年）26頁。
18　鎌田耕一『概説労働市場法〔第2版〕』（三省堂、2021年）24頁以下。
19　鎌田・前掲注17)　27頁以下。

が許されるのであろうか。これについては、労働契約法17条のとおり、期間中途の解雇については「やむを得ない事由がある場合」でなければ、解雇権濫用としており、極めて厳しい法的規制を設けている。残された契約期間中に治癒し、職場復帰を目指す労働者の雇用継続に係る期待権を勘案すれば、会社による当該解雇はあまりに拙速であり、同17条に照らし、解雇権濫用と判断されるであろう。

　次に契約期間満了をもって雇止めとなる場合はどのように考えるべきか。本設問のように初回契約であり、更新実績が存しない場合、労働契約法19条1号（実質無期型）の主張は困難であるし、同条2号（期待権保護型）に該当するか否か悩ましい事案類型に該当しうる。しかしながら、本件契約社員Aさんは、有期契約期間満了まで残り1～2ヶ月の段階で私傷病に罹患したものであり、一定の治療・安静を経て3ヶ月程度、つまりは雇用契約満了前後か遅くとも次期契約期間中には治癒し、職場復帰の見込みが認められる事案である。このような場合、同種契約社員の更新実績とともに、Aさんが安心して治療に専念し、円滑な職場復帰を促すという勤労権保障の観点から、契約更新に係る期待権を観念し、同条2号に基づく雇止め法理を適用し、同人の次契約更新を認める立場が考えられる。

　なお私傷病休職制度が設けられていない企業の正社員についても、同様に解雇権濫用法理の適用にあたり、安心して治療に専念し、治癒後の職場復帰を目指すための雇用継続に係る期待権を考慮事由に含め、同濫用性判断がなされるべきである[20]。

(3) 私傷病休暇・休職時の新たな「所得保障」に向けた制度設計の必要性

　次に設問上、重要な課題であるのが、私傷病休暇・休職における雇用保障・所得保障の「期間」である。人事担当者がAさんの希望に応えるとしても、どこまでの期間、会社として雇用保障・所得保障を行うべきか。Aさん側のニーズに応える必要性は高いが、前記のとおり、均衡待遇違反が認められたとしても、ただちに正社員と同一日数の私傷病休暇・休職制度の適用が

20　野田・前掲16）43頁以下は、病気休職の制度が存在しない場合でも「労働契約の停止」の観点から労働者は「休みうる権利」を有し、解雇等を課すことができないとされる。

認められるものとはいえない。またメンタル不調などの難治性疾患については、寛解後再発が生じることもあり、全ての治療・再発期間につき、Aさんのニーズに応えることは、企業側としても容易ではない。私見では、まず私傷病の治療専念の観点から、更新実績等が認められない非正規雇用労働者についても、雇止め法理等の適用を通じ、次契約更新期間の範囲内での雇用保障が必要と考えるが、他方で、これを超えた長期間の治療・再発時における雇用保障を一企業に負わせるのは困難であり[21]、国・社会保険制度を中心とした所得保障の充実による対応を検討すべきである。

諸外国の法制に目を転じれば、ドイツにおける賃金継続支払法のとおり、使用者に私傷病休職中の所得保障を義務づける例がみられるが、当該保障は6週間程度と比較的短期に留まり[22]、同期間以降は、社会保険法上の傷病手当金等が私傷病休職者に対する所得保障を担っている。我が国においても、もちろん企業の私傷病休暇・休職制度とともに、健康保険法に基づく傷病手当金が所得保障機能を果たしている。また令和4年1月1日の改正健保法施行によって、傷病手当金は「支給開始日から通算して1年6ヶ月に達する日まで」受給可能と改正され、難治性疾患において寛解・再発を繰り返す場合も、「通算」して傷病手当金を支給することで所得保障のニーズに一定程度応えようとする。

しかしながら非正規雇用労働者については、まず社会保険の適用範囲に係る問題が存する。従来は、正社員に比べ所定労働時間が4分の3未満である場合、従来は健保法の適用対象に含まれず、傷病手当金の受給資格も当然得

21　近時の関連裁判例として、郵船ロジステックス事件東京地判令和4年9月12日（LLI/DB L07731936）がある。同事件では、有期契約社員（契約期間1年）が抑うつ状態あるいはうつ病と診断され、労務提供困難となるも（私傷病による有給欠勤3ヶ月、私傷病休職制度なし）、会社が1年契約を2回更新し、特例としての有給欠勤および私傷病休職を認めた後に行った中途解雇の効力が争われた。同判決では、会社側が欠勤を続けている原告に対して特別の配慮をしていたものと認定判断の上、本件中途解雇を有効と判断している。同判決は、一企業に対する私傷病休職時における有期契約社員の雇用保障の限界を示したものと位置づけうる。

22　水島郁子「小企業使用者に対する費用調整制度——ドイツ旧賃金継続支払法の検討」阪大法学53巻3・4号297頁以下。同論文ではドイツにおける賃金継続支払法の概要とともに、小企業が同法に基づき疾病労働者の賃金保障を講じる場合における、社会保険法上の費用調整の仕組みが詳説されており参考となる。またドイツ賃金継続支払法に係る最近の文献では、山本陽大ほか『現代ドイツ労働法令集Ⅰ』（労働政策研究・研修機構、2022年）41頁以下。

られなかった。これに対して、近時、政府は健保法等の被保険者適用拡大を進めており、2022年10月1日から101人以上（社保適用対象者を算定）の企業において、週20時間以上30時間未満で月額賃金8.8万円以上の月収を得る契約社員等につき、期間の定めの有無を問わず、2ヶ月以上の就労可能性が認められる場合、健康保険法上、被保険者の対象範囲とした。さらに2024年10月1日からは被保険者51人以上企業も被保険者資格の対象範囲を拡大するが、他方で週労働時間20時間未満の非正規雇用労働者は適用対象外であり、本設問事例のＡさんは、傷病手当金の受給資格が生じず、所得保障上の課題が生じうる。また本件では、Ａさんが兼業副業を合算すれば週30時間の勤務が認められるが、現行健保法上、兼業副業の合算による被保険者資格決定はなしえず、Ａさんの主たる勤務先での就労実績が週18時間であれば適用対象外となる。

　また傷病手当金は、受給期間中に使用者から引き続き賃金等の支給がなされる場合、傷病手当金の支給が全部または一部停止される（健保法58条）こととされており、私傷病休暇・休職時の所得保障上の課題と指摘されている[23]。さらに難治性疾患により治療期間が長期化した資格喪失者に対する手当金は、離職後の労務提供不能等に係る会社確認が困難である上、就職に向けた公的支援が不十分との批判もある[24]。

　以上のとおり、傷病手当金による所得保障は、特に非正規雇用労働者につき十全とはいえず、また傷病手当金制度特有の課題も生じている。水島郁子教授は、傷病手当金の課題等を踏まえ、雇用保険の雇用継続給付制度の新設（傷病労働者雇用継続給付）を提唱しており、傾聴に値する[25]ところ、新たに非正規雇用労働者の私傷病休暇・休職中の所得保障施策を再考する際にも、労働法・社会保険・労働保険全体を見据えた横断的な検討を求められる[26]。

23　野田・前掲16）136頁以下。
24　榎本芳人「傷病手当金の新たな給付の在り方に関する提案」年報公共政策学15号（2021年）163頁以下。
25　水島郁子「傷病を理由とする労働生活の中断と社会保障」社会保障法27号（2012年）126頁。榎本・前掲注20）においても、資格喪失後の傷病手当金につき、雇用保険制度への移管を検討課題とする。

5 さいごに

　本稿では、私傷病休暇・休職制度の歴史的沿革を辿り、同制度の源流が日本型雇用の特徴である正社員の「終身雇用」に由来することを確認した。その後、健康保険法に基づく傷病手当金など、私傷病休職時の所得保障が社会保険化されるが、大手企業を中心に私傷病休暇・休職制度に基づく一定の雇用保障・所得保障も継続され、正社員を対象に充実した私傷病中の生活保障が設けられることとなる。「日本型雇用」の正の面といえるが、その一方、同制度は会社の福利厚生施策と捉えられ、企業の中には私傷病社員の勤務態度、協調性などから「雇用保障」を十分に講じない場合もまま生じえた。さらに非正規雇用労働者に対して、多くの企業は私傷病休暇・休職制度を設けておらず、パート有期雇用法8条等に基づく均衡処遇法理に照らしても、現行裁判例上、正社員と同様の生活保障につき、一定の限界が生じている。これに対し、私見では改めて私傷病時の「雇用保障」につき、憲法27条1項の勤労権を根拠規範に「安心して治療に専念し、職場復帰を目指す」ための雇用継続に係る期待権を導き、労働者の雇用保障の観点から、雇止め法理の適用等につき試論提起を行った。また近時の難治性疾患の増加に伴い、私傷病寛解後の再発などが大きな課題であるところ、私傷病休職における「所得保障」の在り方について課題を示した。本稿で検討した課題は、労働法と社会保障法が交差する問題領域であり、雇用保険制度との関係含め、引き続き検討を行っていきたい。

26　「治療と仕事の両立支援」の観点から、傷病手当金の課題を詳細に検討するものとして、浅野公貴「『治療と仕事の両立支援』の観点から見た傷病手当金の意義と課題」菊池馨実ほか編『働く社会の変容と生活保障の法──島田陽一先生古希記念論集』459頁以下（2023年、旬報社）。

第３章　ガラスの天井を割るのは誰か？
――女性の管理職登用の視点からコース制を問い直す

所　浩代

1　女性の管理職登用とコース制

　世界経済フォーラムは毎年、男女格差の各国ランキングを公表している。2024年の日本の順位は146カ国中118位であった[1]。2023年よりは順位は上がったが、日本は経済分野のランクが低く、特に、管理職のジェンダー平等スコアの改善が長年にわたって課題とされている。

　日本の職場に浸透しているコース制（コース別雇用管理）は、女性の管理職登用の障壁の一つである。職場では以下のような女性の憤りが聞こえてきそうである。

> 　通信会社で一般職として働いています。入社後に一般職で採用されていたことを知りました。採用時の面接では、「コース制」のことは特に説明されませんでした。
> 　そういえば、先日総合職の後輩が係長に昇進したのです。私は、彼が新人の頃に指導役でした。昇進はお祝いしたいですが、給与差を想像すると複雑な気持ちです。
> 　ニュースでは「女性活躍」が話題ですが、いつも男性が先に出世します。でも、職場のどこが悪いのかわかりません。女性が差別されているって訳

---

[1] World Economic Forum, Global Gender Gap 2024 Insight Report, June 21, 2024, p.12.

でもないような気がするのです。

　上記の呟きに出てくる「コース制」とは、基幹的中核的業務を担う労働者を「総合職」、定型補助的業務を担う労働者を「一般職」で採用し、雇用区分ごとに配置、昇進、教育訓練などを区別する人事管理システムである。一定範囲内の地域で転勤する「地域限定社員」や担当職務の範囲が限定されている「ジョブ型正社員」というコースを加える企業もある。

　コース制は、募集・採用・昇進・職務訓練などが性別に中立的に設計・運用されている限り、性差別を構成しない。(間接差別の成立は否定されないが、この点は4で後述)。

　ただし、3で後述するように総合職に属する女性は少なく、女性の持続的なキャリア発展が難しい状況が窺える。

　また、日本政府は、女性の管理職に関する2025年までの目標値を、部長職で12％、課長職で18％、係長で30％と定めている[2]。しかし、民間企業における役職者の女性比率は、部長職で8.3％、課長職で13.2％、係長で23.5％に留まる[3]。政府目標の達成には、まず管理職候補となる女性を増やさなければならない。その意味においても、コース制に潜む性差別の除去や女性を排除する職場の構造の改革に関わる法制度について今一度考える必要があるだろう。

　そこで本稿では、はじめに、コース制の沿革と法制度の展開を確認し、次に、コース制の現状を把握する。その上で、コース制における性差別を禁じる男女雇用機会均等法(以下「均等法」)の課題を明らかにし、最後に、女性活躍推進法(以下、「女活法」)の改革について述べたい。

2　内閣府「第5次男女共同参画基本計画」(2020年12月25日)。
3　内閣府男女共同参画局『令和6年版男女共同参画白書』(2024年6月)122頁。2023年は、係長級は24.1％、課長級13.9％であり、これらの値は2023年より下がった。

2 コース制と均等法の歴史的沿革

　戦後の日本では、基幹的職務には男性を、補助的職務には女性を配置するという男女別雇用が一般的であった。日本企業の管理職育成・選抜では、年功的な要素（年齢や勤続年数）とそれに伴う業務経験の幅が重視されるため[4]、統計的に勤続年数が短く業務経験が限られる女性は、最初から基幹的職務の採用候補にあがらなかった。

　1979年に国連で女性差別撤廃条約が採択されると、日本は同条約批准に向けて国内法を整備し、1985年には均等法が制定された。しかし、1985年均等法では、募集・採用・配置・昇進に関する男女平等（均等）取扱いは努力義務を課すに留まった[5]。

　1997年の法改正では、募集・採用・配置・昇進に関する事項が法的拘束力のある禁止規定に改められ、男女別人事管理は原則として均等法違反となった（1999年施行）。また、ポジティブ・アクション（積極的差別是正措置）に対する国の援助が明文化された[6]。もっとも、多くの企業は、男女別コース制に替えて、広域配転の有無や出張の受諾等の性に中立的な基準を用いるコース制を導入したため、男女の職域分離に劇的な変化は起きなかった。改正法の審議過程では、間接差別（4(1)(b)で詳述）を検討する必要性は認識されたものの、具体的な議論には至らなかった。

　2006年の法改正では、諸外国と足並みをそろえるため間接差別禁止の規定（7条）が挿入された（2007年施行）。ただ、間接差別の対象は、5条（募集・採用）と6条（配置・昇進・降格・教育訓練等）とされ、省令によって、7条の対象となる措置として①募集・採用時の身長・体重・体力要件、②総合職の募

---

[4] 吉川克彦＝坂爪洋美＝高村静「日本における『遅い昇進』に変化は起きているのか――管理職昇進時年齢変化とその要因に関する実証研究」日本労働研究雑誌756号（2023年）62頁。
[5] 均等法努力義務の意義については、荒木尚志「労働立法における努力義務規定の機能――日本型ソフトロー・アプローチ？」和田肇ほか『労働関係法の現代的展開――中嶋士元也先生還暦記念論集』（信山社、2004年）19頁。
[6] 1997年法当時20条、現在14条。

集・採用時の転勤要件、③昇進における転居を伴う配転要件の3つが列挙された[7]。なお、2013年の省令改正において②については総合職の要件は排除され、②募集・採用・昇進・職種変更における転居を伴う配転要件となった。また、同年にコース制に関する指針も公表されている[8]。

3 コース制の現状

コース制は、規模の大きな企業ほど利用割合が高い。常用労働者数5000人以上では57.4％がコース制を利用している[9]。

コース制における総合職・一般職の比率は、総合職58.4％、一般職22.7％である（正社員）。新卒採用の男女比をみると、総合職に男女双方を採用した企業は45％、男性のみ採用した企業が41.8％である[10]。各コースに属する女性の割合は、総合職16.3％、一般職43.7％であった（従業員規模30人以上）。

総合職に採用された労働者の10年後と20年後の状況もみておこう[11]。総合職に採用されて10年後の労働者の昇進状況は、課長相当職の男性が6.9％、女性は4.0％である。20年後は、課長相当職の男性が24.8％、女性は2.1％となっている。離職率については、10年経過後時点で離職している者は、男性が37.1％、女性が58.6％、20年後の離職者は、男性36.6％、女性85.8％である。男性は、年功的に課長に昇進する者が多く7割近くが20年近く在籍するが、女性は離職率が高く、管理職登用に至るまで在籍していない状況にある。

---

7 均等法規則2条。なお、厚労省通知「「改正雇用の分野における男女の均等な機会及び待遇の確保等に関する法律の施行について」の一部改正について」令和2年2月10日雇均発0210第2号には、「則第2条に定める措置は、あくまでも本法の間接差別の対象とすべきものを定めたものであって、これら以外の措置が一般法理としての間接差別法理の対象にならないとしたものではなく、司法判断において、民法等の適用に当たり間接差別法理に照らして違法と判断されることはあり得るものであること。」との記載がある。
8 「コース等で区分した雇用管理を行うにあたって事業主が留意すべき事項に関する指針」（コース等雇用管理指針）平成25年12月24日厚労省告示第384号。
9 厚労省「令和3年雇用均等基本調査」（2021年）企業調査結果・概要3頁。
10 厚労省・注9）調査2頁。
11 厚労省「平成26年度コース別雇用管理制度の実施・指導状況（確報版）」（2015年）5頁。

4　コース制と均等法

　1980年代後半から、均等法制定の後押しもあって、コース制における差別的取扱いを問題にする訴訟が複数提起された[12]。これら裁判の分析を通じて女性管理職登用にかかる均等法の課題を整理する。

(1) 募集・採用
(a) 差別意思の可視化
　均等法5条は、募集・採用において性別にかかわりなく均等な機会を与えなければならないと定めている。性別を理由に一方のコース（雇用管理区分）から一方の性を排除することは5条に違反する性差別である。

　コース制における総合職の募集が男女に均等に開かれていても、採用担当者が意図的に女性を総合職に採用しないということはありうる。このような女性排除は、その動機が女性という性に対する嫌悪感であれ、統計上の女性の離職率の高さ等の経営効率的認識に由来するものであれ（統計的差別）、「女性」という性別を理由として一方の性を排除したことに変わりはなく5条違反の可能性がある。

　しかし、現法では、採用選考における判断資料を使用者（求人者）が記録・保管する義務はない。また、判断過程の記録資料があったとしても、差別を主張する労働者側が、その資料を入手することは極めて困難である。過去に

---

[12] コース制における女性差別が問題となった例に、1）日本鉄鋼連盟事件・東京地判昭61・12・4労判486号28頁、2）国鉄大阪工事局事件・最3小判平4・10・20労判617号19頁、3）塩野義製薬事件・大阪地判平11・7・28労判770号81頁、4）住友電工事件・大阪地判平12・7・31労判792号48頁、5）商工中金事件・大阪地判平12・11・20労判797号15頁、6）住友化学工業事件・大阪地判平13・3・28労判807号10頁、7）野村證券事件・東京地判平14・2・20労判822号13頁、8）兼松事件・東京地判平15・11・5労判867号19頁、東京高判平20・1・31労判959号85頁、9）岡田鋼機事件・名古屋地判平16・12・22労判888号28頁、10）住友金属工業事件・大阪地判平17・3・28労判898号40頁、11）日本オートマチックマシン事件・横浜地判平成19・1・23労判938号54頁、12）東和工業事件・金沢地判平27・3・26労経速2319号26頁、名古屋高金沢支判平28・4・27労経速2319号19頁、最1小決平29・517日労経速2319号25頁（棄却不受理）、13）巴機械サービス事件・横浜地判令3・3・23労判1243号5頁、東京高判令4・3・9日労判1275号92頁、14）AGCグリーンテック事件・令和6年5月13日労働判例ジャーナル149号2頁。

は、男女賃金差別事件において人事考課のために作成した「手引き」等の提出を求めた例があるが、判決では、当該文書は公開が予定されていなかったのであり「自己使用文書」にあたるとしてその申立が却下された[13]。

(b) 選考基準の合理性と間接差別

均等法7条では、性別以外の事由を要件とする措置であって、その要件を適用した場合に一方の性に対して実質的な差別と考えられるものについては、合理的な理由がない限り「間接差別」に該当するとし、これを禁じている。

ただ、上述のように日本では、省令において間接差別の対象が3つ挙げられており、それ以外の措置が裁判において間接差別と認められることは稀である[14]。加えて、現在の判例法理上は、採用の自由が広範に認められていることを考慮すると、募集職種と採用基準との間の合理性審査は緩やかに行われる可能性が高く、募集・採用における間接差別が成立する可能性は極めて低い[15]。

(c) 選考における情報提供

日本では、総合職と一般職とを区分するコース制を採用している企業が、求人募集においてコース制の存在を開示しないまま、採用選考を行うことがある。このような採用方式を取る企業では、面接の際に本人の希望や適性を見極め、その個性に応じてコースを振り分けているようである[16]。女性応募者に総合職と一般職の待遇差を明らかにしないままに、本人の転勤に関する意向のみを聞き、応募者が「できれば転勤を避けたい。」と述べるときには、転勤を予定しない一般職として採用する。このような状況は、裁判でも時折

---

13 住友金属工業事件・平11・9・6労判776号36頁。公開が予定されていた職員考課表の提出が認められた例に、商工組合中央金庫（職員考課表提出命令）・大阪地決平10・12・24労判760号35頁。

14 コース制の下で総合職にのみ社宅制度（会社が住居を借り総合職に貸与する制度）の利用を認め、一般職には僅少な社宅手当を支払うという取扱いは、均等法の趣旨に反する間接差別にあたり不法行為が成立するとして、一般職である労働者が総合職と同様に社宅制度を利用した場合の会社の負担額と原告に支払われた社宅手当との差額が損害として認められた（合わせて慰謝料50万円も認容）。地位確認等請求事件（注12）事件14）。

15 現業経歴の有無という採用基準の合理性を認めた例に巴機械サービス事件高判（注12）事件13）、職種転換・出張・転勤が可能というコース振分基準が実質的な基準であったか疑わしいとし、振分における性差別を推認して労基法4条違反を認めた例に（均等法7条否定）東和工業事件地判・高判（注12）事件12）。

問題となっている[17]。

　筆者は、コース制の下で企業が応募者にコース制の概要を説明しないことは、応募者から選択と自己決定の機会を奪うことになるため、男女の間における機会均等という均等法の理念や公平な選考機会を享受するという人格的利益に抵触するものと考える[18]。しかし、過去の判決では「企業が当該労働者に説明義務を負う範囲は、当該労働者との労働契約の内容となる労働条件にとどまると解するのが相当であり、当該労働者に対し、他の労働者の労働条件まで説明する義務があるとはいえない」と述べられており、企業が募集時に応募者に対してコース制の全体像を開示することまでは法的に要請されていない[19]。

　なお、2024年4月1日からは、労働基準法15条1項による労働条件明示の事項に、a）就業の場所及び従事すべき業務に関する事項とb）その変更範囲が追加されたが[20]、コース制の有無や具体的な制度内容を労働者（応募者）に明示する義務までは課されていない[21]。厚労省指針では、募集・採用にあたり、応募者にコースごとの職務内容や処遇等の差異について情報提供し、応募者の自主的な選択の促進を図ることに「留意すべき」とされているが[22]、

16　巴機械サービス事件地判・高判（注12）事件13）。長谷川聡・判批労判1250号88頁も参照。塩野義製薬事件（注12）事件3）では、大卒男性を基幹職で採用し、大卒女性のほとんどを補助職で採用した。判決は、勤務時間が不規則で転勤がある職場において希望を聴取した上で採用を決定しており、基幹職に女性も数名存在するから、コース間の男女間不均衡は不合理な男女差別とは言えないとした。商工中金事件（注12）事件5）では、コース制導入時に、男性には総合職、女性には一般職を選択するように説得があった。

17　兼松事件（注12）事件8）では、女性の採用時、職務内容が男性と異なることを明らかにしなかった。地位確認事件（注12事件13）でも、転勤可能性がある営業職は総合職の待遇で採用し、そのほかの定形業務を担当するものは一般職の待遇を受ける人事管理をしていたが、求人には「営業職」とのみ表示して募集しており、2つの処遇が存在することを求人に明示していなかった。

18　石田は、労働者の側に選択の自由を保障するために、コース制の仕組みや振分基準が客観化・明確化されていなければならないと説く。石田眞「男女別『コース制』と賃金差別の違法性」労旬1628号（2006年）32頁。

19　岡田鋼機事件（注12）事件9）。

20　労基法規則5条1項第1号の3。

21　労基法規則5条1項第1〜11号。若者雇用促進法では、応募者が求めた場合は、1）募集・採用に関する状況（新卒採用者数の男女人数等）、2）職業能力の開発等に関する情報、3）雇用管理に関する状況（女性管理職の割合等）を提供する義務がある（13条2項、規則5条）。

使用者が応募者の適性を把握し、それに応じてコースを振り分けることについては「法に直ちに抵触する例」に含まれておらず、企業が自主的に積極的な情報提供に努めるよう求めるに留まる。

(2) 昇進（昇格）における差別
(a) 総合職の男女間

総合職に女性が少ないことは、管理職候補に女性があがりにくいことを意味する。加えて3で確認したように、総合職の中でも男女の昇進スピードは異なる。先行研究は、管理職の登用では、教育、年齢、勤続年数、就業時間が同じ男女間に格差があることを明らかにする[23]。また、一般に、女性は男性よりも家事・家族ケアの負担が重いため、就業時間が短く離職率も高い。この統計的な事実が、職務の割当や教育訓練機会の付与の場面において男性を女性よりも有利に扱う動機づけになってしまう（「統計的差別」と呼ばれる現象である。）。

したがって、管理職における男女格差を解消するためには、①総合職の女性比率の増加、②昇進（昇格）に関わる人事評価の公正さ（差別の除去）、③職務割当の公平性が重要である。

均等法6条1号は、以上の日本的雇用慣行を踏まえて、配置（業務の配分・権限の付与を含む）、昇進（昇格）、降格、教育訓練における性差別を禁止する。しかし、人事考課の内容は通常社内に非公開とされており、査定の公正性・非差別性を労働者自身が発見し検証できるケースは極めて少ない。

加えて、裁判などにおける人事資料の入手の難しさには、4(1)(a)(b)で述べた通りである。また、仮に情報を入手し、裁判で性差別を争うことができたとしても、その場合には、労働者の側で、①男性に比して不利益な取扱いがあったこと、②その取扱いが女性であることのみを理由としてなされたことを立証しなければならない。労働者が②を立証するのは極めて難しい。

裁判の中には、労働者側が①の立証をすれば、使用者側に人事評価の結果

---

22 指針注8）二（制度のより適正かつ円滑な運用をするために留意すべき事項の例）（一）。
23 山口一男「ホワイトカラー正社員の管理職割合の男女格差の決定要因」日本労働研究雑誌648号（2014年）17頁。

が女性であることを理由とするものではないことの積極否認の反証を求めて立証責任の均衡を図ろうとするものがある[24]。しかし、そのような方法で使用者側に実質的に立証責任を転換したとしても、人事評価に潜むジェンダーバイアスを可視化するのは容易ではない。昇進人事は企業の裁量が尊重され、裁判所は考課の内容に疑義を呈することに抑制的である[25]。人事考課の手続を重視し、評定者に女性が登用されている、複数の評価による段階的査定が行われている、評価者研修が実施されているという事実を挙げて査定の公正さを認めた例があるが[26]、女性査定者であればジェンダーバイアスが弱いという認識こそがバイアスである。人事考課の公正さの担保やジェンダーバイアスの除去は、社内における客観的資料を用いた定期的な監査が重要である（女活法に基づく企業の情報収集・分析義務については5で後述）。

　昇進差別については、その救済方法にも課題がある。コース制における昇進差別が認められた例では、不法行為に基づく損害賠償を認められているが、昇進請求権（地位確認）は否定された[27]。つまり、訴訟で勝っても、使用者が管理職登用に関する態度を自主的に改めない限り、女性に対して管理職の道は開かれない。なお、管理職への昇進ではなく職能等級の昇格が争われた例では、昇進と同様にこれを否定する例があるが[28]、他方で、昇格が賃金と直接に結びつき職位と無関係である場合には、労働契約の本質（使用者の男女を能力に応じ処遇面で平等に扱う義務）及び労基法13条の類推適用により昇格請求権が認められるとし、課長職の資格にあることの地位確認請求を肯定した例がある[29]。

(b)　総合職男性と一般職女性

　一般職と総合職の労働者は、一般には異なる職務を割り当てられるため、

24　伊藤由紀子「男女雇用差別訴訟――その現状と課題」判タ1136号（2004年）49頁。
25　菅野は、昇進人事は企業の裁量的判断を尊重すべきであり、法はあまり介入すべきではないと述べる。菅野和夫『労働法〔第13版〕』（弘文堂、2024年）676頁。
26　中国電力事件・広島高判平25・7・18労経速2188号3頁（上告不受理）。
27　野村證券事件（注12）事件7）、岡田鋼機事件（注12）事件9）。
28　職能等級の場合は、昇格基準が具体的で明確に設定されていても、基準に該当すれば自動的に昇格するわけではない。東和工業事件高判（注12）事件12）。
29　芝信用金庫事件・東京高判平12・12・22判時1766号82頁。

その職務を通じて蓄積される業務経験は異なり、習得できる業務スキルも異なる。一般に、一般職には定型的で補助的な業務が割り当てられるため、幅広い業務経験を積むことが難しい。そのため、一般職の職能等級の格付けは総合職より低くなり、昇進・昇格のスピードも総合職より遅くなる。

その一方で、日本企業の多くは、欧米と異なり、各労働者の職務の範囲はそれほど明確ではなく、総合職と一般職が同じ部署内で協力して作業を進めてゆくという職場文化も重なって、勤続年数が長い一般職の女性の担当する職務が同一部署の総合職の男性と同質化していくという事態も起きうる。また、制度設計上は「総合職」「一般職」という区分があるが、実態をみると総合職と一般職の担当する職務に同質性がありコース区分に合理的な理由が認められないということもある。

均等法6条1号は、基本的には、「一の雇用管理区分」における差別的取扱いを対象としている[30]。そのため、原則的には総合職と一般職の間の男女格差は6条の対象外である。しかし、裁判において、一般職の女性が自らの担当する職務と総合職の男性の担当する職務との同質性を立証した場合には、コース区分の合理性が否定され、上記の総合職の場合と同様に、総合職男性と一般職女性の間の昇進・昇格差別を争うことができる。

他方、一般職と総合職に就く男女間の職務内容が明確に異なる場合は、コース制の合理性を否定するのは難しい。その場合、異なる職種の間の「職務価値」を比較し、両者が同等であれば職務等級の格付けの不合理性(同価値の職務に就く男性との昇格差別)を争うことになる。過去には、異なる職務に従事する労働者の間の職務価値を詳細に比較し、職務等級の格付けを争った例がある[31]。

ただ、均等法には、異なる職種間の職務価値を比較するための「同一価値労働同一賃金原則」が明文化されていない。また、パートタイマーや有期契約者の場合は、職務の内容に応じた均衡な処遇を求めるルールがあるが[32]、

---

30 「労働者に対する性別を理由とする差別の禁止等に関する規定に定める事項に関し、事業主が適切に対処するための指針」(平成18年厚労省告示第614号) 4(2)。
31 京ガス事件・京都地判平13・9・20労判813号87頁。
32 パート有期法8条。

コース制の総合職と一般職に属する労働者間の処遇の均衡を法的に審査することは、当該コースの振り分けに性差別的意図が認められない限りできない。例えば、各コースの間に賃金について著しい格差（不均衡）があったとしても、その賃金格差を職務の内容との関係において吟味し、企業に是正を促す仕組みは今のところない。

(3) 職種転換

1997年均等法改正により男女コース制は法的に否定されたが、過去の性差別を除去するためのポジティブ・アクションを事業主に直接義務づけることはできなかった。過去に行われた男女コース制のために女性が失った多くの機会（幅広い業務経験や教育訓練等）は、均等法改正の後も女性のキャリアに影を落とした。

裁判では、使用者が、女性に対して総合職転換に向けた特別なフォローアップを実施し（同経歴の男性が受けた訓練を女性にも付与する、試験内容に配慮する等）、総合職転換の実質的機会を保障すべきだとの主張もなされたが、裁判所はそのような積極的な是正義務は認めなかった[33]。

ただ、過去の性差別の結果を是正するために女性に対して積極的な支援措置を行うことまでは求められていないとしても、過去の差別により、コース制における総合職・一般職の男女比が著しく不均衡である場合は、職種転換制度を新たに設置するなどして、男女にコース選択に関する機会を平等に付与する努力は求められている。

裁判例には、職種転換制度を新たに導入する際には、その制度が「女性能力活用の観点から転換を目指す労働者の努力を支援する配慮した制度」となっているかを吟味したものがある[34]。必要以上に高い能力基準や人事考課を要求することは、女性に不合理な障壁を設けることになるため、設定された要件が性に中立的な要件であったとしても職種転換における性差別（均等法6条3号）に該当する可能性がある[35]。また、使用者が、職種転換制度の基準を明らかにせず女性が総合職に転換できなかったという例では（男女が例外な

33　住友電工事件（注12）事件4）、住友化学工業事件（注12）事件6）。
34　兼松事件高判（注12）事件8）。

く「総合職」と「一般職」に分離している事案)、男女の職域分離を長期間放置することにより、職種区分における性別の偏り（事実上の一方性別の排除）という現状を追認・固定化したとして、職種転換における性差別が認められている[36]。なお、職種転換制度の選考基準が一方の性に不利益な効果をもたらす場合には、間接差別も問題となりうる。しかし、職種転換の例で間接差別が認められたことは過去一度もない。

5 コース制と女性活躍推進法

以上のように、均等法は、コース制に潜む性差別を可視化し、過去の差別による損害を救済する仕組みを有するが、その差別是正・抑制効果は限定的である。

男女の実質的な機会平等の実現を考えると、使用者が、コース制の内容や運用状況を定期的に把握し、必要に応じて職場全体の改革に着手することが望ましい。そのような職場における集団的な取り組みを促すために制定されたのが女活法である。

女活法は、当事者による職場点検を義務づけ自発的な職場改革へと促すことを目的としており、その意味では、均等法が推奨するポジティブ・アクションを強化する機能を有する。また、賃金格差などの情報の外部公開を義務づける法政策は「賃金透明化法（pay transparency law）」と呼ばれ、各国の平等政策にも組入れられている[37]。そこで本稿では、女性管理職登用の観点から、女活法の内容と課題を考察し、同法を活用した実効的改革を提案したい。

---

35 転換制度が実質的に男女に平等に機会を与えるものであったかが検討されたが、差別性はないと判断された例に住友化学工業事件（注12）事件6）。
36 巴機械サービス事件高判（注12）事件13）。
37 賃金透明化法については、ロルフ・ヴァンク＝橋本陽子（解説・訳）「ドイツの賃金透明化法(1)」季労281号（2023年）115頁、黒岩容子「EU『男女同一労働または同一価値労働原則適用強化に関する指令』案─賃金透明化とエンフォースメントの強化」労旬2021号（2022年）39頁、拙稿「カナダにおける賃金透明化法制の現状と特徴」労旬2021号（2022年）25頁。

(1) 女活法の仕組み

2015年に10年の時限立法として制定された女活法は、職業生活における女性の活躍の重要性に鑑み、その推進に関わる事業主（「一般事業主」）、国、自治体の責務を定めた法律である。

本法に基づき民間の事業主は、①女性の活躍に関わる状況を把握・課題を分析し、②発見された課題を改善するための行動計画を策定し、③その行動計画を行政に届け出ると共に、④女性活躍に関する一定の情報を外部に公開する。

国は、女性活躍に向けて積極的に取り組む企業に対する認定制度（「えるぼし」「プラチナえるぼし」認定）を設けている[38]。国の当該認定を受けた事業主は公共調達等において加点評価を得ることができる[39]。

(2) 女活法の課題
(a) 基礎5項目の情報収集と課題分析

常時雇用労働者が301人以上の事業主（以下、「常時雇用労働者」の部分は省略）が、後述(b)で述べる「一般事業主行動計画」を策定・変更するときは、厚労省令が定める24の事項のうち、少なくとも以下の5事項（基礎項目）について状況を把握し、課題を分析しなければならない[40]。①採用した労働者に占める女性労働者の割合（「雇用管理区分」別[41]）、②男女の平均継続勤務年数の差異（雇用管理区分別）、③平均残業時間数等の労働時間（健康管理時間）の状況[42]、④管理職に占める女性労働者の割合、⑤男女の賃金の差異（全労働者・正規労働者・非正規労働者の区分別）（300人以下の事業主は努力義務）。

女性の管理職登用を拡大するには、総合職またはそれに準じる雇用管理区

---

38 女活法9条。
39 女活法24条1項・2項。2024年度からは、賃上げ促進税制において上乗せ措置が、講じられている。
40 「女性の職業生活における活躍の推進に関する法律に基づく一般事業主行動計画等に関する省令」（平成27年厚労省令第162号）2条1号。
41 「雇用管理区分」とは、「職種、資格、雇用形態、就業形態等の労働者の区分であって、当該区分に属している労働者について他の区分に属している労働者とは異なる雇用管理を行うことを予定して設定しているもの」を指す。注37）省令2条1項。
42 非正規雇用労働者も含めた全労働者の労働時間。

分における女性の人数を増やすことが必要であり、そのためにこのような職場の状況把握は不可欠である。しかし、コース制の現状把握という視点から上記基礎5項目を精査すると、①採用人数と②勤続年数については、「総合職」「一般職」等の雇用管理区分の状況把握が行われるが、③残業時間数、④管理職の男女比、⑤賃金格差については、雇用管理区分ごとの把握は必須とされていない。

省令と指針は、雇用管理区分ごとに実態が異なる可能性がある項目については、雇用管理区分ごとの把握が「望ましい」としている[43]。ただ、コース制を採用する企業における女性管理職登用拡大を推進するためには、コース毎に管理職登用の状況を把握し、両コースの状況を比較分析することが必要である。そのため、少なくとも基礎5項目については、雇用管理区分別の把握を義務づけるべきである。③④⑤の数値をコース間で比較することにより、職場における構造的な問題が客観的に可視化される。

また、この段階で集約される情報は、求職者が企業選択の参考にする際の重要な指標でもある。求職者が、基礎5項目を一元的に比較できることができてこそ、国のデータベースの真価が発揮される（情報の統一的な集約と活用については(d)で後述する。）。現時点では、301人以上の事業主にのみ、行動計画策定時の基礎5項目の状況把握が義務づけられているが、将来的には101人以上の事業主にも同じ項目の情報収集義務を課し、求職者が中小企業も含めて比較できるよう利便性を高めるべきである。

(b) 行動計画の策定義務

101人以上の事業主は、女性活躍推進に向けた行動計画の策定義務がある[44]。行動計画には、①計画期間、②数値目標[45]、③取組内容・実施時期を定める。行動計画は、策定後遅滞なく職場の労働者に周知する（変更時も同じ）[46]。社内における定期監査を含めて、PDCAサイクルを実行することが望

---

[43] 事業主行動計画策定指針（平成27年内閣官房、内閣府、総務省、厚労省告示第1号）二（一）。
[44] 女活法8条。
[45] 常時雇用労働者301人以上の事業主は2項目、常時雇用労働者101人以上300人以下の事業主は1項目。注37) 省令2条の2。
[46] 女活法8条4項。

ましいとされているが、定期監査は義務ではない。

　女活法は、事業主に行動計画の策定を義務づけるけれども、労基法における就業規則作成・変更時のように労働者代表の意見聴取する機会が確保されていない[47]。諸外国の同種の法制度では、労働者に行動計画に対する意見表明の機会を保障したり、計画策定過程に労働組合の代表などの参加を義務づける国がある[48]。女活法は2026年3月までの時限立法であるが、延長される場合には、行動計画策定過程における労働者の意見聴取の機会保障について義務化を検討すべきだろう[49]。

(c)　行動計画の届出義務

　101人以上の事業主は、上記行動計画を策定したのち、都道府県労働局長に提出しなければならない（変更時も同じ）[50]。

　この行政への届出義務は、事業主が行動計画策定義務を履行しているかを確かめるものであり、行政が行動計画の内容や目標の実現可能性を検証するためのものではない。厚労省の参考書式[51]では、基礎項目の状況把握・分析の実施の項目は「済」という部分に丸をつけるだけである。各事業主が設定する目標と取組内容については「管理職にしめる女性労働者の割合を30％にする」という1行を記載し、行政に提出すれば法の義務を果たしたことになる。

　労働局や関係機関が目標の内容や計画の進捗等を把握するためには、報告権限に基づき資料の提出を求めるか、ウェブサイト等で外部公開されている行動計画を個別に確認しなければならない。女活法の報告徴収・指導の実績を見ても、行政が企業に助言をした事案は2022年の調査で3567件であり、その内訳は、情報公表に関するものが31.7％、行動計画の届出が27.6％、行動計画の内容については1.1％、状況把握・課題分析（計画の進捗確認）は3.1％

---

[47]　厚労省のパンフレットでは、労働組合等が参画する社内委員会の設置が推奨されている。
[48]　カナダは労働者の参加権を保障する。拙稿「男女平等賃金実現における労働者の参加権」道幸哲也ほか編著『社会法のなかの自立と連帯』（旬報社、2022年）345頁。
[49]　企画業務型裁量労働制、高度プロフェッショナル制の場合は労使半数ずつで構成される「労使委員会」の設置が義務づけられる。労基法38条の4第2項、同法41条の2第3項。
[50]　女活法8条。注37）省令1条、5条。
[51]　女活法・様式第1号省令第一条及び第五条関係。

に留まっている[52]。

　女活法の目的は、女性の能力が発揮できる職場を作ることにあるから、行動計画策定はその過程での一イベントに過ぎない。行政機関は、事業主が情報収集・分析や計画策定の義務を履行したか否かだけを掌握するのではなく[53]、計画の進捗（目標達成度）や、行動結果として現れる基礎５項目の数値変化も確認し、目標到達に向けた支援を行うべきであろう。たとえば、行政への届出はオンライン提出に一本化し、基礎５項目を毎年報告させるとか、行動計画における目標と達成度合いを３年おきに報告させる等の案が考えられる。

(d)　行動計画の公開と特定情報の外部公開

　女活法では、求職者が企業選択の際に女性活躍に関する情報を参照できるように、事業主に情報の外部公開を義務づけている。外部公開の対象は、①上記(a)で収集した女性活躍に関する社内状況の情報と、②上記(b)で策定した行動計画である[54]。①の情報公開では次の２グループが指定されている。①職業生活に関する機会の提供に関する実績（８項目）、②職業生活と家庭生活との両立に資する雇用環境の整備に関する実績（７項目）。301人以上の事業主は、上記の指定２グループから少なくとも１項目ずつと、男女賃金格差の合計３項目を公表しなければならない。101人以上300人以下の事業主は、上記２グループを統合した15項目から少なくとも１項目を選択して公表する[55]。

　情報公開は、①厚労省ウェブサイト（「女性活躍・両立支援総合サイト」）の「女性の活躍推進企業データベース」による公開、②自社のホームページによる公開、③その他の方法（新聞や自治体の広報誌等）の３つから選ぶ。年１回以上の公表が望ましいとされている[56]。

52　厚労省「雇用の分野における女性活躍推進に関する検討会」第８回資料２－２（論点（案）別添）33頁。
53　これらも法のエンフォースメントの確認としては重要だが、それは無作為に臨時調査を行う事でも足りる。
54　女活法８条５項。
55　公表義務違反・虚偽報告は、行政の助言・指導・勧告の対象（30条）。行政の勧告に従わない場合は、企業名公表（31条）。行政の報告要請に応じない場合や虚偽報告には20万円以下の罰金（39条）。
56　女活法20条１項、注40）省令19条４項。

この情報公開制度の課題の一つは、求職者等の視点から見た利便性である。法制度上は、事業主が複数の情報公開方法から自社に合うものを選択する仕組になっているため、求職者は知りたい情報をワンストップで収集・比較検討することができない[57]。最新の統計（2024年3月31日時点）の情報公開状況をみても、政府の女性活躍データベースを活用しているのは、101人以上の企業で50.8％、301人以上の企業では、78.4％である[58]。

　この点、たとえば、同様の施策を展開するカナダでは、事業主が国のデータベースに指定された情報を毎年入力し、その情報は専門スタッフによって集約・分析される。その結果は、職場の多様性に関する報告書として、毎年連邦議会に提出される[58]。また、求職者も政府のサイトにアクセスすれば、法の適用対象である企業の情報は容易に把握することができる。日本も、これに倣い、職場情報を一元的に集約・管理し、各種の計画や施策に応用できるような仕組みの検討が必要である。

　もう一つの課題は、行政による各事業主の情報公表状況の把握である。事業主は、行動計画を届け出る義務はあるが、計画の内容に関する情報公開の状況を行政に届け出る必要はない。上記に述べたように、情報公開については、厚労省が管理するウェブサイトへの掲載を義務化すれば、行政は事業主の情報公開義務の履行状況を容易に把握でき、かつ、その情報を政策立案にも効率的に利用することができるだろう。情報の一元的収集と活用は、求職者にとっても行政にとっても（私たち研究者にとっても）有益なものである。

6　まとめ——ガラスの天井を割るために

　均等法はコース制に潜む性差別を禁止し差別を受けた者に対して救済の道

---

[57] ただし、情報公開の促進に努める企業であれば、①の厚労省ウェブサイトを選択することが合理的であろう。2024年7月7日時点で、「女性の活躍推進企業データベース」で何らかのデータを講評している企業は34,042社、行動計画を公表する企業は46,341社となっている。

[58] 厚労省は、2024年2月に有識者で構成される「雇用の分野における女性活躍推進に関する検討会」（座長佐藤博樹）を参集し、女活法の課題整理と施策の方向性について、2024年8月8日に最終報告書「雇用の分野における女性活躍推進に関する検討会報告書——女性をはじめとする全ての労働者が安心して活躍できる就業環境の整備に向けて」を公開した。同報告書5頁。

を用意するけれども、その仕組みは当事者が差別の存在を認知して初めて意味を持つ。女活法による職場分析と外部への情報公開の仕組みは、関係者が真摯にこれに取り組んだ場合は職場に潜むジェンダーバイアスの可視化に役立つ[59]。一方で、女活法は企業の自主的な行動を促すソフトローであるため、企業が女活法の計画策定義務や公表義務を形式的に履行するだけにとどまる場合には、当該企業の性差別は社内に残存し続けるだろう。

　女性の努力だけでガラスの天井を割ることはできない。ガラスの天井を割るために、関係者の連携と不断の努力が欠かせない。

59　拙稿・注37) 論文。

第4章 公務員は民間労働者より優遇されている？
——非正規問題から公務員に関する法制度を問い直す

早津裕貴

1 はじめに

　「公務員」というと読者にはどういったイメージがあるだろうか。民間労働者よりも安定的で恵まれている、そういったイメージを持つ読者も多いかもしれない[1]。他方で、最近では「ブラック」な労働環境が問題となっていることを知っている読者もいるかもしれない[2]。

　現実には、「公務員」にも「非正規」雇用の形態で働く人々がおり、彼女ら・彼らは決して安定的であるわけでも、恵まれているわけでもない。むしろ、「公務員」であるにもかかわらず、ときに民間労働者よりも不利な立場に置かれているのが現状である[3]。

　なぜそういった現実が存在しているのであろうか。また、問題への切り口はどういった点に見出すべきなのであろうか。本稿では、「非正規」公務員

---

[1] 国家公務員新規採用職員においては、「公共のために仕事ができる」、「仕事にやりがいがある」、「スケールの大きい仕事ができる」が志望動機の上位3つを占めており、職業としての魅力が重視されている点も含め、人事院「令和5年度の新規採用職員の就業意識——総合職試験等からの新規採用職員に対するアンケート調査の結果の概要」人事院月報891号（2023年）18頁以下も参照。

[2] たとえば、「官僚」につき、千正康裕『ブラック霞が関』（新潮社、2020年）、NHK取材班『霞が関のリアル』（岩波書店、2021年）、公立学校教員につき、髙橋哲『聖職と労働のあいだ——「教員の働き方改革」への法理論』（岩波書店、2022年）など参照。

[3] たとえば、上林陽治『非正規公務員』（日本評論社、2012年）、同『非正規公務員の現在—深化する格差』（日本評論社、2015年）、同『非正規公務員のリアル——欺瞞の会計年度任用職員制度』（日本評論社、2021年）参照。

を題材として、公務員に関する法制度を問い直していく。

2　「非正規」公務員という存在

　私は、DV被害などを受けて困難な問題を抱える女性を支えるために、役所で10年以上、相談業務に従事してきました。大変ですが非常にやりがいのある仕事だと日々感じています。ただ、雇用には不安を抱えています。
　というのも、私の雇用形態は、週4日・1日6時間のパートタイムで、1年の「任期」で繰り返し雇用されるというものなのですが、年度末には突如として雇用が打ち切りになる同僚も過去におり（「正規」の上司に意見を積極的に申し出る方でしたが、煙たがられたのかもしれません…）、年明け辺りから精神的不安により体調を崩す人も多くいます。民間だと有期であっても、一定の場合には契約が更新されたり、無期転換できたりする制度があるそうですが、どうやら公務員の場合にはルールが異なるようなのです。
　また、様々な境遇の女性に寄り添う必要があるため、所定勤務日以外の日や1日6時間を超えて働くこともあるのですが、男性の上司からは、「非正規なんだから無駄なことはしなくていい」、「予算の関係で残業代は出ない」などと言われ、仕事ぶりまで否定されているように感じます。もちろん私も、当事者に寄り添う必要性をもっと上司に説明したり、給料が適正に支払われるよう訴えたりしたいのですが、雇用の打ち切りが怖くて言えません。労働基準監督署などに相談してはどうかと思ったのですが、どうやら公務員の場合には仕組みが異なるようです。代わりに、私の勤めている役所の地域には「公平委員会」というものがあるのですが、役所側の立場を代弁するだけにも思え、ハラスメントの相談をした女性職員が、結局、雇用を打ち切られることになった話も聞くことから利用には不安があります。
　「職員団体」というものもあるのですが、「正規」の方々が中心なので意見をしっかりと聞いてもらえるか不安です。また、私と同様の境遇の方々で結成され、処遇改善に向けて努力してきた労働組合もあったのですが、

> 最近の制度改正で従前と同様の活動（ストライキをしたり、話し合いがうまく進まない場合には労働委員会を使ったり）ができなくなってしまったそうです。
> 　確かに、私はいわゆる公務員採用試験を受験しておらず、「正規」の方々と違いがあることは理解しています。しかし、「正規」の方々が現場で当事者の方と直接向き合うことは稀であり、現場で培ってきた経験という意味では私の方が習熟しているといっても過言ではありません。私は、決して幹部職員になっていくような「正規」の方々と全て同じにしてほしいとまで思っている訳ではありません。ただ、せめて、もう少し雇用環境が改善して欲しいと思うのはわがままなのでしょうか？

　一方では、「正規」公務員の度重なる定数削減、他方では、行政の担う役割の多様化・複雑化を背景とした業務量の増大の中で、「非正規」公務員は、「切りやすく、安価に使うことができる」点に利便性を見出され、公務員に占める割合も約２～３割に達している[4]。この「非正規」公務員は、基本的に「有期」で、多くが「パートタイム」であるほか、約４分の３が「女性」である点でジェンダー問題も内包している[5]。

　この「非正規」公務員にも、民間の場合と同様、雇用の不安定さや「正規」との処遇格差といった雇用問題が存在している。しかし、民間部門と決定的に異なるのは、労働契約法やパートタイム有期雇用労働法といった民間労働法制が「公務員」であることを理由に適用されない点にある（労働契約法21条１項、パートタイム有期雇用労働法29条等）。

　それでは、公務員法による十分な手当がなされているかと言えば、そうでもない。労働基本権制約など、権利を「制約」する面では「正規」と同様の取扱いがなされる一方、権利を「保障」する面では「正規」に大幅に劣った

---

[4] 以下の記述も含め、前掲注３）掲記の文献のほか、国家公務員に関する政府調査につき、内閣人事局「国家公務員の非常勤職員に関する実態調査について（調査結果）（平成28年４月１日現在）」（平成28年９月）、同「国家公務員の非常勤職員の処遇の状況に関する調査（調査結果）（平成30年７月１日現在）」（平成30年10月）、地方公務員に関する政府調査につき、「会計年度任用職員制度の適正な運用等について（通知）」（令５・12・27総行公第141号）の別添資料等も参照。
[5] 民間部門での問題については、本書131頁以下〔緒方桂子〕、本書208頁以下〔所浩代〕も参照。

取扱いとなっているうえ、近時の「非正規」関連の公務員法制の整備——国家公務員につき、2010（平成22）年の「期間業務職員制度」の導入（国家公務員法附則4条、人事院規則8－12第4条13号、46条以下）、地方公務員につき、2020（令和2）年の「会計年度任用職員制度」の導入（地方公務員法22条の2、地方自治法203条の2以下）——も抜本的な処遇改善にはつながっていない[6]。

　このように、公務部門の「非正規」雇用に関する法制度の現状は、民間よりも劣っている状況にあるといっても過言ではない。このような世間一般のイメージとは異なった「公務員」の現状は、何故に生じているのであろうか。また、そのことを問い直す必要はないのであろうか。

　以下では、問題の背景を整理したうえで（2）、「非正規」公務員に顕著な問題の分析を進め、現状を問い直していく際に必要となる観点、また、あるべき方向性について論じていく（3）。

　なお、日本には、職務の民間との類似性等に鑑み、より民間法制に近い規律の下にある「公務員」も存在しているが[7]、本稿ではこれを検討対象とはせず、典型的な、いわゆる非現業一般職職員（「非正規」公務員の多くもこれに該当する）を対象とすることにする。

6　特に地方公務員につき、上林・前掲注3）（2021年）第三部、早津裕貴「『非正規』公務員をめぐる『改革』と課題」日本労働研究雑誌759号（2023年）36頁以下を参照のほか、従来、特別職非常勤職員（地方公務員法旧3条3項3号）として地方公務員法が基本的に適用されないために（法4条参照）、労働基本権制約を課されていなかった者が、一般職である会計年度任用職員に移行したことによって、権利の「剥奪」ともいえる現象が生じたことにつき、同「『非正規』公務員をめぐる『法的』課題」季刊労働者の権利335号（2020年）73頁も参照。

7　いわゆる現業職員ないし独立行政法人等における公務身分の職員のほか、特別職職員や公務員法の特例を定めるその他類型も含め、たとえば、吉田耕三＝尾西雅博編『逐条国家公務員法〔第2次全訂版〕』（学陽書房、2023年）75頁以下〔植村隆生〕、1272頁以下〔髙田悠二ほか〕、橋本勇『新版 逐条地方公務員法〔第6次改訂版〕』（学陽書房、2023年）52頁以下、938頁以下、1057頁以下参照。

3　問題の背景
——なぜ公務員には労働関係法令の全部または一部が適用されないのか？

(1) 前史——戦前における官吏制度と雇傭人等

　大日本帝国憲法下において、典型的な公務労働従事者は「官吏」であった。この官吏は「天皇の官吏」として、勅令によって規律され、公法上の特別権力関係にあるとされるなど、いわば特権的身分として理解されていた（大日本国憲法10条等参照）。この特権的身分の意味合いにおいて、官吏は忠実無定量の義務を負うと同時に、それと表裏一体の関係において、民間労働者にはない特権も享受していた。他方で、公務労働従事者には、私法上の関係にある雇傭人等も存在していたが、これは「官吏」とは身分的に異なる地位にあると考えられていた[8]。

(2) 戦後日本の出発点

　戦後になると、GHQの強い影響力行使の下、日本の公務員制度には、アメリカの制度をモデルとして近代化・民主化が図られ、戦前の身分的区分も撤廃されて基本的にはすべて「公務員」として処遇されることとなる。そこでは、公務員もまた労働者の一員であるとの前提が重視され、公務員に対して労働関係法令を一律に適用除外とする、あるいは、公務員と民間労働者に対する労働関係法令の適用関係を単純に峻別するといったような発想はみられなかった[9]。1945（昭和20）年の（旧）労働組合法においても、1947（昭和22）年の労働基準法においても、公務員はその適用対象から一律には排斥されていなかったし、この点は、同年の国家公務員法においても同様で、そこ

---

[8] 以上につき、たとえば、塩野宏『行政法Ⅲ　行政組織法〔第5版〕』（有斐閣、2021年）282頁以下参照。

[9] 以下に関連しては、早津裕貴「日本における公務員の任用・勤務関係と労働者の労働契約関係の再整序に向けた一試論」和田肇先生古稀記念『労働法の正義を求めて』（日本評論社、2023年）577頁以下も参照。

には、同年施行の日本国憲法27条、28条が広く「勤労者・労働者」の権利を保障するに至ったこととも平仄を合わせ、公務員も含めた「勤労者・労働者」に広く労働関係法令を適用しようとする基本姿勢をみることができる。

(3) 変　容

しかし、こういった法状況はすぐさま変容を迎えることとなる。その端緒となったのは、1948（昭和23）年のマッカーサー書簡の発出、そして、これを受けた政令201号の制定による公務員の全面的な争議行為禁止、また、拘束的性質を帯びた団体交渉権の否定であった。こういった占領政策の変容あるいは労働基本権制約の流れの中で、同年の国家公務員法改正により労働組合法、労働関係調整法、また、労働基準法も国家公務員には適用除外とされることとなり（国家公務員法附則旧16条〔現6条〕）[10]、戦後直後とは対照的に、民間労働者には（民間）労働法を、公務員には公務員法を適用していくとの発想が実務上広まっていくこととなる[11]。

(4) 現行の法適用関係の例

以上の推移の下、現行法の「タテマエ」としては、公務員法制が民間労働法制との対応関係も念頭に置きながら、かつ、公務労働従事者としての特殊性も考慮して特別な法的仕組みを用意しており、そうであるがゆえに、民間労働法制が適用除外とされるとの整理がなされている[12]。現在の公務員に対する基本的な法適用関係の一部を例示すると、以下を挙げることができる。

まず、個別的労働関係に関して、公務員には、労働基準法の全部（国家公務員法附則6条）または一部（地方公務員法58条3項以下）、また、労働契約法（法21条1項）とパートタイム有期雇用労働法（法29条）の全部が適用除外とされ

10　なお、地方公務員については、労働基準法は一部適用除外にとどめられたが（地方公務員法58条3項以下参照）、国家公務員と地方公務員の相違については、渡辺賢「なぜ国家公務員には労働基準法の適用がないのか——あるいは最大判平17・1・26民集59巻1号128頁の射程」日本労働研究雑誌585号（2009年）42頁以下参照。
11　たとえば、吉田＝尾西・前掲注7）1279頁〔髙田悠二ほか〕、橋本・前掲注7）1093頁以下参照。
12　たとえば、吉田＝尾西・前掲注7）1279頁〔髙田悠二ほか〕、橋本・前掲注7）1094頁のほか、早津裕貴「『労働者』としての『公務員』とは何か？」法学教室510号（2023年）54頁以下も参照。

ている。このため、公務員には、たとえば、雇用保障制度との関連では、無期転換制度・雇止め法理（労働契約法18条、19条）などが、給与保障制度との関連では、均等・均衡処遇関連規定（パートタイム有期雇用労働法8条、9条）などが適用されないほか、公的な権利擁護機関との関連では、専門性を有し、使用者とは独立した地位にある労働基準監督署による監督行政等が基本的になされず（国家公務員法附則6条、地方公務員法58条3項、5項）、労働審判制度等の利用も基本的には封じられている（労働審判法1条、個別労働紛争解決促進法22条）。

　また、集団的労働関係に関して、公務員には労働基本権制約が課され（国家公務員法98条2項、3項、108条の5第2項、地方公務員法37条、55条2項等）、労働組合法・労働関係調整法も適用除外とされるため（国家公務員法附則6条、地方公務員法58条1項）、労働協約を締結できず、争議行為も禁止されるほか、不当労働行為制度等も利用できない。

　以上に対応する公務員法上の制度・原理として挙げることができるのが、雇用保障制度との関連では、恣意的な地位剥奪を抑止する身分保障原則（国家公務員法74条以下、地方公務員法27条以下）や原則として定年までの雇用を保障する無期任用原則[13]、給与保障制度との関連では、職責に応じた給与決定、また、国・地方や官民間における均衡のとれた給与決定などを保障する給与保障原則（国家公務員法62条以下、地方公務員法24条以下等）などである。また、公的な権利擁護機関との関連では、専門性を有し、国・地方公共団体とは一定程度独立した地位にある人事院（国）や人事委員会・公平委員会（地方公共団体）があり、これら機関を通じて給与保障原則を実効化しようとする給与勧告制度（公平委員会にはない）、公務員がこれら機関に勤務条件を改善する行政上の措置を求められるようにする措置要求制度、これら機関の審査を介在させることで恣意的な処分を抑止しようとする不利益処分審査制度、また、苦情処理制度などが存在しているほか（国家公務員法3条以下、28条、67条、86条、地方公務員法7条以下、14条2項、26条、46条以下等）、職員団体を結成することで（労働協約締結権は認められていないものの）交渉を行うことも可能である

---

[13] 定年制の法定前の事案であるが、山形県人事委員会（東郷小学校）事件（最三小判昭和38年4月2日民集17巻3号435頁）参照。

（国家公務員法108条の2以下、地方公務員法52条以下等）。

　以上のような形で、公務員法に特殊な仕組みが存在する一方、関連する労働関係法令の全部または一部が適用除外とされている。これらが先述の「タテマエ」に忠実に、民間法制に引けを取らない保障機能を発揮しているといえるのであれば、（官民格差の不断の検証は必要であるとしても）公務員を取り立てて問題とする必要はないはずである。

　しかし、現実には、法の「タテマエ」に反して、「非正規」公務員には、「切りやすく、安価に使うことができる」といった実務運用上の便宜的な誘因がある中で、公務員法による保障機能が十分に発揮されず、また、労働法による十分な保障も及ばないという、いわば「法の狭間」に陥る状況が生じている。

4　「非正規」公務員問題の検討

(1)　前提問題——誰のための公務員法か？

　そもそも、現行公務員法が労働法とは異なって独自に存在するのは、なぜであろうか。

　公務員法が独自に存在することの本質的意義は、公務の中立性・能率性等を確保しようとするところにあり（国家公務員法1条1項、地方公務員法1条参照）、これは取りも直さず、国・地方公共団体、ひいては、国民・住民の利益のためのものである。このため、公務員法の意義は、労働法のように、単に労働者の権利・利益を擁護し、労使間の利害関係を調整するといったことにとどまるものではない。公務員法は、公務員が国民・住民のための公務の担い手であることに鑑みた特殊な規律を行い、必要十分な内実が備わっていることを前提に独自の法領域を形成しており、そうであるがゆえに、労働法の適用もない（場合がある）とされているのである[14]。

　こういった公務員法の運用において、典型的存在として念頭に置かれてきたのは「正規」（常勤）職員であった。この点において、「正規」類型を念頭

14　前掲注12）のほか、基本的観点については、早津裕貴『公務員の法的地位に関する日独比較法研究』（日本評論社、2022年）第2編第1章も参照。

に発展してきた民間労働法制との共通性を見出すことができる。

　つまり、(新卒であることが必ずしも重視されていない点で、民間の新卒一括採用とは異なる面もあるものの)公務員採用試験により一括採用を行い(①)、その後、大部屋勤務の中で、人事ローテーションを繰り返しながら、年功的な処遇・昇進、ときに選抜を経て(②)、身分保障の下に(自発的にやめない、あるいは、正当にやめさせられない限り)定年まで働いていく(③)、といった流れが典型例として想定されてきたのである[15]。①は、いわゆる「成績主義」とも呼ばれるもので、優秀な人材を確保し、恣意的な人事管理(いわゆる「コネ」が典型である)を抑止するという公務員法上の根幹原則を実現する典型的方法であり(国家公務員法33条以下、地方公務員法15条以下等)、②は、必ずしも法律が直接的に定めているわけではないが運用として定着してきたもの、そして、③は、先述した身分保障・無期任用原則のあらわれである。

　以上が、いわば「公務員版・日本的雇用」ともいえるものであり、これによって「公務員」の典型的イメージは形作られてきた。

　こういった典型像に対して、「非正規」公務員については、①「成績主義」の要請が緩和され(国家公務員法附則4条、人事院規則12-8第46条、地方公務員法22条の2第1項等)、②「正規」に比して固定的な配置・職責・処遇とされるのが典型的な運用であるほか、③例外としての有期任用が広く許容されるなど[16]、民間部門の場合と同様、「正規」とは異なる地位、あるいは、「身分」にあるかのごとく扱われてきた[17]。

　こういった日本的雇用と公務員法の特殊性が混在する中で、「非正規」公務員は、一方では、「正規」でないがゆえに公務員法の保障から、他方では、「公務員」であるゆえに労働法の保障からも「蚊帳の外」に置かれている。

15　以下の記述も含め、たとえば、吉田=尾西・前掲注7)54頁〔植村隆生〕、326頁以下〔佐藤壮ほか〕、490頁以下〔近藤明生〕、727頁以下〔酒井元康ほか〕、橋本・前掲注7)227頁以下、257-258頁、338頁、622頁以下等参照。また、民間部門での問題については、本書22頁以下〔柳澤武〕、本書131頁以下〔緒方桂子〕も参照。

16　恒常的に生じる業務についても有期任用を許容したリーディングケースとして、大阪大学(図書館事務補佐員)事件(最一小判平成6年7月14日労判655号14頁)。また、同事件は、雇止め法理と同様の法効果を導くことを否定した原審(大阪高判平成4年2月19日労判610号54頁)の判断も是認している。

17　民間部門での問題については、本書175頁以下〔沼田雅之〕も参照。

もっとも、はたして「非正規」だから、あるいは、「公務員」だから、公務員法と労働法の「法の狭間」に陥ってしまっていても「仕方がない」のであろうか。ここで問い直されるべきは、一方では、「正規」と同じ「公務員」であること（憲法15条）、他方では、民間労働者と同じ「勤労者・労働者」であること（憲法27条、28条）の意義である。

(2)　検討――問い直されるべき点とあるべき方向性
(a)　雇用保障制度・給与保障制度をめぐって

　「非正規」公務員も「公務員」である以上、基本的には「正規」と同様の法的な原則・仕組みの下にある。

　もっとも、雇用保障制度との関連では、「例外」である有期任用が広く許容される中で、同じ「公務員」であるにもかかわらず、身分保障原則あるいは無期任用原則が「正規」と同様に機能していない。さらに、民間労働者であれば適用される無期転換制度・雇止め法理（労働契約法18条、19条）の適用もなく、これに直接対応した公務員法上の制度の整備もなされていない[18]。

　また、給与保障制度との関連では、給与保障原則の中でも根幹的な職務給原則（国家公務員法62条、地方公務員法24条1項）が不徹底であったり、給与保障原則を実効化するための給与勧告が実施されなかったりする中で（一般職の職員の給与に関する法律22条2項参照）、「正規」との不合理な処遇格差が生じており、給与保障制度が「正規」と同様に機能していない。他方で、民間労働

18　なお、従前、国の期間業務職員については、公募によらない（再）採用（人事院規則8―12第46条2項2号、「人事院規則8―12（職員の任免）の運用について」〔平21・3・18人企―532。最終改正：令5・3・15人企―129〕第46条関係3項）につき、「同一の者について連続2回を限度とするよう努めるものとする」とされ、3年ごとに再公募に応じざるを得ない（あるいは、勤務実績等にかかわらず、ふるいにかけられることを余儀なくされる）事態も生じてきたが（従前の取扱いにつき、早津・前掲注6）〔2023年〕38-39頁も参照）、近時、この点は「平等取扱いの原則及び任免の根本基準（成績主義の原則）を踏まえた適正な運用を行うこと」を求めるにとどまる形に改められ（「期間業務職員の適切な採用について」〔平22・8・10人企―972。最終改正：令6・6・28人企―840〕）、従前の職務経験等を踏まえた事実上の雇用継続の余地も開かれるに至っている（「期間業務職員の適切な採用に当たっての留意点等について」〔令6・6・28人企―841〕、また、地方の会計年度任用職員につき、「『会計年度任用職員制度の導入等に向けた事務処理マニュアル〔第2版〕』の改正について」〔令6・6・28総行公第49号〕も参照）。ただし、依然として本文に述べた法状況自体に変化は生じていない。

者であれば適用される均等・均衡処遇関連規定（パートタイム有期雇用労働法8条、9条）の適用もなく、これに直接対応した公務員法上の制度の整備もなされていない。

こういった中で、「非正規」かつ「公務員」であるのだから「仕方がない（あるいは、切りやすくてよい／安価でよい）」といった現状が跋扈している。どう考えるべきか。

まずもって、何のための公務員法かが問い直される必要がある。

公務員法が労働法と異なる特殊な仕組みを設けているのは、決して公務員の権利を「制約」するためだけのものではない。むしろ、公務員の権利・利益の「保障」を通じた、公務・公共サービスの「質」の確保も重視されている点が直視される必要がある。雇用保障との関連では、恣意的な不利益取扱いを抑止するとともに、有為人材を安定的に確保すること[19]、給与保障との関連では、職責に応じた適切な処遇をもって有為人材を確保すること[20]などが重視されており、公務員法には、公務・公共サービスの「質」を確保するために、公務員全体の権利・利益を「保障」するという（非常に重要な、しかし、現実には、実に見落とされがちな）側面があることを看過してはならない。

また、公務員も（少なくとも憲法上の）「勤労者・労働者」であること（憲法27条、28条）の意義が問い直される必要がある。

公務員に対して、労働関係法令が適用除外とされるのは、決して「身分」が民間労働者と原理的に相容れないからではない[21]。そうではなく、公務員法が必要十分な保障機能を発揮しており、あえて労働関係法令の適用による必要がない、あるいは、労働関係法令の直接適用に対する決定的障害があるといった前提があるためである[22]。つまり、現行法体系は「『公務員』である以上、不十分な保障内容でもよい」などといった乱暴な現実は想定していない。

---

19 たとえば、吉田＝尾西・前掲注7）356頁〔佐藤壮ほか〕、655頁〔酒井元康ほか〕参照。
20 たとえば、吉田＝尾西・前掲注7）489頁〔近藤明生〕参照。
21 日本の公務員の法的地位をめぐっては、公法上の任用・勤務関係（公務員）と私法上の労働契約関係（民間労働者）の峻別論が語られることがあるが、従来の議論の批判的検討については、早津・前掲注9）574頁以下を参照。
22 早津・前掲注14）序章、第2編第1章を参照。

以上の二つの基本的視点を踏まえると、雇用保障制度に関連しては、公務員法の本来の趣旨（特に無期任用原則）に則った運用の徹底（無期転換法理の構築や無期転換制度の整備等）か、労働契約法18条、19条の適用のいずれかを、また、給与保障制度に関連しては、公務員法の本来の趣旨（特に給与保障原則）に則った運用の徹底（職務給原則の徹底による均等・均衡処遇の実現等）か、パートタイム有期雇用労働法8条、9条の適用のいずれかを要するというべきである。

しかし現実には、いずれをも欠いてしまっているのが現状である。こういった現状が放置されるのであれば、少なくとも「勤労者・労働者」に対する適切な法定保障を要請する憲法27条等との関係で違憲の疑いすら生じるというべきである[23]。

(b) 権利擁護機関・労働基本権制約をめぐって

「非正規」公務員も「公務員」である以上、基本的には「正規」と同様の法的な原則・仕組みの下にある。

人事院や人事委員会・公平委員会は労働基本権制約に対する「代償措置」としても位置付けられてきた。しかし、最も機能が充実しているはずの人事院に対してすらも十分な「代償」機能を備えていないとの批判がなされ[24]、さらには人事委員会、そして大多数の地方公共団体に関連する公平委員会に至っては、より一層の課題があることが指摘されてきた[25]。

このような公務員一般の問題に加え、「非正規」公務員には「代償措置」

---

23 以上につき、雇用保障制度との関連では、公務員法上の根幹原則である成績主義との関係なども含め、早津・前掲注14）第2編第2章、また、同・前掲注6）（2023年）41頁以下、給与保障制度との関連では、同・前掲注14）第2編第3章第2節、また、同・前掲注6）（2023年）44-45頁を参照。また、憲法論との関係では、早津裕貴「公務員法理論の再構築と横断的対話に向けて」法律時報95巻8号（2023年）74頁以下も参照。
24 たとえば、中山和久「国際労働基準、代償措置論」法律時報61巻11号（1989年）97頁以下参照。この点に関連した私見については、早津・前掲注14）第2編第3章第1節も参照。
25 たとえば、早津裕貴「多様な公務・公共サービス、また、その担い手の持続可能な発展に向けて」晴山一穂＝早津裕貴編著『公務員制度の持続可能性と「働き方改革」――あなたに公共サービスを届け続けるために』（旬報社、2023年）337頁以下参照。また、民間部門との関係では、労働局や労働基準監督署は使用者から明確に独立した地位にあるといえるが、人事院、人事委員会・公平委員会は法令上は一定の独立性が保障される体裁となっているものの、現実には使用者としての地位を有する国・地方公共団体の一機関でもあり、その独立性については常に問われることになる。

の不十分さが一層顕著となっている。これまでにみてきた法的保障の脆弱さに加え、「非正規」公務員は、公務員試験を突破していない、多くが女性であるといった点に起因した「身分意識」の中で、差別・ハラスメントにも晒されやすい状況に置かれているが、人事院、人事委員会・公平委員会を通じた権利擁護との関係では、「職員」たる地位を有することが制度利用の前提とされているために、（権利行使に対する「報復」であっても）雇止め（ないし更新拒絶）されてしまえば諸制度の利用から排斥され、裁判を起こすしかなくなってしまうという脆弱な立場にある[26]。

また、職員団体制度についても、そもそも不当労働行為制度が利用できず、法律による履行強制がない点で誠実な団交応諾を求める機会すらも十分に保障されていない問題があるほか[27]、「正規」中心に活動が展開される中で、「正規」・「非正規」間の分断という民間部門と共通した課題も存在している[28]。

加えて、地方公務員では、従来は「特別職」の非常勤職員として地方公務員法が基本的に適用されないために（法4条参照）、争議行為や不当労働行為制度の利用なども可能であったにもかかわらず、「一般職」である会計年度任用職員に移行されることによって、それらが封じられるに至った人々までもが生じている[29]。

こういった中で、「非正規」かつ「公務員」であるのだから「仕方がない」といった現状が跋扈している。どう考えるべきか。

繰り返しになるが、何のための公務員法か、また、公務員も（少なくとも憲法上の）「勤労者・労働者」であること（憲法27条、28条）の意義が問い直される必要がある。

先述のとおり、公務員としての権利・利益の「保障」は、単に公務員個人

26 　以上に関連しては、前掲注25）、早津裕貴「公務員の労働問題と法理論・法実務の架橋に向けて」季刊労働者の権利354号（2024年）88頁のほか、早津・前掲注14）第2編第3章第3節も参照。

27 　たとえば、吉田＝尾西・前掲注7）1203-1204頁〔酒井元康〕参照。

28 　早津・前掲注26）86-87頁のほか、民間部門での問題については、本書245頁以下〔小山敬晴〕も参照。

29 　前掲注6）参照。

のためだけのものではなく、公務・公共サービスの「質」の確保のためのものでもあるし（国家公務員法1条1項、地方公務員法1条参照）、現行法体系は「『公務員』である以上、不十分な保障内容でもよい」などといった乱暴な現実も想定していない。そのうえ、「非正規」公務員が増大し、その権利擁護にかかる一層切実な現実的要請がある中では、改めて公務員法の本来の趣旨に則った制度改善・運用の徹底か、労働法上の制度の利用拡大が問われなければならない。

　まず、権利擁護機関との関係では、公務部門特有の機関（特に公平委員会）の再編・強化や行政内部の権限分配のあり方（労働基準監督署による監督の実施等）が問い直されるべきである。

　また、労働基本権制約との関係では、とりわけ全面的な争議禁止につき、「非正規」公務員に対する「代償措置」が「正規」にもまして不十分な現状においては、「勤労者・労働者」の労働基本権保障を定める憲法28条等との関係で違憲の疑いすら生じるというべきである[30]。加えて、団体交渉権との関係では、近時最高裁は誠実交渉義務の意味内容を敷衍しており、「労使間のコミュニケーションの正常化」といった観点や「合意の成立する見込みがない」場合であっても誠実交渉命令を発出可能であることなどにも言及している[31]。こういった協約締結との関係一辺倒ではない団体交渉権の意義が示される中で、「公務員」の団体交渉権保障のあり方も問い直される必要がある。とりわけ、「労使間のコミュニケーションの正常化」という観点は、争議権制約の主要な根拠ともされてきた議会制民主主義の観点[32]に抵触するものでもなく、「公務員」との関係でも決して否定的に評価されるいわれのないものである。特に脆弱な立場にある「非正規」公務員にとって、団体交渉の機会は（「正規」一辺倒の視座では見えにくい）窮状を訴えるチャンネルとしても重要な意義があり、団体交渉権保障のあり方として、（協約締結権承認の当否

30　早津・前掲注14）第2編第3章第3節、同・前掲注6）（2023年）45頁を参照。なお、ストライキをめぐる民間部門での問題については、本書260頁以下〔藤木貴史〕も参照。

31　山形県・県労委（国立大学法人山形大学）事件（最二小判令和4年3月18日民集76巻3号283頁）。

32　とりわけ、名古屋中郵事件（最大判昭和52年5月4日刑集31巻3号182頁）。

とは切り離した形での）不当労働行為制度（特に誠実交渉の法的強制）の公務員に対する一般的適用なども再検討に値しよう[33]。

5　おわりに

　本稿では、「公務員」なかでも「非正規」公務員に着目することで、「公務員版・日本的雇用」の中で生じてきた諸問題を概観し、公務員法における「保障」的側面の再評価・再構築か、労働法の適用か、少なくともいずれかが必要となることを説いた。もっとも同様の問題は、「ブラック」な労働環境が知れわたりつつある「正規」公務員との関係でも生じており、「タテマエ」と現実の乖離は公務員全体に広がっている[34]。こういった中で、今まさに公務員に関する法制度のあり方が問われている。

　この公務員の処遇改善を進めていくためには、（本来的な）議会制民主主義の意味合いにおいて、国民・住民の理解・支持も欠かすことはできない（憲法15条1項、2項参照）。これを実現するためには、国・地方公共団体はもちろん、公務・公共サービスの具体的担い手である公務員自らもまた、その職の価値を（受け身の「改革」を待つのみではなく）積極的に発信していく必要がある。

　加えて、民主主義の担い手であると同時に、公務・公共サービスの受け手でもある国民・住民の側においても、公務員の置かれた（ときに過酷な）現状

---

[33] 2010年前後に議論された「国家公務員の労働関係に関する法律案」でも不当労働行為制度の導入が予定されたが、あくまで協約締結権の承認とセットになった議論であった（たとえば、下井康史「公共部門労使関係法制の課題」日本労働法学会編『講座労働法の再生〔第1巻〕労働法の基礎理論』〔日本評論社、2017年〕249頁以下参照）。なお、不当労働行為制度と憲法28条の関係については議論があるが（たとえば、団結権保障の具体化である点を重視するものとして、西谷敏『労働法〔第3版〕』〔日本評論社、2020年〕625-626頁、憲法28条の立法授権的効果を基礎とすることは認めつつも、政策的に創設されたものである点を重視するものとして、菅野和夫＝山川隆一『労働法〔第13版〕』〔弘文堂、2024年〕1122-1123頁）、少なくとも手続的権利の実効化という観点（こういった観点から団体交渉権の再構成を詳細に説くものとして、渡辺賢『公務員労働基本権の再構築』〔北海道大学出版会、2006年〕、特に第三部第四章を参照）を踏まえつつ、公務員に対する適用除外という一般労働法体系における保障内容からの（下方への）乖離にかかる憲法的正当化の可否という観点を交えると（早津・前掲注23）75頁以下参照）、公務員に対する不当労働行為制度不適用の憲法適合性については再検討の余地があるように思われる。

[34] 早津・前掲注25）324頁以下参照。

を等閑視するのではなく、公務・公共サービス、また、その担い手について、「安ければ安いほどよいものなのか」、それとも、「質の維持・向上のために一定の保障水準を確保していくべきものなのか」といった事柄を問い直し、これを政治過程にも反映していく必要がある。このことは「公務員叩き」の言葉に代表されるような国民・住民側の意識における、ある種の「公務員版・日本的雇用」を維持し続けるのか、それともそこから脱却し、国家・地域の維持・発展のために不可欠となる公務・公共サービスの担い手における処遇のあり方を見つめ直す必要を認めるのかといった問いでもある。

　日本における持続可能な公務・公共サービス、また、その具体的担い手のあり方が今まさに問い直されるべき時期に来ている。

＊　本稿は、科学研究費若手研究「非典型公務労働従事者の法的地位に関する日独比較法研究」（課題番号18K12649）、科学研究費基盤研究（C）「公務部門における高齢者雇用法制に関する日独比較法研究」（課題番号22K01185）、ならびに、科学研究費基盤研究（B）「わが国実定公務員法制の抜本的改革に向けた理論的研究」（課題番号23K20569）に基づく研究成果の一部である。

第Ⅴ部

労働組合を問い直す

　戦後の労働法制においては、労働者の団結による労働組合運動が大きな力を持ち、労働組合法がそれを法的に下支えしてきた。また、ストライキといった団体行動が、労働者の抵抗手段として用いられた。しかし、労働組合組織率の低下、働き方の多様化などにより、労働組合による労働条件決定、利害調整機能が十分に果たされているかが問われている。労働組合に期待する声もある一方で、労働組合のあり方そのものも問われている。

　本章では、労働組合を機能しているのか、労働組合が行うストライキにはどのような意味があるのかを問うことにより、労働組合の今後のあり方について視点を提供するものである。

（國武英生）

第1章 「組合に入る意味はあるか」という労働者の問いが投げかける意味とは
―― 労働組合の組織の在り方を問い直す

小山敬晴

1 労働組合の在り方を考える視点

　労働組合運動が退潮傾向にあることはここであらためて確認するまでもないことである。組織率は一貫して減少傾向にあり、近年では非正規雇用者の加入の影響で微増することもあるが、今後さらなる組織率の低下の可能性は否定できない[1]。この問題状況は、経済のグローバル化に伴う労働法の柔軟化の傾向と併せて発生しているものと思われるが、たとえば日本労働法学会が2000年に編んだ『講座21世紀の労働法』において道幸が指摘した「労働内容、労働者意識、労務管理の在り方の変化」がもたらす労働組合への影響の懸念[2]は、この20年くらいの間に、金融資本主義システムが定着したことで、具現化または先鋭化したといって間違いないように思われる。

　他方で、労働問題の深刻化が進んだことで、労働組合への期待が高まるはずであるにもかかわらず、上記のような退潮傾向に歯止めがかからないという矛盾についても認識は共有されているように思われる。ただし、その要因の認識については論者によって異なる。労働組合運動の状況をマクロのレベ

---

[1] 厚生労働省「令和5年度労働組合基礎調査」によれば労働組合推定組織率は16.3％で、前年より0.2ポイント減少した。
[2] 具体的には労働条件決定の個別化、利害状況の多面化、労働者の「個人化」、労働力構成の変容、能力主義の重視、公正処遇の要請など。道幸哲也「21世紀の労働組合と団結権」日本労働法学会編『講座21世紀の労働法第8巻――利益代表システムと団結権』（有斐閣、2000年）14頁。

ルでとらえようとすればおおよそこのようであろうが、もちろんミクロのレベルでは、労働組合によって具体的な労働問題が解消されるという事例が多く存在していることも見逃せない事実であり、たとえば、非正規雇用者にとっての地域ユニオンの役割については一定の評価が共有されているといってよいであろう[3]。

　このような現在の労働社会において、授業やゼミで学生から次のような心情が吐露されても何ら不思議ではない。

>　組合に入ると上司から目をつけられるみたいだし、ずっとこの企業で働くかどうかもわからないから、組合費を払ってまで組合に入って活動をするメリットを感じられません。

　この問いに対して直截的には団結権が憲法上保障されていることの趣旨や、不当労働行為として禁止されている不利益取扱いのこと（労組法7条1号）を説明すればよいのであるが、ことはそんな単純明快ではない。また、組合に入るメリットについてはいつの時代にも疑問が提起されうるが、この問いのなかの「ずっとこの企業で働くかどうかもわからない」という箇所に、日本的雇用慣行の行き詰りを鋭敏に感じながら、この労働社会で自身の職業生活をどのように営むのかという若年者なりの苦悩が表れているように感じられる[4]。労働社会にこれから踏み出そうとする者たちのこのような心理構造を形成するものがなんであるかの分析なくして労働組合の見直しを論じたところで、それは当事者に響くものとはなりえない。

　したがって本稿は上記の問いの直接的な答えを探ることを目的とせず、日

---

[3]　文貞實編著『コミュニティ・ユニオン――社会をつくる労働運動』（松籟社、2019年）等参照。
[4]　偏に筆者の教育経験に基づくいわば「体感」ではある。筆者の勤務校では、連合寄附講義による座学での労働組合講座を前期15コマ、後期には社会政策論の石井まこと教授と筆者とで、労働組合を通じた労働問題に関する課題探求型の合同セミナーを15コマ実施している。本稿でとりあげた疑問はこれらの授業の受講生の実感であるが、問題の根が深いと筆者が感じているのは、彼らは労働組合不要論者ではなく、その社会的意義と有用性を学修し、それを実感しながらも、自身がその運動に実際に参加するかと問われたときには、そこに躊躇いが生じるという現実感覚である。これを若年者の意識の問題として片づけるのは暴論であり、このような視点に立脚した労働組合の運動の展望を見据える必要があるという問題意識を有している。

本的雇用慣行が変化しつつある現在、この問いが投げかける労働社会の構造的問題とはなにかを紐解くことによって、日本的雇用慣行の１つと位置付けられている企業別労働組合の意義と課題を検討する。そして、そのことを通じて今後の労働組合論の展望を検討するうえでの素材を提供し、一定の方向性を示すことを試みるものである。

2　労働社会の変化と労働組合運動

　日本的雇用慣行の下、企業別に展開されてきた労働組合運動について、現時点からは批判される特質が多いものの、ある時代においてはそれが労働者の保護につながっていたのは事実である。企業別労働組合についてはすでに論じられているところが多いところ[5]、ここでは企業別労働組合の特質を簡単に確認したうえで、とくにそれとの関係で労働組合に加入するインセンティブを阻害すると思われる特質を確認しておきたい。

(1)　企業別労働組合の特質と問題

　戦後の日本において、産別会議を中心とした産業別労働組合運動の展開が不調となり、企業別労働組合が定着していくなかで、企業別労働組合は日本的雇用慣行の１要素ないしは他の要素を制度的に担保する重要な要素として機能することとなった。そして、民間大企業を中心に形成されていった企業別労働組合の主たる構成員は男性正規社員であり、ユニオンショップ協定が締結されることで一定の組織力を保持するという特質が形成されていった。運動方針としては、戦後の時代的特質もあいまって賃上げを主とし、企業別の運動形態でありながら春闘を通じて全産業の賃金・労働条件の向上に寄与することとなった。その反面、長時間労働の常態化と、企業への全人格的従属がもたらされた。

　企業別労働組合のもう一つの大きな特徴が労使協調体制である。ここでとりあげたいのは、日本的雇用慣行が変容していると言われている中で、「正

---

[5]　近時のものとして戸谷義治「企業別労働組合の現代的諸問題」法律時報95巻２号（2023年）46頁。

規の世界」は制度的に頑強であり拡大こそしていないが縮小していないことを明らかにした神林の研究である[6]。この研究は、企業別労働組合は日本的雇用慣行の1要素であるにとどまらず、正規の世界での長期雇用慣行が、企業別労働組合という「労使自治に基づく二者間の規範形成と調整メカニズムに支えられて保持されてきた」のであり、「この意味でこそ、日本の労働法規制は労働市場に強い影響を及ぼしてきたとまとめられる」という分析結果を示している[7]。この分析のインパクトは大きく、組織率の低下によって日本的雇用慣行それ自体が変質しつつあるというよりは、その存続になお企業別労働組合またはそれに基づく労使協調体制が貢献しているということには改めて目を向けなければならないように思われる。

　こうした企業別労働組合の特質が、直接的には1995年の日経連『新時代の「日本的経営」』以降の雇用形態の変化および女性の社会進出との関係で大きな影を落としていることについては周知のとおりである。「企業別シチズンシップ」概念を通して雇用上の不平等を明らかにした今井の研究によると[8]、戦後日本の労働社会では、正社員という標準的労働関係に資源と機会へのアクセスが埋め込まれ、当該個別企業の支払い能力に依存した賃金その他福利厚生が正社員に保障され、かつ企業別労働組合の運動がそれを固定化するのに貢献したとする。そのため、その保護の対象外とされた非正規雇用の格差問題とそこに内在するジェンダー格差問題について、労働組合が適切に対処することができない構造があったことを指摘している。平成以降の労働規制緩和の時代に労働組合がオルタナティブな解決を示すことができず、その社会的影響力が低下したことの要因をこのような構造に求めて説明している[9]。今井の研究においても神林の研究がひかれているが、企業別労働組合における組織構成（具体的には男性・正規中心）に以前から変化がないとすれば、労使協調に基づく日本的雇用制度の存続が格差を存続させることになっており、

6　神林龍『正規の世界・非正規の世界――現代日本労働経済学の基本問題』（慶応義塾大学出版会、2017年）。
7　同書223頁。
8　今井順『雇用関係と社会的不平等』（有斐閣、2021年）。
9　とくに同書309-311頁。

第1章 「組合に入る意味はあるか」という労働者の問いが投げかける意味とは　　249

両者の分析は平仄があうことになろう。

(2) 労働社会の変化

　このように企業別労働組合をベースにした日本的雇用慣行の惰性の強さについては着目すべきであることを指摘したが、他方で組合員数が減少し企業別労働組合の基盤が失われつつあることは間違いがないため、これに関わる議論をここで確認しておく。組合員数の減少または労働組合運動の後退の要因として第一にあげられることは、戦後の労働組合運動が隆盛した基盤となっていた、労働者間の利益の同質性が失われたことである。戦後から第一次オイルショックまでの経済復興期において、労働条件および生活条件ともに利益の同質性を有する労働者層が形成されたことで、これを基盤として労働組合運動が発展していった[10]。その同質性ゆえに、労働組合に加入し活動することによって、労働条件も仕事の内容も改善するという道が開けていた時代である。そのなかで日本に特有ということができるかもしれない事柄としては、労働組合活動は労働の領域にとどまることなく、勤務時間終了後または休日においても親睦会や政治運動を展開することで、労働者の私的領域にも及ぶものであったが、そのことさえも労働者自身が積極的なものとして内包することができた時代であった。現在でも、当時と比較すれば数的には限られているとはいえ、組合活動を支えている活動家には同じ心性をみることができるであろう。

　ところが、周知のように、その後の技術発展や経済情勢の変化、または豊かさの時代の到来によって、労働および労働条件の個別化、労働者の個人主義的思考が進み、このような同質性の前提が崩れていく。このことも先進諸国に共通する事象であると思われる。企業という空間において、労働が個別化すればするほど、協働の結節点としての労働組合の存在は重要であるにもかかわらずその機能を果たすことは難しかった。そのことを社会科学的に説明する力量をもたないが、重要なファクターと考えているのは、多忙化、過重労働である。また、比較的近年の傾向として、創造的な仕事ではない無意

10　先進諸国で国鉄、鉄鋼業などがその運動の中核を担っていったのは言うまでもない。

味な単純作業の増加や経営の意思決定からの疎外[11]による精神的な摩耗も指摘することができる。

　勤務時間外や休日まで組合活動をおこなうことや、さらには労働問題を超えた市民連帯活動にまで及ぶかどうかはともかくとして、自分の所属する職場についての労働問題に限定しても、労働組合運動を展開し、使用者との対話に基づく労使関係を形成していくことは、過重労働の問題を抱える労働者にとってはかなりの心理的負担になる。

　このような状況において、労働組合運動によって具体的な成果が目に見えるのであればまだ加入や活動への参加の動機を維持することができるが、実際の交渉はほとんどが防衛的な内容であることが多くなったように思われる。平成不況の時代を経て、資本主義の性質も変化したことによって、大規模なリストラの経験は他国に比べれば少なかったとはいえ、企業組織変動に伴う交渉の増加、そして企業の経済活動の利益が労働者に再分配される見込みが限りなく低くなり、実際に賃金水準は平成不況以来ほとんど上昇せず[12]、ついには官製賃上げ春闘が今年実施されるところにまで至っている。

　以上のことにくわえて、もっとも大きい問題と認識されていることは非正規雇用または非雇用の就労者の増大である。この現象は、すでに指摘した労働者間の利益の同質性を決定的に喪失させ、むしろ利害対立関係を生じさせることとなった。冒頭でのべた労働問題の深刻化にもかかわらずなぜ労働組合運動が盛り上がらないのか、という問題についても、正規・非正規間にお

11　前者につき厳格な業績評価の導入が労働組織に負の影響をもたらすことを指摘するものとして、ジェリー・Z・ミュラー（松本裕訳）『測りすぎ――なぜパフォーマンス評価は失敗するのか？』（みすず書房、2019年）。著名なところでは、デヴィッド・グレーバー（酒井隆史ほか訳）『ブルシット・ジョブ』（岩波書店、2020年）。後者につき、黒田兼一『戦後日本の人事労務管理』（ミネルヴァ書房、2018年）、柴田努『企業支配の政治経済学』（日本経済評論社、2022年）から着想を得ている。

12　OECD加盟国の中で、平均賃金の額は平均値を大幅に下回っていることや（https://www.oecd.org/tokyo/statistics/average-wages-japanese-version.htm　2023年5月17日最終アクセス）、約30年間で実質賃金の平均伸び率は主要国のうち日本のみが上昇していないこと（厚生労働省第2回社会保障審議会年金部会・年金財政における経済前提に関する専門委員会・資料3「経済指標の国際比較」3頁（https://www.mhlw.go.jp/content/12506000/001062025.pdf　2023年5月17日最終アクセス）がOECDデータをまとめて分析しておりわかりやすい。）は、近年つとに指摘されていることである。

ける利害対立関係の生起によって説明が可能である。

このことに加えて、正規・非正規間の格差是正の一つの方向性として経営側から正社員改革が提唱されているところ、学生や若年層の労働者が「ずっとこの企業で働くかどうかもわからない」という心情を持つにいたることは当然の成り行きといえる。また女性の新卒者であれば、典型的には妊娠・出産を契機にいつ非正規雇用として働くか分からない状況において、正規雇用の利益を代表する組合への参加の動機は大きく減殺されるであろう。

3　法的課題

おもに若年層の労働者が労働組合運動に賛同することができなくなった要因をこれまで分析したが、ここでは労働法の課題として学説で提起されてきたものを確認することにする。議論の整理のために、野田が提示する労働組合システムとして、利益代表権能の領域（団結の擁護、団体交渉・労働協約、団体行動権の保障）と、紛争解決機能の領域（労働争議の民刑事免責、労働委員会制度、争議調整）という分類を用いることとする[13]。

第一に、利益調整機能としての役割を果たせていないことについては、争議件数の減少[14]、平成不況以来の賃上げ交渉の不首尾、労組法制定以来ほとんど改正がされていないこと、労働組合の組織構成や公正代表[15]といった論点があげられるであろう。法改正がない点にかんしては、平成不況前までは日本的雇用慣行としての労使関係の在り方が一定程度機能していたため法的な介入がなされることがなかったともいえる。

第二に、紛争解決機能としての役割に関しては、労働委員会が一定の役割を果たしていることと、それに付随して労組法改正がおこなわれていること、

13　野田進「『労働組合システム』の停滞にどう向き合うのか」労働法律旬報1999・2000号（2022年）102頁。なお、その交錯点に不当労働行為制度を位置づけている。
14　団体行動権については、組合活動と争議行為とを峻別し、前者を法的保護から除外することによって、有効なプレッシャー行為がとれない問題が指摘される。道幸哲也「団体行動権を支える法理」季刊労働法269号（2020年）118頁。
15　法改正について、野田・前掲注13）。公正代表について、道幸哲也『労使関係法における誠実と公正』（旬報社、2006年）。

地域ユニオンの事例になるが駆け込み訴えの需要があることなどから、一定の労働組合機能が果たされていると評価することもできよう。他方で、使用者の労働組合への無理解に起因する団結否認事案が増加していること、団交救済の限界と団交のサポートシステムとしての労働委員会[16]、個別組合員の権利擁護を目的とする交渉が増えていることへの対応[17]といった論点も提起されている。

　紛争解決機能としての労働組合の役割が十全といえないまでも一定程度機能しているのは、実際に労働問題に直面した者が労働組合を通じて現行法の枠組みの中で解決できているということであろう。ただ、労働委員会や裁判所を通じた紛争解決に至るケースというのは、労使間の関係が決定的に悪化したケースであるのが一般的であり、また労働法学においてもそういった法的争訟への対応というのは検討がなされてきた。紛争化していない「平時の」労使関係における利益調整機能をいかにして活性化していくことは、運動論の問題として片づけられ、労働法学の論点として取り上げられづらいということなのかもしれない。しかし、本稿の最初にのべたような問題状況を前提とすると、むしろこちらのほうが重要な課題であるように思われ、以下では代表的な労働法学上の議論をとりあげる。

　企業別労働組合が非正規雇用の利益を代表できていないことについて労働法学において検討されている具体的な論点としては、組合規約による加入制限について[18]、過半数協定と非正規雇用（派遣法30条の4）の問題[19]をあげることができるであろう。また、プラットフォームを利用した労務供給者の労働問題と関連して、非雇用者の組織化についても注目があつまっている[20]。

　そして、組合による利益調整機能が不十分であるという認識のもと、それを補完する議論として、周知の通り従業員代表制の構想が提案されている[21]。従業員代表制の対象として念頭に置かれているのは2つのケースの労働者で

16　道幸哲也「団交権『保障』の基本問題──『救済』から『促進』へ」西谷敏＝道幸哲也編著『労働法理論の探求』（日本評論社、2020年）177頁、同「まだまだ分からない団交権保障」労働法律旬報1999・2000号（2022年）96頁。

17　同上。

18　山本陽大「労働関係の変容と労働組合法理」日本労働学会誌134号（2021年）40頁以下。

19　山本・前掲注18）50頁以下。

あり、ユニオンショップ協定が締結されている一部の大企業を除いた、大多数の無組合企業または組織率が脆弱な組合のある企業の労働者と、前述のように組合規約の加入制限などによって組織化の対象外となっている非正規・非雇用の労働者である。これらの労働者の利益を適切に反映することができていないという問題認識から、労働組合のような任意団体でない法定の代表機関を設置しようとするものである。また、労基法上、過半数代表または労使委員会の果たす役割が高くなってきており、上記の組合組織化の状況を前提とすると、過半数代表等の方が適切に従業員全体の利益を代表できるというところ、条文ごとに制度設計がされているため、全体として統合が図られていないことから、単一の代表組織を整備する必要性があるということも言われている。

4 労働者の利益の同質性の探求

このように労働組合問題について多方面からの提言がなされているが、労働組合をベースに発想するか新しい従業員代表制の構築を構想するかの違いがあるとはいえ、本来労使自治が望ましい姿であるという共通認識があることは言うまでもないことである[22]。ところが、たとえば「契約関係に法が介

---

20 先行業績は枚挙に暇がない。近時のものとして野田進「フリーランスの集団的交渉──『労働者性』要件を不要とする考え方の提案」労働法律旬報1998号（2021年）34頁、和田肇「立法史から見る労組法上の『労働者』と『使用者』──労働条件に関する団体交渉システムを中心に」労働法律旬報2017号（2022年）6頁等。当該研究会では本書44-46頁［細川良］に課題として掲げられている。非雇用者の「集団的交渉」を考えるうえで競争法との整序が必要になることについては、藤木貴史「レイバーエグゼンプションの背景に関する覚書」季刊労働法277号（2022年）31頁。混合組合に係る問題としては、山本・前掲注18）45頁。

21 後述するように本稿は従業員代表制度を主として扱う訳ではないためすべてをあげられないが、竹内（奥野）寿「従業員代表制と労使協定」日本労働法学会編『講座労働法の再生第1巻──労働法の基礎理論』（日本評論社、2017年）159頁など。慎重論として、道幸哲也「従業員代表制の常設化と労働組合機能（上）（下）」季刊労働法272号（2021年）112頁、273号（2021年）178頁など。

22 労使自治の意味とそれに基づく法モデルを検討する論考として唐津博「労使自治・小論─集団的自治としての労使自治」道幸哲也ほか編『社会法のなかの自立と連帯』（旬報社、2022年）43頁。

入することは望ましくなく、当事者間の交渉によって決すべき」というような法的世界の言説は学術レベルでは共有できるとしても、本稿の最初の問題提起を踏まえると、現実的には通用しなくなっているのではないかという危惧がある。憲法で団結権が保障されることの講学上の理解を前提にしつつも、声をあげても仕方がないというような心性の労働者にも手軽にアクセスできる法理論を探求できないだろうか。

その手掛かりとして歴史・政治学者ロザンヴァロンの言説を借用したい。曰く、労働組合運動は労働者階級の同質性に基づいているという認識のもと、凋落した労働組合運動が正統性を獲得するための新たな同質性（一般的には連帯（solidarité）と表現されるかもしれない）をどのように再構築して獲得していくかが課題であるとする[23]。その答えは現時点では見出されていないままであるが、活路を見出すにはそれしかないように思われる[24]。

以下では「3」で示した労働法的課題について統一的な理論フレームを提示できるわけではないが、「2」で示した問題の所在を前提とし、いかに労働者が労働組合の活動に賛同をえることができる同質性を獲得できるのかを検討することで、今後の労働組合論の議論の方向性を示したい[25]。

(1) 利益調整機能の成功例

本稿のここまでの記述においては、企業別労働組合の負の側面を描いてきたが、正規雇用・非正規雇用間の利害対立関係を労働組合が解消している事例は実際に存在しており、大変に示唆に富むものである。報道や行政広報をつうじて著名であるのは広島電鉄の取組である。2001年に会社が契約社員制度を導入しようとした際、契約社員の月収が正社員より高水準であったこと

23　P. Rosanvallon, La Question syndicale, Calmann-Levy, 1988, p.187.
24　道幸・前掲注17）201頁の【参考】（研究会での報告と議論）の箇所で「私の基本的な問題関心は、団交紛争処理を通じて労働委員会による判定機能とともに教育的役割をどう考えるかという地味なものであった」と述べられているが、報告者はこの発言に親近感を覚えており、革新性をもつ論考を期待する読者にとっては不満な内容かもしれない。なお、道幸理論の方法論については、本久洋一「道幸法学の思考方法を求めて：団体交渉権論を素材に」労旬2061号（2024年）13頁参照。
25　ここで挙げる方向性については当該研究会における議論から多くの示唆を得たものである。

などから正社員の組合員から不満がでたこと、契約社員も昇給がなく、雇用期限到来により離職することになるためモチベーションがあがらないという問題があり、組合が会社との間で契約社員の無期化の制度を設定したというものである。人件費総額の制約があるなかで、正社員組合が労働者間の異なる利益を調整して、賃金抑制を含めた新給与体系を会社に提案しながら無期化制度を勝ち取り、契約社員の組織化に成功していったものである[26]。強調されているのは、個人の利益を超えたところで、一人ひとりがモチベーションをもって良いサービスを提供できる労働環境を整えられるのかを組合が議論したことである。この事例では組合により追及されたいわば集団的利益が、各職員をつなぐ同質性となって組織化に成功したように思われる[27]。

(2) 利益代表としての労働組合

つぎに、非正規労働者の組織化が首尾よくいかない現状において、法的に何かしらの対応を考えることができるかが問題となる。非正規雇用の利益を代表できていないことについては、規約による制限については組合自治の範囲内であるという解釈論は変えがたい。工夫できることとすれば、集団的労働条件変更の場面で、就業規則法理の考慮要素において、非正規雇用者がどれだけ規範制定プロセスに関わることができたのかどうかという視点を組み込むことをあげられる。

また、この論点については、先に紹介したように、日本では従業員代表制をはじめとして法律による労使関係システムを構築することにより解決しようという方向性が現実性をもって議論されている。しかしながら、筆者は現行労組法および労基法上の過半数代表に関して、十分な考察がいまだなされていないという見解と[28]、次のことをもって慎重な立場にある。

それは、法が人為的に労働組合と使用者との労使関係を設定している典型

---

26 前浦穂高＝青木宏之＝山口塁「非正規労働者の組織化と労働組合機能に関する研究」JILPT資料シリーズ No.174（2016年）147-183頁。その他複数の事業場での組合の取り組み事例の調査が収録されている。
27 なお、本稿では扱いきれない問題として、日本的雇用慣行の見直しの1つの視点としてメンバーシップ型雇用の再検討をあげることができるが、この立場からすると非正規社員をメンバーシップとして取り込むということを肯定的に評価してよいかという論点が得られる。

例といってよいフランスにおいて、労働者の利益の同質性を回復することに繋っていないと評価しているからである[29]。フランスは、労働組合の組織率がきわめて低く、国鉄などの公的部門での組織力が強いため、民間企業では5％程度であるともいわれている。このような状況において、代表的労働組合概念という、一定の法律要件を満たした代表的労働組合が、組合加入の有無によらず全労働者を代表するという法的擬制を通じて労使関係を作出している。そしてこの手法は、無組合企業、事業所にも労使関係をつくることを可能とし、従業員代表委員制度も活用しながら、2000年以降、この方式での労働協約締結が進んでいくという成果がみられる[30]。

労働組合を利益代表ととらえる代表的労働組合概念によって、フランスは低水準の組織率でありながら、協約カバー率が95％となっており、とりわけ産別協約によって法律よりも高水準の最低労働条件が確保することができている。したがってこの効果には目を見張るべきものがあり、非正規雇用への保護を考える際、大変に魅力的な法システムではある。これに加えて、戦後1945年に従業員代表制度が法定され、二元代表システムが整備されていることも非常に大きい。

しかし他方で、とりわけ2016年以降のフランス労働法改革において顕著になった代表的労働概念の果たす役割と目的は、安定的・協調的労使関係の形成（フランスにおけるデフォルトは敵対的労使関係または無労使関係＝即ストライキの慣行）と、法律または産業別協約で規律されている賃金・労働時間、集団的労働条件変更、集団的解雇手続き等の柔軟化を、企業レベルの労使対話を通じて実施する（規制緩和の一手法）[31]という主に２つがあるように思われる。

日本と対比すると、問題状況がかなり異なっていて、以上の意味において

28　道幸哲也「従業員代表制の常設化と労働組合機能（下）」季刊労働法273号（2021年）178頁など。
29　小山敬晴「フランスにおける代表的労働組合概念の研究」（早稲田大学博士学位論文、2019年）。
30　労働組合による労働協約を典型ととらえて、このような方式の協定は「非典型協定」とよばれる。矢野昌浩「企業内労使関係と『非典型協定』(accords atypiques)」日本労働法学会誌92巻（1998年）183頁など参照。2017年マクロン改革により労働者の直接投票による規範設定方式が整備されたことについては、渋田美羽「フランスにおける企業協定（協約）の締結方式としてのレフェランダム――その立法経緯と合憲性に関する考察」九大法学119号（2020年）１頁参照。

は日本で労働組合の利益代表システムを作出することについて立法上のインセンティブがあまり見出せない（唯一の例が正規・非正規間の待遇格差是正であるように思われる）。

　無組合企業や、非正規労働者を考慮すると、利益代表としての労働組合という在り方には見るべきところも多いがその真価が発揮されるには、企業別の枠をこえた産別労働組合運動が展開されているという前提条件が重要と思われる。

　また、日本の企業別労働組合でも、労使交渉の成果が就業規則を通じて全労働者に還元されるという実務、春闘、労働政策審議会における労働者代表選出の場面では、利益代表としての機能を果たす側面がある。しかし公正代表の問題としてすでに論じられているように、代表の正統性を担保する仕組みを欠いており、正規雇用者の利益に還元されてしまいがちである。したがって、労働組合が、組合加入の有無にかかわらず、労働者との間でその運動についてのなにかしらの同質性をもてるかどうかというところに結局は帰着するように思われる。

(3) 同質性の模索

　では、どのような点に活路を見出すべきであるのか。前述のロザンヴァロンの指摘を踏まえて、労組法の労働者性の解釈について道幸が提示している「労働者サイドにおける利害の共通性や連帯の経緯、組織化の動き・程度等も「団交関係」として独自の考慮」するという見解に賛同し、そのより精緻な法解釈を展開していく必要があるように考えている[32]。したがって、今後の理論課題としては、労働者または勤労者の利益の同質性とはなにか、道幸

31　フランスでは社会党政権時代の2016年の労働法改革、マクロン大統領就任以後のマクロン改革といわれる2017年の労働法改革によってこの方向性でのラディカルな労働法改正が行われ、これについては小山敬晴「フランス2016年・2017年労働法改革の立法動向の分析」大分大学経済論集71巻5号（2020年）27頁で分析を行っている。2016年・2017年のフランス労働法改革の意義を考察する大著として野田進『規範の逆転──フランス労働法改革と日本』（日本評論社、2019年）。

32　道幸哲也『労働組合法の基礎と活用』（日本評論社、2018年）9頁。このほか、西谷敏『労働法の基礎構造』（法律文化社、2016年）244、245頁で述べられる「自立にもとづく連帯」というのも、基本的には新しいシステムの設定といった法的な介入なしに、現行法上の解釈のなかでその発展を志向する立場と思われ、賛同するものである。

の言葉をかりれば法が団結権を承認するに足りる「利害の共通性や連帯」とはなにか、を現実の労働者・労働組合の活動から拾い上げていくことにあるように思われる[33]。

　ここでは新たな同質性の一つの可能性を論じることで、今後の議論の展望を示してみたい。それは、労働者自身の労働が、自身の生活の糧を得るためにあるだけではなく、社会全体の生活水準を支えているという、労働の公共性という同質性が形成されていく萌芽とはならないであろうかということである。非常に分かりやすい事例として、エッセンシャルワークへの注目をあげることができる[34]。SNSを通じた当事者による情報発信も近年活発に展開されており、事業場の枠内をこえて各職場における労働問題を共有する場が醸成されているようにも思え、それが利用者の行動にも波及していく兆しがあるように思われる。労働の内容または所属企業の活動の内容が、倫理規範に基づくものであるべきという要請が労働法規範外からもたらされているという現状もあり[35]、そのような社会認識の変化に労働組合の活動が適切に対応することができれば、最初の問いに対しても肯定的な返答をすることができるように思われる。

　このような組合論を見据えた場合の具体的な労働法的課題としてさしあたり思いつくのは、企業内の問題を社会一般にアピールするにあたって、情宣

---

[33] なおここでいう労働者の利益とは、エゴイスティックな個々人の利益ではなく、組合民主主義のなかで形成される集団的利益と捉える。具体例としては、前述の広島電鉄の事例である。しかしながら、組合民主主義がつねに組合員または非組合員含む全労働者にとってよく働くわけではなく、ある特定の労働者層のエゴイスティックな集団的利益に還元される危険性は当然にある。むしろ本稿が最初に提起したような疑問は、そのような組合像が前提として想起されているのかもしれない。これについて本稿で十分に検討できているわけではないが、当該脚注以降の本文が現時点での1つの回答である。

[34] 新型感染症による社会的混乱時に注目された医療従事者、配送業者がその例である。本年、全国の看護師が短時間ストライキを実施したことも象徴的である。公務労働に関わるエッセンシャルワークについて行政改革の名のもとに労働条件が劣化していった状況を描き出す文献として、山谷清志＝藤井誠一郎編著『地域を支えるエッセンシャル・ワーク――保健所・病院・清掃・子育てなどの現場から』（ぎょうせい、2021年）。

[35] ILO刊行物として菅原絵美＝田中竜介『労働に関する企業の社会的責任（労働CSR/RBC）の実現に向けた政策提言』（国際労働機関、2022年）がある。日本においては、その内容は未知数であるが人権デューデリジェンス法制定をめざす超党派議員団の動向も報道されている。

活動と企業のプライヴァシー権との利益調整、企業の枠内を超えた労働組合運動への無理解というやはり古典的な問題につきあたることになりそうである[36]。

5 まとめ

本稿は、労働組合運動に共感が得られるための同質性の１つの試論として、最終的には労働の公共性という考え方に着目するにいたった。しかし、本稿はそこにたどり着く思考過程を記述したにすぎず、公共性の具体的な中身と、その活動において具体的に生じる法的課題についての詳細な検討はほとんどできていないため、今後併せて検討してきたい。また、労働者の多忙化の構造と組合運動に関する立法論として、フランスのように組合活動時間を有休で保障するという立法論も有効な方策として考えられるであろう。

なお、2024年１月23日に厚労省において労働基準関係法制研究会が設置され、従業員代表法制の検討が本格的になされている[37]。紙幅の関係上、その動向にこれ以上立ち入る余地はないが、筆者としては本稿で検討したことがすべてである。つまり、労働者の自主的な運動でなければ、日本国憲法において団結権が保障されていることの規範的意義は達成されえず、法定機関はその代替とはなりえない[38]。本稿はその立場で、その自主的運動の新たな展開にむけた視座を検討したつもりである。あくまで、組合活動と協調的に発展できるかぎりにおいて制度設計がなされる必要がある。

---

36 関西生コン事件との関連で、公共性をめぐる組合活動の正当性について毛塚勝利「労働組合機能と基本権論の課題」労働法律旬報1951・1952号（2020年）27頁。同論文が引用する藤木貴史「企業のコンプライアンスと産業別労働組合の役割」労働法律旬報1948号（2019年）６頁も参照。
37 当該研究会との関係で、最新の研究として橋本陽子「過半数代表者の見直しのための検討課題」季刊労働者の権利355号（2024年）14頁。
38 当該研究会と深い関係にある経団連提言における労使協創協議制に関する規範的批判として、本久洋一「団結権による労使自治の規制について：経団連『労使自治を軸とした労働法制に関する提言』の検討」労旬2058号（2024年）６頁参照。フランス法における議論からの批判的検討として、小山敬晴「フランス法における労働組合、従業員代表とデロゲーション―労使協創協議制の提案を受けて」労旬2058号（2024年）15頁参照。

第2章 ストライキ（団体行動）は現代の社会で何の意味があるのか
——団体行動権を問い直す

藤木貴史

1 はじめに

　2023年は、国内外を問わず、ストライキをめぐるニュースにあふれた年であった[1]。例えばアメリカでは、映画俳優・脚本家らの組合が、待遇改善や生成AIの利用法をめぐって、長期間のストライキを実施した。日本でも、西武百貨店の企業別組合であるそごう・西武労働組合が、百貨店業界で61年ぶりのストライキに踏み切った。年末年始にかけては、ジェットスター社の企業別組合であるJetstar Crew Associationが、指名ストを実施した[2]。
　現代の日本においては、ストライキ（団体行動）は必ずしもメジャーな紛争解決手段となっているわけではない。そのため、次のような素朴な疑問を覚えることもあるだろう。

> 西武・そごう労働組合のストライキは、2023年8月31日の1日で終わっています。でも、1日だけ働かないことに、どういう効果があるのでしょ

---

[1] 2024年にも、フランチャイズのスーパーマーケットに勤務する労働者らが、フランチャイジー会社の経営者による経費の私的流用に抗議し、同社の破産を回避する目的でストライキを実施した例が注目を浴びた（朝日新聞2024年7月20日〔北海道総合〕23面）。もっとも、その後フランチャイジー会社は破産に至っている（朝日新聞2024年7月30日〔北海道総合〕25面）。

[2] これらのストライキ事例についての法的分析として、藤木貴史「現代的事例から学ぶストライキ」法学教室524号（2024年）44頁参照。

> うか？年末には、ジェットスター・ジャパンでも、約1週間のストライキがありました。ストライキには賃金を上げる効果があると聞きますが、お客さんにも迷惑をかけることになります。最近ストライキが増えているのはなぜですか。現代の社会で、ストライキに意味はあるのでしょうか。

以下では、日本的雇用慣行の特徴を確認したうえで、そごう・西武におけるストライキの展開を例に、ストライキ（団体行動）法理の課題を確認する（2）。そのうえで、簡単にではあるが、ストライキ（団体行動）法理の見直しの方向を考えてみたい（3）。

2 日本的雇用慣行と団体行動

(1) 日本的雇用における労働組合と団体行動

教科書的にいえば[3]、日本的雇用の特徴の一つは、労働組合の大部分が企業別に編成されている（企業別組合）という点にある[4]。多くの場合、ある組合の組合員は、そのまま特定企業のいわゆる正規労働者となっており、労働組合の活動の範囲も主として企業内にある。その一方で、同じ会社に勤める、いわゆる非正規労働者には、企業別組合への参加資格を認めないケースもみられる。こうした労働者らは、いわゆる「個人加盟ユニオン」など企業外の労働組合を通じて労使関係を形成する。

また、同じく教科書的理解によれば、企業別組合が主流であることは、同一産業における各「会社の間にある資本間競争が……［各企業別］組合の間に反映しやすく、その代わり、使用者と労働者の間に成立する労使関係が『協調的労使関係』として成立しやすいという特徴」につながる[5]。労働組

---

[3] 石畑良太郎ほか編『よくわかる社会政策［第3版］』（ミネルヴァ書房、2019年）〔伊藤大一〕94-113頁、櫻井純理編著『どうする日本の労働政策』（ミネルヴァ書房、2021年）〔山垣真浩〕48-62頁など。

[4] 厚生労働省「令和4年労働組合基礎調査」総括表2より算出すれば、組合数全体に占める企業別組合の割合は94.3％、全組合員に占める企業別組合に所属する組合員の割合は89.5％である。荒木尚志『労働法〔第5版〕』（有斐閣、2022年）647頁注1参照。

[5] 石畑・前掲注3）〔伊藤〕99頁。

合には、労使対抗団体としての側面と、労使協力団体としての側面という相異なる面がある。しかし、日本の企業別組合は、従業員代表としての側面を有するので、「『労働組合は、企業の業績拡大に協力し、その成長の分け前を分配してもらうための組織』という企業主義的な意識に親和的[6]」である。「一企業の成長と組合員の利害は基本的に同一視できるとみる（会社との一体性を強調する）」点に、諸外国の労働運動には見られない、「日本的というべききわだった特色がある」とされることが多い[7]。もっとも、近年では「『企業への積極的な協力』が行き過ぎた結果、職場での規制力を失い、労働組合としての自主性それ自体が揺らぐ」とか[8]、「労使対抗団体的側面を回復させる試みが求められる」と指摘されることもある[9]。こうした理解からすれば、日本的雇用慣行において、団体行動の占める地位は必ずしも大きいわけではなく、団体行動法理もしかり、ということになる。

　団体行動法理については、これとはやや異なる古典的見解もみられる。藤林敬三は、労使関係を第一次的関係（経営対従業員の関係、労使協議制、労使の親和・友好・協力の関係）と第二次的関係（経営対組合の関係、団体交渉制、賃金等の労働条件について利害が対立する関係）に分類する[10]。欧米諸国においては、産業別組合などの企業外労働組合が第二次的関係を、企業内における従業員代表の仕組みが第一次的関係をそれぞれ担う形で役割分担が明確であるのに対し、日本では企業内労働組合が中心となる結果、「第一次関係と第二次関係とが混在し、いわば癒着し、不分離状態にある[11]」と指摘する。

　藤林によれば、「争議行為を伴った争議の持続日数が比較的少ない」ことが（当時の）日本の特徴の一つであり、その原因は、上部団体の支援なくしては労働者側の要求を貫徹できないことにある[12]。企業別組合においては

6　同上。
7　櫻井・前掲注3）〔山垣〕53-54頁。
8　石畑・前掲注3）〔伊藤〕105頁。ただし、自動車産業を例とした記述である。
9　櫻井・前掲注3）〔山垣〕59頁。
10　藤林敬三『労使関係と労使協議制』（ダイヤモンド社、1963年）7-9、13-14頁。同書を「社会構造に踏み込んで説明できる」理論として高く評価するものとして、濱口桂一郎＝海老原嗣生『働き方改革の世界史』（ちくま新書、2020年）187頁以下。
11　藤林・前掲注10）20頁。藤林は、企業「別」組合ではなく、組合員が企業内部に埋没しているという意味で「企業内組合」との表記が正確だと説く。

「本来、基本的に労使の対立が芽生えがたい」、「労使の協力一致の傾向が、そのなかに含まれていると考えざるをえない」というわけである[13]。他方で藤林によれば、もう一つの日本の特質として、長期にわたる「激烈な労働争議」の存在があり、その原因は、①上部団体ないし友誼団体の指導・支援に加え、②日本人の文化的な特質にある。「われわれ日本人の人間的な関係からいうと、縁の近い者がもし互いに争うような場合には、他人同士が争う以上に激しい争いを起こす」のであり、企業内組合の争議や上部団体による関与もその一種である、というわけである[14]。

藤林自身は、こうした団体行動のあり方はいずれも、「労使関係が、まだ近代的な意味においては未成熟」である証拠だとして[15]、「企業内労使関係がもう少し近代化される方向に進まなければならない[16]」と是正の方向性を示す。こうした理解からすれば、日本的雇用慣行における団体行動は、家族争議的性格を強く帯びたものであり、団体行動法理も、その行き過ぎを抑制するもの、という消極的な役割を与えられるに留まろう。

(2)　そごう・西武労働組合によるストライキの展開

では、近時のストライキ（団体行動）は、こうした日本的雇用慣行と整合的に理解できるだろうか。そごう・西武労働組合によるストライキを例に考えてみよう。

新聞報道等による限り、ストライキの経過はおおむね次のとおりである[17]。百貨店業を営む株式会社そごう・西武の株式は、持株会社であるセブン＆アイ社が保有していた。同社は、米投資ファンドのフォートレス社に株式売却を売却することを検討しており、フォートレス社は、百貨店の西武池袋本店

12　同上100頁、106-109頁。
13　同上108頁。
14　同上115頁。
15　同上109頁。
16　同上116頁。
17　そごう・西武労働組合に助言した法律関係者の手になる記事として、棗一郎「ストライキの現代的意義と力」季刊・労働者の権利354号（2024年）2頁、同「会社は誰のものなのか？」労旬2047・48号（2024年）28頁も参照。

にヨドバシを誘致し営業する方針を示していた[18]。これに伴い、池袋百貨店は売り場面積の減少や、従業員削減の可能性が生じたため、そごう・西武労組は、そごう・西武に対して、①雇用維持、②事前の情報開示、③事業の継続等を求めた[19]。ところが、「そごう・西武の経営陣」は「セブン＆アイから交渉の詳細も知らされず当事者能力を失っていた[20]」。そごう・西武労組は、持株会社であるセブン＆アイ社にも情報開示や交渉・協議を求めたが、「組合員の『使用者』ではないとして協議を受け入れ」なかったとされる[21]。フォートレス社にも雇用の維持等に関する情報開示と協議を求めたが、「そごう・西武を見守る立場」として、労組との交渉に対応しなかったという[22]。

そこでそごう・西武労働組合は、組合員の93.9％の賛成を得て、ストライキ権を確立した。セブン＆アイ社が、「売却の決議をしないことが確認されれば〔ストを〕回避する」方針であったが[23]、同社は、8月1日にそごう・西武の社長で労使交渉を担ってきた林拓二を解任し[24]、8月31日には株主総会で売却を決議した[25]。そこで労組は、8月31日いっぱいの時限ストを決行した。スト当日は、組合員が店舗前においてチラシを配り、デモ行進を行った。そごう・西武労働組合のみならず、阪急百貨店など、他の百貨店労組の幹部もこれに参加し、地域住民へのアピール活動を行った[26]。

持株会社となったフォートレス社は、そごう・西武に取締役を派遣する一方で、当面は人員を削減しない方針を打ち出した[27]。上部団体のUAゼンセ

---

18 日経新聞2022年7月3日1面。労使関係外の事情として、豊島区前区長高野之夫が高級ブランド店が退店し、街並みが変わることへの懸念からヨドバシの誘致に反対し（日経新聞2022年12月15日16頁）、地域住民からも一定の反発がみられた。
19 日経新聞2023年10月11日2面。
20 日経新聞2023年9月1日3面。
21 日経新聞2023年10月11日2面。
22 同上。
23 朝日新聞2023年8月31日3面。
24 日経新聞2023年8月2日15面。林はそごう・西武生え抜き社長であり、百貨店へのこだわりからヨドバシ出店の改装案について「そごう・西武が承認した形にはできない」と反対していたとされる（日経新聞2023年9月12日2面）。
25 日経新聞2023年8月31日1面。
26 朝日新聞2023年9月1日3面。
27 日経新聞2023年9月6日1面。

ンは、そごう・西武労組のストを全面的には支援していなかったため、組合大会において批判の対象となり、今後「ストライキを視野に入れる」との発言もみられた[28]。

(3) ストライキ（団体行動）の変化

　では、日本的雇用慣行との関係でみると、そごう・西武労組のストライキは、どのような特徴をもつだろうか。筆者のみるところ、「企業別」組合といえども、当該組合の組合員と直接労働契約関係に立つ個別企業との団体交渉・団体行動のみによって、成果を勝ち取ろうとしているわけではない、という特徴が重要であるように思われる[29]。従来、日本的雇用慣行は、企業を中心とする仕組みと理解されており、団体行動も、基本的には、企業別（内）組合と特定企業との関係において理解されてきた。しかし、そごう・西武社は、組合に対して実質的な説明・対応能力を失っていた。実際にそうした能力を有していたのはセブン＆アイ社、ひいてはアメリカ資本のフォートレス社であり、実際、ストの決断直前にもセブン＆アイの取締役と労組の執行部が電話会談を行っていた[30]。いかに企業別組合といえども、「企業」が持株会社化・ネットワーク化により社会的実体を希薄化させることになれば、団体行動もそれに対応して行われざるを得ない。

　しかも、こうした変化は単にそごう・西武社に特有の事象ではない。例えばアメリカにおいても、サプライチェーンを通じた企業組織の希薄化が職場の「ひび割れ」を引き起こしていることが指摘されている[31]。国際的なレベルでも、中核的労働条件を主として想定したものではあるが、「ビジネスと人権に関する指導原則」が採択され、企業は「取引関係」にあるバリューチ

28　毎日新聞2023年9月14日22面。
29　もっとも、企業別労組としての特殊性が払しょくされるわけではない。そごう・西武の経営陣はむしろ百貨店事業の継続という面で労組と利害が一致しており、実際の争議関係においては、会社－組合対持株会社（・売却先）、という構図であったことも否めないからである。前掲注22）9月12日記事も参照。
30　日経新聞2023年9月12日2面。
31　DAVID WEIL, THE FISSURED WORKPLACE：WHY WORK BECAME SO BAD FOR SO MANY AND WHAT CAN BE DONE TO IMPROVE IT（2014）. 中窪裕也「アメリカにおける『ひび割れた職場』(fissured workplace) の議論と労働法の課題」季労250号（2015年）109頁。

ェーン全体に人権デューディリジェンスを実施する責務があることがうたわれている[32]。こうした社会構造の変化に鑑みれば、団体行動法理も、企業という法的枠組内部で完結しない争議行為を視野に入れて構築される必要があろう。

3　団体行動法理の見直しに向けて

　では、具体的にどのような見直しが必要となるであろうか。課題は多岐にわたるが、本稿では、次の2点に着目したい。まず、(1)そごう・西武労働組合のストライキから見て取ることができる、ストライキの意義、ひいては団体行動手段の多様化についてである。次いで、(2)日本的雇用慣行のもとで制約的に理解されてきたように思われる、団体行動の主体と相手方についてである。

(1)　団体行動手段の多様化

　日本的雇用のもとで、企業別労働組合のストライキは、日数が限定されることが指摘されていた。実際、そごう・西武のストライキも1日限りの時限ストであった。そのため、株式売却の阻止という当初掲げた「目的は達成できなかったため、「抗議ストでしかなかった」という冷ややかな評価」もみられる[33]。しかし、当面での雇用の維持をフォートレス社から引き出した点では、一定の成果がみられたといえる。

　ではなぜ、1日限りのストライキで妥協を引き出しえたのか。それは、ストライキの狙いが、労務不提供による経営への打撃そのものというよりも、社会に対するアピールにあり、そうしたアピールを通じて、関係するステークホルダーに働きかけることで、事態の改善を図るものだから、と考えるこ

---

[32] 2011年3月21日「ビジネスと人権に関する指導原則」（A/HRC/17/31）原則17。土岐将仁「労働法と「ビジネスと人権」」季労276号（2022年）2頁、井川志郎「ドイツにおける人権デューディリジェンスの立法の前提条件」沼田雅之ほか編『社会法をとりまく環境の変化と課題』（旬報社、2023年）111頁等も参照。

[33] 朝日新聞2023年11月18日朝刊6面。

とができる。実際、ストライキに付随して、地域住民に対するビラ配布やデモ活動が行われたことも、こうした狙いを裏付けるものといえる。日本のみならずアメリカにおいても、ビラ配布や、風船・葬儀を模したデモ活動などによる消費者へのアピール、違法行為の是正を求める株主への働きかけ等といった、労働組合の――市民団体同様の手法を用いた――情報発信活動は、広くみられる現象である[34]。

また近年では、プラットフォームを介した就労や、フリーランスによる自営的就労が増加傾向にある。技術の発展した現代では、企業は、これらの代替労働力を容易に利用できることになるから、ストライキ（「働かない」こと）により企業に与えることのできる打撃は、かつてよりも相当程度小さくなっているように思われる。

これらの変化に照らせば、ストライキの意義は、経済的打撃の側面のみならず、その社会的効果の側面からも理解される必要がある。この観点をさらに推し進めれば、憲法上保障される労働組合の多様な団体行動を、狭くストライキに引き付けて理解するだけでは、もはや不十分であるように思われる。直接の雇用主を取り巻くステークホルダーへの圧力手段の意義が増加していることを認め、組合による社会的アピール活動をも保護しうる法的枠組みを構築することが求められる[35]。

しかし、現行の団体行動法理は、「争議行為」と「組合活動」を二分し、

34　藤木貴史「アメリカにおける労働組合のピケッティングに対する法的保護の歴史的展開と現代的課題（４・完）」帝京法学35巻２号（2022年）106-117頁、同「アメリカにおけるコンプライアンス活動」労旬1948号（2019年）13頁。中窪裕也「アメリカにおける未組織労働者の新たな闘争戦術と労働法理」季労251号（2015年）143頁。ただし、アメリカ法のもとでも、これらの活動への法的保護はしばしば不透明である。

35　下級審判例においても、「<u>労働組合が、労働条件、労働環境等の改善及び使用者の経営方針、活動内容等の改善を求める目的で、それらに係る問題点を指摘し批判をすることは、もとより正当な組合活動の範囲内に含まれるものであるから、これらの問題点を周知し、一般の第三者の理解と支援を得るために行われる表現行為もまた、労働組合の重要な活動手段であり、その表現がされた態様が平穏で、職場の規律を乱すおそれがないのであれば、これも正当な組合活動といい得る</u>」とするもの（学校法人橘学苑事件・横浜地判令和４年12月22日判時2575号87頁）や、「<u>組合活動に関する情報を提供した上で、受領者に対して理解と支援を求めることも、労働組合の通常の情報宣伝活動の範囲内</u>」だとするもの（福岡教育大学事件・東京高判平成30年６月28日LEX-DB文献番号25560814）がみられる（下線部筆者）。

とりわけ態様の正当性について前者を広く、後者を狭く解している点で、必ずしもそうした要請にこたえるものとはなっていないように思われる。例えば、子会社の企業別組合が、子会社の破産は偽装倒産であるなどとして、親会社の敷地やその近辺にビラを配布するとともに、親会社の取引銀行や取引先に協力要請書を送付したことが問題となった富士美術印刷事件判決は、「このような団体行動については、〔憲法28〕条の保障の本体となる行為のうち集団的な労務の不提供を中心的内容とする争議行為と異なり、自ずから限界がある」としている[36]。同じく、企業別組合が当該企業の取引先（銀行、教育委員会等）に対して、当該企業の不当労働行為を指摘し取引停止を求めたことについて、「争議行為ではなく組合活動として行われたものであ」り、「虚偽の事実がないからといって無制約に組合活動として許容されるわけではなく、会社に抗する活動であったとしても、同様、無制約に許容されるわけではない」等として、民事免責を否定した例もみられる[37]。これらの判例においては、社会への情報発信が「争議行為」に該当しないことが、団体行動の正当性を狭めた一つの要因になったことが読み取れる。

確かに、近時の判例のなかには、労働組合による社会的アピールの正当性を比較的肯定的に評価する例がみられる。①学校関係者に対する私立学校批判ビラの配布妨害を不当労働行為としたものや[38]、②政党誌からの取材に対し、会社の交渉拒否や、組合員が長時間労働後に入院した旨発言した組合執行委員への懲戒処分を無効としたもの[39]、③インターネット上で、ブラック社労士・スラップ訴訟等と述べた組合員長に対する損害賠償請求を棄却したもの[40]、④生コン用資材の販売会社の取引先に対し、同社が運搬トラックの名義貸し・過積載や組合員に対する配転をしている旨指摘して指導・対応を求める要請書を送付したことについて、組合への損害賠償請求を棄却したものなどである[41]。

36　東京高判平成28年7月4日労判1149号16頁（下線部筆者）。
37　黒川乳業事件・東京地判平成24年10月11日 LEX-DB 文献番号25483347。
38　学校法人文際学園事件・東京高判令和1年8月8日 LEX-DB 文献番号25565375。
39　帝産湖南交通事件・大阪高判平成30年7月2日労判1194号59頁。
40　首都圏青年ユニオン執行委員長ほか事件・東京地判令和2年11月13日労判1246号64頁。
41　プレカリアートユニオンほか（粟野興産）事件・東京高判令和4年5月17日労判1295号53頁。

しかし、これらの判例において、団体行動の正当性判断のための共通の判断枠組みが確立している、というわけではない。いずれの判決も、組合の発するメッセージの真実相当性が重要な要素となっている一方で、その要素をどの段階で判断するのか——民法による名誉毀損の枠組みの一環として考えるのか〔②・③事件〕、組合活動の正当性の一要素として考えるのか〔④事件〕——は分かれている。また、組合の社会的アピールにより実際に取引停止等が生じた場合について、「組合活動」の枠組みで正当性を肯定しえるか、必ずしも明らかではない。

　こうした状況に照らせば、団体行動を「争議行為」と「組合活動」に二分する枠組みについては、これを維持するにせよ否定するにせよ、改めて理論的な検討が必要であるように思われる[42]。また、組合による社会的アピールが、ステークホルダーへの注意喚起として有益であり、市民社会の自己統治にとって重要な役割を果たすことに照らせば[43]、第三者への「情報発信」を通じて支援を求める労働組合の活動について、その特質に応じた正当性判断の枠組みを模索することも必要となる。組合活動の正当性判断とは相対的に別個に、表現の自由の行使の一環としてこの活動を位置づけ、真実性・真実相当性が認められる限り民事免責を認めることができないか、検討されるべきであろう[44]。

42　組合活動と「争議行為を概念上明確に区別すべき実益に乏し」く、団体行動の「正当性」を端的に問題とすれば足りるとするものとして、盛誠吾『労働法総論・労使関係法』（新世社、2000年）382頁。争議行為・組合活動の区別には流動性があり、「論理的・実務的に両者を明確に区別して論じることは不適切」だと指摘するものとして、道幸哲也『岐路に立つ労務関係』（旬報社、2023年）173頁以下。その他、近時の指摘として、石井保雄「争議行為の意義と正当性」日本労働法学会編『講座労働法の再生〔第5巻〕労使関係法の理論課題』（日本評論社、2017年）172-175頁、井川志郎「就業時間中の組合活動（リボン闘争）の正当性」判例時報社デジタルライブラリー『サブスク・ロージャーナル』（2023年6月21日掲載）8頁以下、榊原嘉明「団体行動権保障の理論課題を探る」労働法律旬報2047＋2048号（2024年）17-19頁も参照。

43　藤木・前掲注34）171-173頁。また、前掲注35）の裁判例も、組合による社会的アピールの重要性を承認しているように思われる。

44　名誉毀損の枠組のうち、組合の社会的アピールは、「公共の利害に関する事実」、「公益目的」の要件を満たすと解すべきである。他方、真実相当性については、具体的事実の有無について、狭く否定されることがありうる。この場合、重畳的に団体行動の正当性審査を通じた免責が検討される必要があるのではなかろうか。この点については、藤木貴史「情報発信型対外的組合活動の正当性と判断基準について」労旬2064号（2024年）32頁も参照。

(2) 団体行動の相手方と主体

　藤林の指摘によれば、日本的雇用慣行のもとで、企業別組合は本来労使協調的性格を色濃く持つ一方、上部団体による争議行為への介入はしばしば、「労使関係が非常に緊迫する」ことや労働組合の分裂につながりうる[45]。しかし、そごう・西武労組のストに際しては、上部団体からは直接の支援がなされなかった一方で、同業他社の労組から、ビラ配布やデモ活動などへの参加という形で支援された。このことは、企業別組合の労使協調的性格も、経済環境の変化など、利害の対立状況に応じて変化しうること、複数組合による企業を超えた団体行動（紛争当事者組合でない組合による団体行動）についても、「行き過ぎ」た「家族争議」的性格を必然的に帯びるわけではないことを示している。むしろ、それらの性格が、従業員の雇用関係が特定企業との間で完結していたことに多分に依存していたことに照らせば、雇用主企業以外の相手方に対する社会的アピールや、紛争対象組合以外の組合による団体行動についても、その意義を認め、適切な正当性判断の枠組みを構築するよう努めることが要請されるように思われる。

　企業の枠を超えた団体行動は、大づかみに、次の二つの態様がありうる。第１に、ア雇主企業Ａの従業員を組織する組合ａが、雇主企業以外に団体行動をする場合である。先に述べた、親会社Ａ′や取引先企業Ｂ、地域住民、消費者等に対する社会的アピールは、こちらに該当しよう。第２に、イ企業Ｂの従業員を組織する組合ｂが、取引上の結びつきのある企業Ａにおける紛争を支援すべく、企業Ｂに対して団体行動を行う場合である[46]。以下、順に検討しよう。

　　ア　団体行動の相手方が雇主企業以外の場合
　この場合、組合ａは、他企業Ｂとの間で労働契約関係がない（地域住民、消

---

[45] 藤林・前掲注10) 47-48頁。
[46] 片岡曻「同情ストの法理」同『団結と労働契約の研究』（有斐閣、1969年［初出1959年］）182-186頁は、第２の場合についてさらに、ｂ組合が企業Ｂに対する固有の要求を持たない場合のストを「同情スト」、企業Ａへの圧力と同時に企業Ｂにも要求を持つ場合のストを「二次的スト」と区別する。

費者等も同様）から、労務不提供による争議行為に訴えることができない。それゆえ、(1)で検討した内容が、そのまま当てはまることになる。

　加えて、判例は、社会的アピール活動の「相手方」を狭く理解する傾向があり、この点も問題となる。例えば先述の富士美術印刷事件判決は、「労働条件の改善を目的として<u>労働組合が直接には労使関係に立たない者に対して行う要請等の団体行動</u>」について、「団体行動を受ける者の有する権利、利益を侵害することは許されない」、「取引先銀行等に対する……文書の送付は、<u>１審原告〔親会社〕に対する要請活動として理解することが困難なものである</u>」等として、正当性を否定している[47]。

　こうした立場の背景には、団体行動の相手方を、団体交渉の相手方である（労組法７条２号上の）「使用者」に限定しようとする理解がある[48]。確かに、いわゆる団交権中心論[49]をごく短絡的に理解するならば、こうした誤解が生じるかもしれない。しかし、団交権中心論をとる研究者からも、「団体的労使関係における労働組合の行動が、常に使用者に向けられているとは限らない」との批判がみられる[50]。他の論者も、「関連会社、取引先銀行などに対する宣伝・要請行動の正当性を直ちに否定すべきではない[51]」、「労働契約上の使用者又は団体交渉権を行使しうる相手方のみならず、それ以外の者（雇用・労働条件を支配・決定することができる地位にあるとまではいえないが影響を与えう

47　前掲注36）参照（下線部筆者）。この判示は、海員組合が、組合員を雇用していない企業に誠実交渉を求めたが拒否されたため、同企業の傭船への荷役の運び込みを監視し、①旗と横断幕を掲げ、②荷物に足を乗せるなどした東海商船事件・東京高判平成11年６月23日労判767号27頁を踏襲したものである。

48　教育社労働組合事件・東京地判平成25年２月６日労判1073号65頁。確かに労組法８条は「使用者」からの賠償請求を否定している。しかし、同条が憲法28条の確認規定であることに照らせば（西谷敏ほか編『新基本法コンメンタール　労働組合法』〔日本評論社、2011年〕135頁〔盛誠吾〕）、「使用者」を労組法７条２号の意味と同視する必然性はない。榊原嘉明「労働組合法における使用者概念の相対性に関する覚書」法学新報119巻５＝６号（2012年）395頁以下。

49　野川忍「労使関係法の課題と展望」日本労働法学会編『講座労働法の再生〔第５巻〕労使関係法の理論的課題』（日本評論社、2017年）５頁（「団体行動権は、団体交渉を有利に導くための手段として位置づけられるべきであって、それ自体が自己完結的に保障されているものと解することはできない」とする見解）。

50　野川忍「教育社労働組合事件・判批」ジュリ1481号（2015年）96頁。

51　西谷敏『労働法〔第３版〕』（日本評論社、2020年）674頁。

る地位にある者、国・地方自治体等）に対しても行うことができると解すべきであり、要求し働きかけをなしうる相手方の範囲は、当該行為の目的と要求の内容に照らし、その者に働きかける客観的に合理的な理由と社会通念上の相当性の有無により画定すべき[52]」と述べる。少なくとも、相手方如何という観点から正当性を否定することには慎重であるべきであろう[53]。

　イ　団体行動の主体が紛争の直接的当事者でない者を含む場合
　より問題となるのは、こちらの場合である。まず判例の立場を確認しよう。杵島炭鉱事件判決は[54]、産別労組が、傘下の企業別組合とともに、訴外炭鉱会社Ｚとその企業別組合ｚ間の経営再建をめぐる争議（杵島争議）について、「杵島争議を解決すること、すくなくとも、そのための努力をすること」を要求して、8企業に対して行ったストライキ（本件スト）の正当性を否定し、各労組への損害賠償請求を認めた。その根拠は、次の5点に求められる。ⅰ争議の主題が「杵島労使間かぎりの問題にぞくすること」であり、争議対象企業が「それに対して解決する能力をもたない」以上、「本件ストは、争議行為における労働者の使用者に対する特定の要求という本来の意味における要求の欠落」したものであること。ⅱ組合とスト対象各企業の間で「要求事項に関し団体交渉を行つたことは絶えて無」く、実のある団体交渉を期待できないこと。ⅲ本件ストが具体的要求を欠くこと。ⅳスト対象各企業が団体交渉によって問題を解決できないこと。ⅴ本件ストの損害が大きいこと、である。この理路からすれば、原ストを支援するための団体行動（ストライキ）には否定的評価が与えられることになる。
　しかし、今日の労使関係の実態に応じた見直しが、今後も必要となる可能性があるように思われる。第1に、本判決は、いわゆる団交権中心論に立って、争議行為の正当性を制限したものとする理解が示されてきた[55]。確かに、「団交権中心論は、団体行動権をめぐるそれぞれの論点について、学説上も

52　川口美貴『労働法〔第7版〕』（信山社、2023年）835頁。
53　榊原・前掲注42）11頁も参照。
54　東京地判平成50年10月21日労民集26巻5号870頁。
55　佐藤昭夫「同情ストは違法か」労旬895号（1975年）4‐7頁。

判例実務上もきわめて影響力をもった考え方」であるから[56]、これに対する評価は別途検討されねばならない[57]。しかし、例えば判旨ⅱにつき、使用者団体が各企業の労働条件の細部を決定していたのであるから、団体交渉関係を新たに形成することは可能であるとの批判もみられる[58]。また判旨ⅲにつき、「炭労〔産別労組〕の団結を承認して炭労と企業整備問題を交渉しそのなかで杵島問題を解決せよ、という要求」は具体的要求といえる[59]、とも批判されている。仮に団交権中心論にたったとしても、保護されるべき団体行動は、既存の企業別団体交渉関係の促進に限定されるものではない[60]。また、最高裁が今日、団体交渉権の意義について、「使用者から十分な説明や資料の提示を受けることができるようになるとともに、組合活動一般についても労働組合の交渉力の回復や労使間のコミュニケーションの正常化が図られる[61]」ことを挙げている点を無視すべきではない。

　第2に、今日の経済環境において問題となるのは、団体行動の正当性判断において、どの程度の関係性を要求すべきか、という点である。判旨ⅰ・ⅳのいわゆる「側杖」論の根底には、「他企業のストはひとごとであり、自分の企業の労働者がストで支援するなどは至極迷惑」という観念があるとの指摘がある[62]。したがって、「ひとごと」にならない労使関係の範囲如何、という問題の解明が、重要な課題となる。杵島炭鉱事件判決を批判する立場の論者も、「同一産業内、同一組織内」のレベルでの組合が利害関係をもつ場合や[63]、親子会社や元請―下請関係、「公害発生工場およびこれと取引のあ

56　小山敬晴「日本におけるストライキの停滞状況に関する法的分析」季労283号（2023年）8頁。少なくとも判例のレベルにおいては、「憲法28条の趣旨を団交中心的に捉えていることが労働契約関係を重視する淵源となっている」可能性はある。（小山・7頁注46。ただし労働者性の文脈での議論である）。

57　小山・前掲注56）の論旨が、団交権中心論が、労使関係におけるストライキ停滞の直接の原因になった、というものであれば疑問がある。一方で、団体行動を制約する法理の形成に影響を与えた、という論旨であれば、説得的な問題提起に思われる。

58　佐藤・前掲注55）9頁。

59　沼田稲次郎「争議権における連帯性の要因」季労98号（1975年）86頁。

60　菅野和夫「同情スト」日本労働法学会編『現代労働法講座〔第5巻〕労働争議』（総合労働研究所、1980年）87頁は、「産業別統一支援ストライキ」について、正当性を認めるべきとする。

61　山形大学事件・最二小判令和4年3月18日民集76巻3号283頁。

62　沼田・前掲注59）90頁。

る会社」の場合には[64]、正当性を認めうるとする一方、「国境ないし国民経済範囲を超えないとみるべき[65]」との限定を設けている。今日における企業のネットワーク化や、バリューチェーン・サプライチェーンの隆盛に照らせば、この限定を維持することが適切か、一考を要する。筆者としても具体的な方向性を現時点で示すことはできないが、団体行動が狭く組合員の経済的地位の向上をもたらすのみならず、広く経済社会の「自己統治」にも重要な役割を果たすこと、経済環境の変化に伴い労使関係の新たな形成にも法的保護が及ぶべきことに照らせば、団体行動の目的や要求事項、主題に応じて弾力的に正当性を判断する方向性も考えられるように思われる[66]。例えば、ハラスメントの有無・改善といった市民権的な権利紛争の解決を求める団体行動も、日本法のもとにおいては正当性を広く認めるべきであろう。

4 むすびに

日本的雇用慣行においては、ストライキに代表される団体行動は、労使協調を妨げるものとして、あるいは、労使間の劇的対立を招くものとして、大きな役割を与えられてこなかった（1）。しかし、少なくとも今日の経済環境のもとでは、労使間の利害対立は特定の企業内だけで解決可能とは限らないし、社会的注目を集めることを通じて一定の妥協が図られることもある

---

63 佐藤・前掲注55）6頁。
64 沼田・前掲注59）89頁。
65 同上88-90頁。それゆえ、「多国籍企業については考慮すべき余地はあろうが」と留保しつつ、沼田は、「日本の全港湾がアメリカのロングショアマンのストに同情ストを打つ場合は民事免責をあてにできないと解すべきであろう」とする。
66 川口・前掲注52）699-701頁は、団体行動権の目的として、(1)対等決定の実現と雇用保障・労働条件等の維持・向上、(2)労働関係法規と労働者の権利の実効性確保、(3)個別的労働関係及び集団的労使関係に関するルールの設定に加え、(4)労働市場における公正競争の実現、(5)労働関係立法の整備・促進も掲げており、参考になる。こうした目的に照らせば、「支援スト等の主体たる団結体の構成員の雇用・労働条件や当該団結体の集団的労使関係ルールに関する要求の実現を目的とするものでない場合、又は、②支援スト等の主体たる団結体の構成員である労働者の争議行為の相手方である使用者が決定又は対応できない事項の実現を目的とする場合」に、支援スト等の争議行為の目的の正当性を否定する（同806頁）のは、厳格に過ぎるきらいがあるように思われる。

第2章　ストライキ（団体行動）は現代の社会で何の意味があるのか　275

（2））。それゆえ、社会的アピールのための多様な団体行動手段（ストライキに限られない）を保護できるような、「団体行動」法理の構築が求められる（3(1)）。また、そうした「団体行動」の射程は、直接の雇用主のみならず、地域住民や公衆、株主、取引先に対しても及びうる。既存の企業内労使関係のみならず、新たな企業外労使関係の可能性にも対応できるためには、団体行動の目的や要求、主題に応じた柔軟な正当性判断の枠組みが求められる（3(2)）。

　以上の本稿の試論に対しては、数多くの課題が残る。筆者は、憲法28条の趣旨の一つに、労使コミュニケーションを通じた市民社会の自己統治の実現、を読み込む余地があると考えている。この観点を深めることにより、上記の解釈論の具体化・正当化の道を探ることは、筆者自身の宿題としておきたい。

*　本研究はJSPS科研費 JP22K13295の助成を受けたものである。

【執筆者紹介】（50音順）

淺野高宏（あさの・たかひろ）	北海学園大学教授、弁護士
植村　新（うえむら・あらた）	関西大学教授
緒方桂子（おがた・けいこ）	南山大学教授
岡本舞子（おかもと・まいこ）	北九州市立大学准教授
北岡大介（きたおか・だいすけ）	東洋大学准教授、特定社会保険労務士
國武英生（くにたけ・ひでお）	小樽商科大学教授
後藤　究（ごとう・きわむ）	成城大学専任講師
小山敬晴（こやま・たかはる）	大分大学准教授
新屋敷惠美子（しんやしき・えみこ）	九州大学大学院法学研究院准教授
所　浩代（ところ・ひろよ）	福岡大学教授
沼田雅之（ぬまた・まさゆき）	法政大学教授
早津裕貴（はやつ・ひろたか）	金沢大学准教授
藤木貴史（ふじき・たかし）	法政大学准教授
細川　良（ほそかわ・りょう）	青山学院大学教授
柳澤　武（やなぎさわ・たけし）	名城大学教授
山川和義（やまかわ・かずよし）	広島大学教授
山下　昇（やました・のぼる）	九州大学教授

【編著者紹介】

國武英生（くにたけ・ひでお）
小樽商科大学 商学部企業法学科 教授
『労働者の自立と連帯を求めて』（共編著、旬報社、2024年）
『労働契約の基礎と法構造』（日本評論社、2019年）など

沼田雅之（ぬまた・まさゆき）
法政大学 法学部法律学科 教授
『社会法をとりまく環境の変化と課題』（共編著、旬報社、2023年）
『講座労働法の再生第3巻』（共著、日本評論社、2017年）など

山川和義（やまかわ・かずよし）
広島大学大学院 人間社会科学研究科 教授
『労働法の正義を求めて』（共編著、日本評論社、2023年）など

山下　昇（やました・のぼる）
九州大学大学院 法学研究院 教授
『中国労働契約法の形成』（信山社、2003年）
『労働法の正義を求めて』（共著、日本評論社、2023年）など

日本的雇用を問い直す
これからの労働法をどう考えるか

2024年11月30日　第1版第1刷発行

編　著──國武英生・沼田雅之・山川和義・山下　昇
発行所──株式会社　日本評論社
　　　　　〒170-8474　東京都豊島区南大塚3-12-4
　　　　　電話 03-3987-8592　　FAX 03-3987-8596
　　　　　振替 00100-3-16　　https://www.nippyo.co.jp/
印刷所──精文堂印刷株式会社
製本所──株式会社松岳社　　装　幀──末吉亮
検印省略　© H.Kunitake, M.Numata, K.Yamakawa, N.Yamashita 2024
ISBN978-4-535-52831-4　Printed in Japan

JCOPY　〈(社)出版者著作権管理機構　委託出版物〉
本書の無断複写は著作権法上での例外を除き禁じられています。複写される場合は、そのつど事前に、(社)出版者著作権管理機構（電話 03-5244-5088、FAX 03-5244-5089、e-mail: info@jcopy.or.jp）の許諾を得てください。また、本書を代行業者等の第三者に依頼してスキャニング等の行為によりデジタル化することは、個人の家庭内の利用であっても、一切認められておりません。